最新版 イラスト図解 銀行のしくみ

BANKING SERVICE

戸谷圭子

日本実業出版社

はじめに

本書『イラスト図解　銀行のしくみ』の初版の発行は2008年に遡ります。その後、ほぼ毎年の重刷の際には、銀行業界の変化に合わせて、業界構造、商品、業務プロセスの変化や統計値の更新、コラムの刷新など、アップデートを繰り返し、いつのまにか第8刷となっていました。

しかし、近年の金融業界の劇的な変化はすでに更新というレベルを超えていると感じ始めていました。ちょうどそんな折、日本実業出版社の編集者の方から全面改訂版の発行のお話をいただき、二つ返事でお引き受けしたのが2018年の秋です。

日本政府がキャッシュレス社会への移行を本格的に推進し、FinTechが台頭してきた時期です。世界中で、ブロックチェーン・AI・ロボットなどの技術が実用化され始め、ビッグデータの活用はビジネス上の日常になりました。メガバンクがこぞって大量の人員削減と店舗の閉鎖を発表したのも、この少し前です。ここぞとばかりに引き受けた仕事ですが、正直なところ、書き進めるにつれ、これは難しいな、と後悔し始めていました。金融業界の日進月歩の技術革新、次々と生まれる新しいビジネスと、行政の方針の変更、明日にはどう変わるかわからないような状況を文字にして残すことは大変な作業です。

本書の初版の「はじめに」を振り返ってみると、こんなくだりがあります。

「銀行業界は素朴に消費者の視点で『なぜ?』と問われることに慣れていません。理由は問わず規則には従う、ひいては、顧客にも、『規則で決まっているから仕方ありません』といってしまうカルチャーをもった業界です。

本書は元銀行員で、銀行を離れてからもずっと銀行業界にマーケティング・コンサルタントとして携わってきた著者が、顧客視点で『なぜ？』への回答を試みたものです。といっても、本書の内容はその理由を肯定しようとするものではありません。

理由やしくみを解き明かしてみると、顧客のために、銀行自身のために、社会のために、変えたほうがよいこと、変えられることがたくさんあることに気付きます」

さて、いまこの本を手にとった、あなたはどんな人でしょうか？

自分が身をおく業界が、なんだかザワザワしている、ちょっと勉強しなければと思っているバンカーでしょうか？

これから銀行との付き合いを始めようとしている企業の経営者や財務担当者、または、取引先としての銀行を知ろうというＩＴ業界やコンサルタントの方かもしれません。銀行を就職先として考えるかどうか悩んでいる就活中の学生さんもいるでしょう。消費者の一人として利用している銀行に何かしら疑問をもたれている方かもしれません。

本書では、そういった多様なニーズに対応できるように、業界の基本的なことから最新動向までを含む構成にしています。それに加えて、銀行という業界の雰囲気が伝わるよう、その背景にある企業文化や銀行員のマインドセットも含めた全体像を描くように工夫したつもりです。

「銀行とは何か」から始まり、収益、チャネル、人の働き方、商品、いままさに起きていることなどを取り上げました。テーマ別になっているので、興味のある章だけを読んでいただくこともできます。

また、コラムはすべての方に是非読んでほしいと思っています。筆者は金融マーケターですので、マーケティングの基本思想である、「顧客の視点」でみたときにちょっと気になる事例をコラムとして取り上げました。

保守的で変化に乏しいと思われてきた銀行業界ですが、現在は革新的で動的な業界になった、または、なろうとしています。もし筆者がいま学生なら、迷わず金融業界を選ぶでしょう。なにしろ、これほど大きな変化のまっただ中で仕事ができる機会はめったにありません。お上の重箱の隅をつつく検査もなくなりました。銀行が本来行なうべきこと、つまり、顧客の生活の質の向上や夢の実現を経済面でサポートする仕事をイノベーティブな発想・手法で実現することができるようになったのです。

最後に本書改訂にあたり、企画していただいた日本実業出版社の皆様、情報収集やコラム執筆に協力いただいた株式会社マーケティング・エクセレンスの丹野愼太郎氏に感謝申し上げます。

本書が銀行業界への興味をより高めるきっかけとなり、また、銀行をより社会や人々の生活に役立つ企業に変えていくヒントとしてお役に立てれば幸いです。

２０１９年９月

戸谷圭子

Contents

最新版　イラスト図解　銀行のしくみ

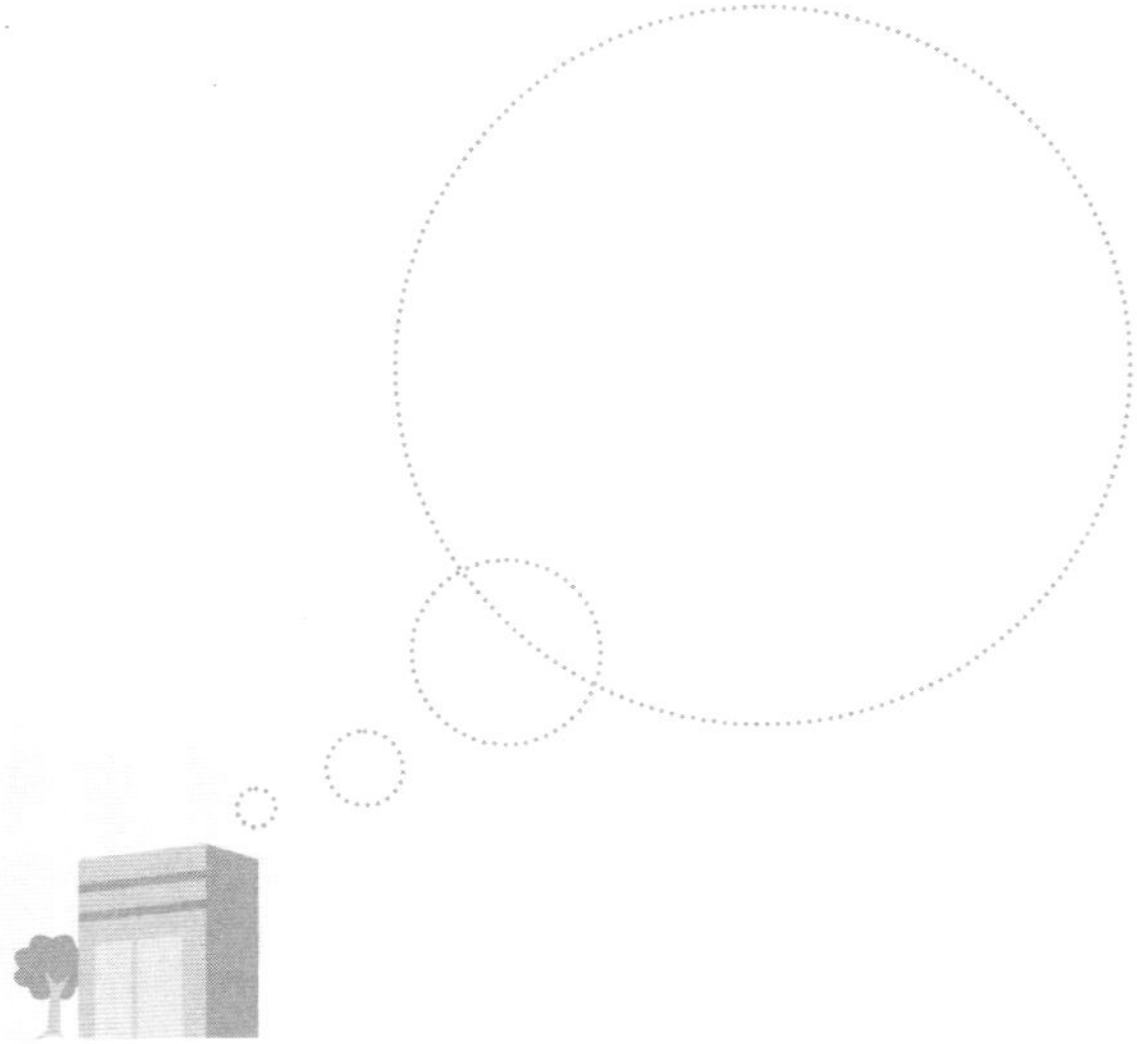

第2章 銀行の収益のしくみ

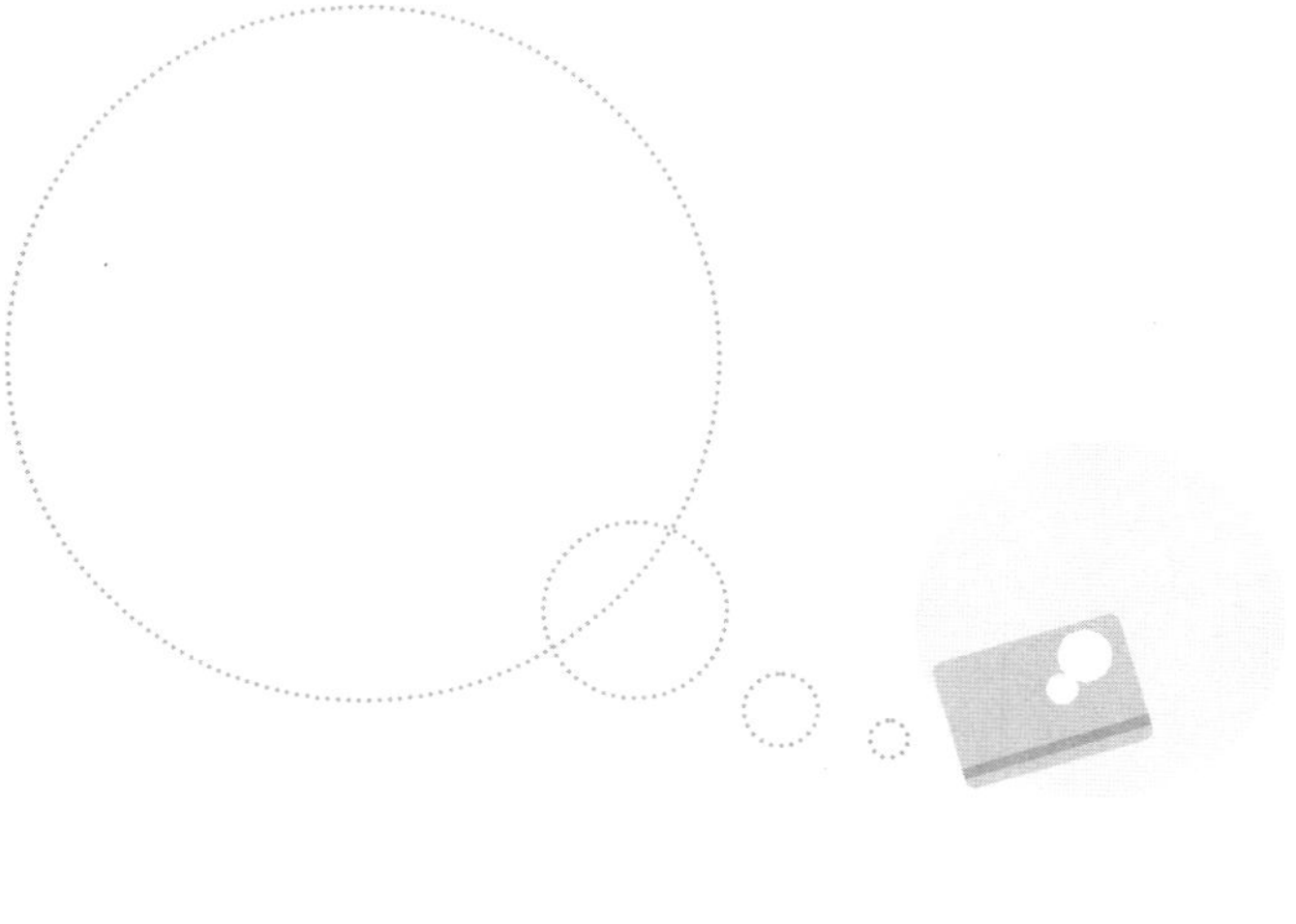

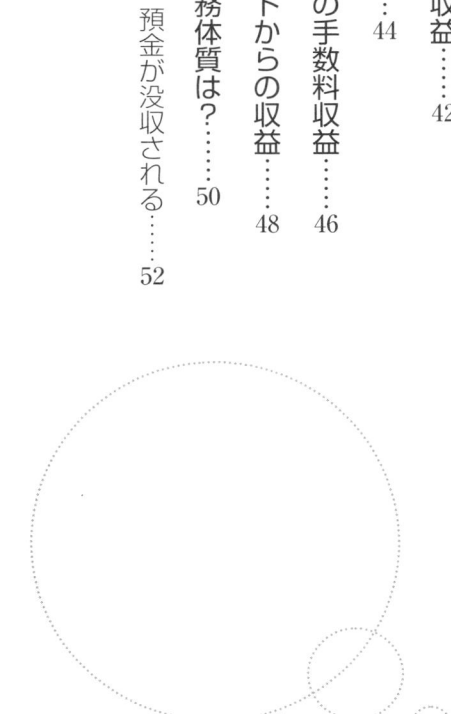

第3章 さまざまな銀行のチャネル

第4章 銀行の支店のしくみ

第5章 銀行員のキャリア

第6章 銀行の本部の仕事

第8章 融資のしくみ

第9章 さまざまな金融サービスのしくみ

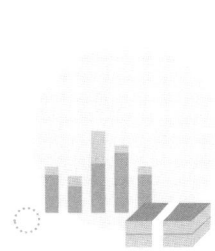

カバーデザイン◎志岐デザイン事務所（萩原睦）
カバーイラスト◎iStock.com/Guzaliia Filimonova
本文DTP◎一企画

※本書の内容は2021年8月時点の情報に基づいています。

第1章

銀行とは何か

Section 1-1

銀行とは？

銀行らしき業務を行なっている金融機関は多種多様。
中には銀行と呼ばれていない金融機関もあります。

広い意味での金融機関には、中央銀行である①日本銀行、②政府系金融機関、③民間金融機関の3つのカテゴリーがあります。

日本銀行はお金を発行し、銀行にお金を貸すバンクオブバンクです。

政府系金融機関は、日本輸出入銀行（通称輸銀）、商工組合中央金庫（商工中金）、日本開発銀行（開銀）、住宅金融公庫など多数ありましたが、その役割を終えて、民営化されたり統合して減らされたりしています。

預金を扱うのが「銀行」

民間金融機関はお金を貸す業務を行なっていますが、その中で預金を集めてよいのが広い意味での「銀行」です。一方、預金は扱わず、お金を貸す業務だけを行なっているのが証券会社・保険会社・消費者金融などのノンバンクです。銀行ではない、という意味でノンバンクと呼ばれます。

銀行は「銀行法」、信用金庫は「信用金庫法」というように、それぞれの法律で業務等が定められています。

銀行とは？

銀行は、内閣総理大臣の免許を受けた株式会社で、商号には「銀行」が含まれている必要があります。

銀行には都市銀行（メガバンク）、地方銀行、第二地方銀行、信託銀行などがあります。以前は長期信用銀行というカテゴリーもありましたが、破綻・合併で現在はなくなりました。

「信金」「信組」と銀行の違い

銀行法上の銀行ではないものの、銀行と同じように預金・貸出業務を行なっているのが信用金庫・信用組合・農協などの協同組織金融機関です。

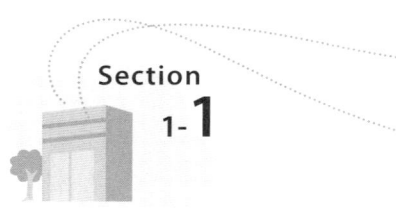

信用金庫や信用組合が扱う商品やサービスは、銀行とほとんど変わりません。しかし営業する地域が限定されていて、対象顧客も法人は中小企業、個人はその地域に居住しているか勤めている人と限られています。

信用金庫は会員の出資による非営利法人で、営業地域が一定範囲内に限定されています。株式会社である銀行が株主に配当をするように、信用金庫も

金融機関の種類

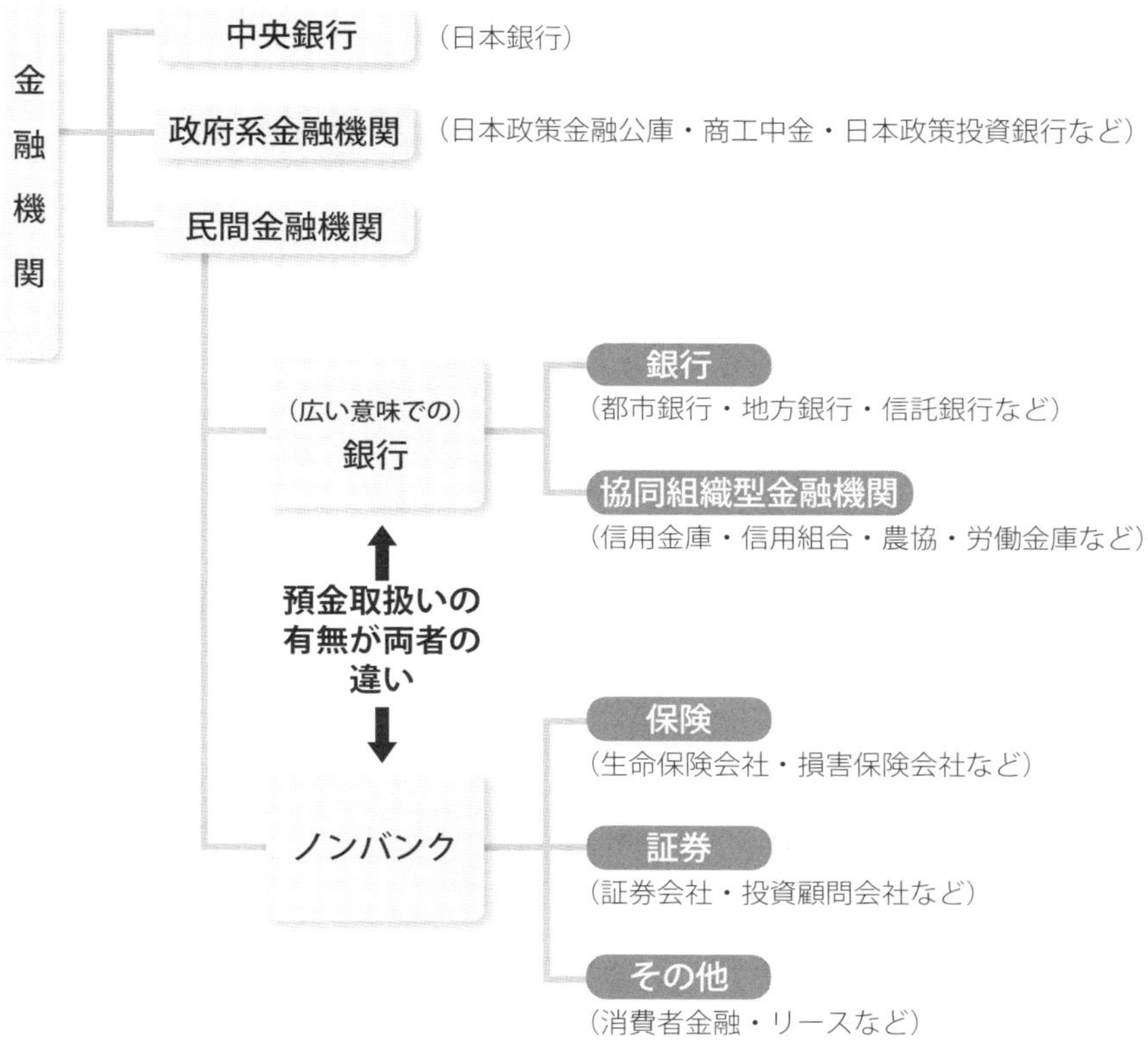

会員に配当をします。会員は、営業地域内にある従業員が３００人以下または資本金９億円以下の中小企業・個人事業主と、その地域内で働く人とされています。

預金は誰でもできますが、融資は原則として会員に限ります。特例で会員以外にも小口の融資ができますが、総貸出の20%を超えてはいけないことになっています。

信用組合も信用金庫と似ていますが、会員条件は従業員３００人以下、または資本金３億円以下（小売業は50人、５千万円以下など、業種によって異なる）です。また、信用金庫は預金の制約はありませんが、信用組合の場合、預金も組合員に限定されています。ただし、組合員以外の預金は、総預金の20%までは受け入れてよいことになっています。

Section 1-2

銀行の種類と役割

預金を預って貸付を行なうのは「銀行」と「協同組織型金融機関」に分かれます。

銀行にはその生い立ちなどから多様な種類があります。1990年代のバブル経済崩壊とその後の銀行の経営悪化から業界再編が起こり、多くの金融機関が破綻したり、対等合併・吸収合併などを行ないました。その後も銀行同士の統合の動きは続いています。

「○○フィナンシャルグループ」のような名称の銀行持株会社は、複数の銀行が経営統合したときに、持株会社をつくり元の銀行を傘下に置くという形態をとったものです。

都市銀行

都市銀行は全国的に支店を展開し、業務を行なう銀行です。1988年には13行あったものが、破綻や合併のため三菱UFJ・三井住友・みずほの3メガバンクと、りそな銀行だけに集約されました。りそな銀行は、他の3行とは規模が大きく異なるので、メガバンクとは呼ばれていません。

信託銀行

現在では、これら金融機関の扱える商品やサービスはほとんど変わりませんが、信託銀行は少し違います。信託銀行は、お金や有価証券や不動産などの財産を預かって、「信託」として運用・管理する信託業務と銀行業務の両方を営んでいる銀行です。

信託銀行はそれ以外にも不動産売買仲介や相続の際の遺言執行、証券代行などの「併営業務」も行なっています。

地方銀行と第二地方銀行

地方銀行（地銀）は第二地方銀行（第二地銀）との対比で第一地銀とも呼ばれますが、これは俗称です。

地銀の多くは県庁所在地に本店を置き、県の指定金融機関として地方自治体の税金の振込を受け付けたり、自治体のお金を預かったりするなど、その県の中心的な銀行になっています。第二地銀は、もともとは相互銀行という会員組織だったものが1989年以降に普通銀行に転換しました（相互銀行の前身は、小企業や個人が掛け金を出し合い、入札や抽選で会員に融資をし合うシステムである無尽会社）。

多くの場合、各都道府県に地銀と第

銀行・協同組織型金融機関の数

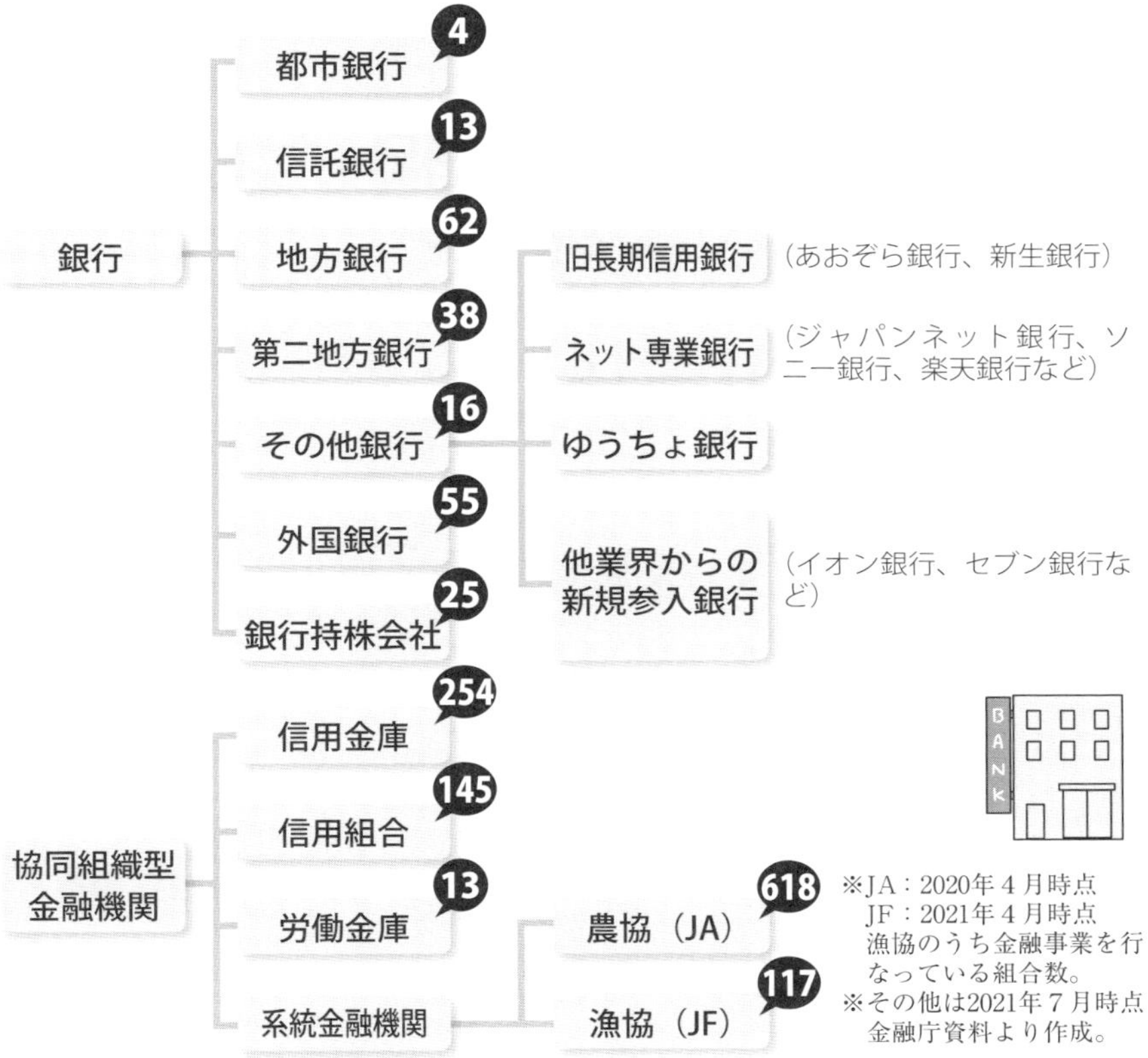

※JA：2020年4月時点
JF：2021年4月時点
漁協のうち金融事業を行なっている組合数。
※その他は2021年7月時点
金融庁資料より作成。

二地銀が1行ずつありますが、県によっては2行以上または2県で1行のところも少数あります。業界団体も、地銀は全国地方銀行協会、第二地銀は第二地方銀行協会に属し、経営方針は異なります。

労働金庫と農協・漁協

労働金庫は、労働組合や生協などの労働者の団体が組織する金融機関です。他に系統金融機関と呼ばれる農協（JA）と漁協（JF）があります。それぞれ、農業に従事する人、漁業に従事する人が助け合う協同組合で、金融事業も行なっているという位置付けになります。

これらの金融機関は、基本的には会員・組合員にだけお金を貸すことになっています。しかし、それだけでは成り立たないので、一般の人でも一定条件を設定して准組合員として預金・借入ができるようにしています。

Section
1-3

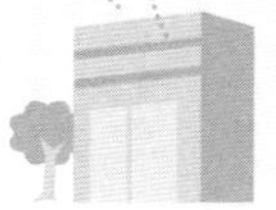

個人と銀行のかかわり

お金を移動する、貯める、借りる、増やす・将来に備える。私たちは銀行と４つのかかわりをもっています。

お金は私たちの生活になくてはならないものです。銀行はそのお金に関係するサービスを提供しています。個人として利用するお金に関するサービスは主に次の４つです。

①移動する（決済サービス）
②貯める（貯蓄）
③借りる（ローン）
④将来に備える（投資・保険）

お金を移動する（決済サービス）

　お金をある場所からある場所へ安全に移動するサービスです。受け取るにしても支払うにしても、現金を自分で移動させると盗難や火災のリスクがありますし、移動のための費用や時間もかかります。それらを自分で負担する代わりに、銀行に手数料を払ってお金を移動してもらいます。

お金を貯める（貯蓄）

　銀行は個々人のお金を集めてまとまった金額にし、それを運用して儲かった収益をそれぞれの出した金額に応じて利子という形で分配します。運用する対象は国内外の株や債券などの金融商品・金融市場だったり、資金を必要としている企業だったりします。

お金を借りる（ローン）

　何かをするにあたって資金が足りないときに借りるのがローンです。

　代表的なものは家の購入のための住宅ローン、自動車購入のための自動車ローンでしょう。他に、子供が学校に入るときの入学金や授業料の資金を借りる教育ローン、使う目的を特定しないフリーローンなど、さまざまな種類のローンがあります。

　銀行が消費者金融会社と提携して借入手続きや審査を従来のローンより簡単にした商品であるカードローンもあります。

将来に備える（投資・保険）

　定期預金は銀行が自分で運用する商品ですが、投資信託は資金運用を専門の投資信託会社が行なう商品で、銀行は販売代理店として、販売の窓口になっています。

　将来の病気や事故に備えるのが保険

です。以前から銀行では貯蓄・運用商品としての性格の強い養老保険や個人年金保険は売っていましたが、2007年末からは保険会社の扱っている保険すべてを売ってよいことになりました。死亡したときのみ保険金が支払われる死亡保険、医療費や介護費用を保障するがん保険や介護保険なども銀行で買うことができます。

投資信託と同じで、銀行は保険会社の商品を売って手数料を受け取る販売代理店となっているのです。

ローン以外の銀行のサービス

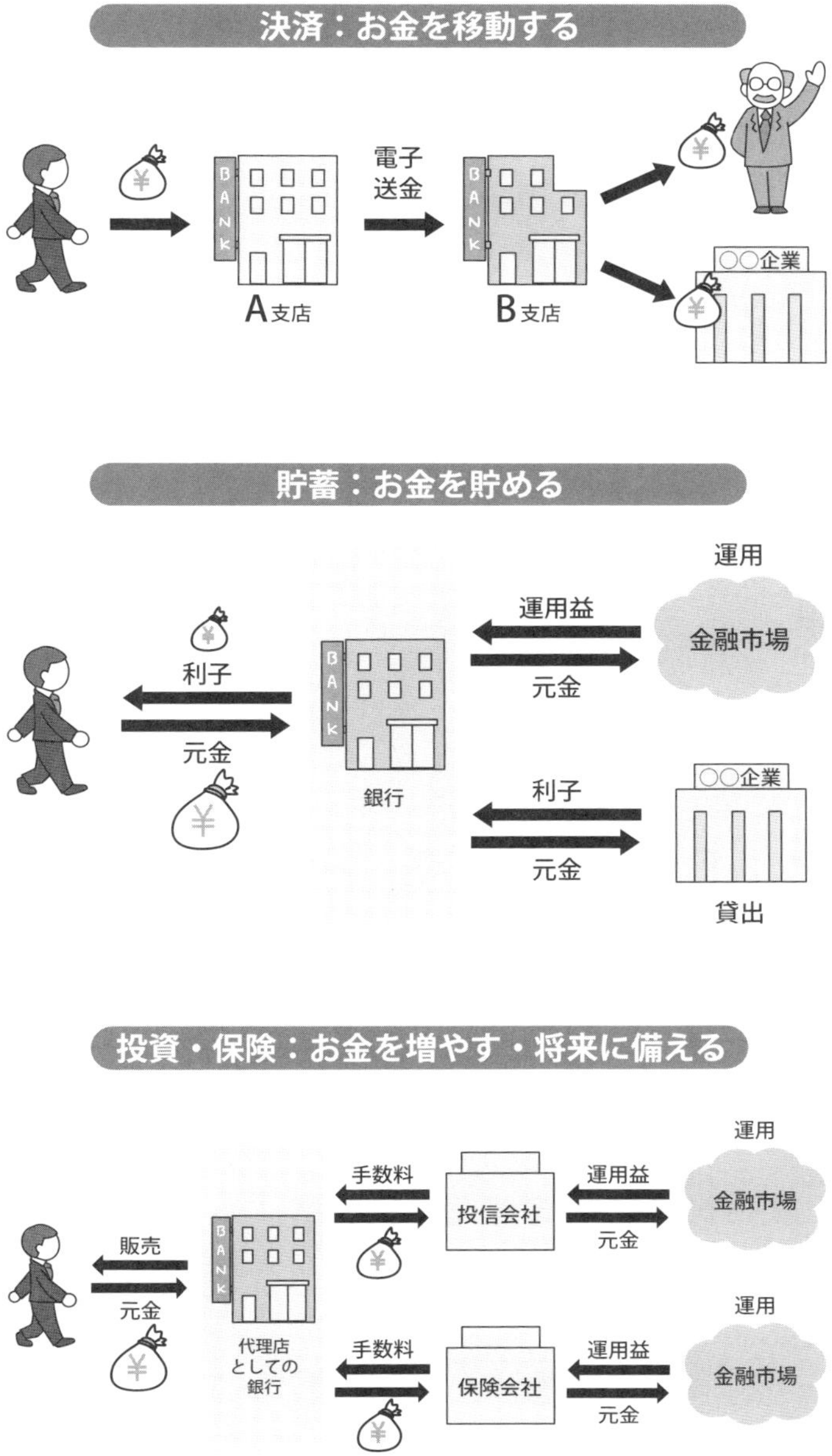

Section 1-4

企業と銀行のかかわり

企業と銀行のかかわりは、①資金の決済、②資金の借入、③資金の運用、④その他のサービス、の４つです。

資金の決済

企業は事業を行なううえで、取引代金の支払や受取り、従業員への給与・賞与の支払や法人税の納税などさまざまなお金の出入りがあります。口座を通して入出金を行なうのは個人と同じですが、企業の場合、そのための口座として当座預金の口座を開設することができます。

当座預金は普通預金のように利息は付きませんが、通常の決済のほか、小切手帳を発行することができます。企業が支払に小切手を渡すと、相手が銀行に小切手をもってきて、当座預金からその金額が支払われます。当座預金の残高が支払に足りないと小切手は不渡りになり、2回続くと倒産となります。残高が十分ないのにむやみに小切手を切る会社には当座預金は開設させられないので、一定の審査が行なわれています。

これら決済関係の取引は、法人向けネットバンキングによって行なわれる場合も増えています。

資金の借入

企業と銀行のかかわりで最も重要なのは事業資金の借入です。銀行は集めた預金を企業に貸すとき、その企業がきちんと元金・利息を返済できるかどうかの判断を行ないます。これが融資審査業務です。その企業の社長や財務担当者と面談して聞き取りをしたり、決算書から財務状態をチェックしたり、不動産など担保をとるときは担保価値を評価したりします。

1年以内の短期的な運転資金の貸出には割引手形や手形貸付、当座貸越などが主に行なわれます。設備投資など、1年以上の長期的な貸出には主に証書貸付が行なわれます。

資金の運用

資金の借入だけでなく、資金に余裕のある企業は個人同様運用を行ないます。

銀行は、円定期預金・外貨建定期預金・投資信託など個人と同様の商品に加え、法人向けの運用商品を販売しています。

企業が銀行を利用して行なうこと

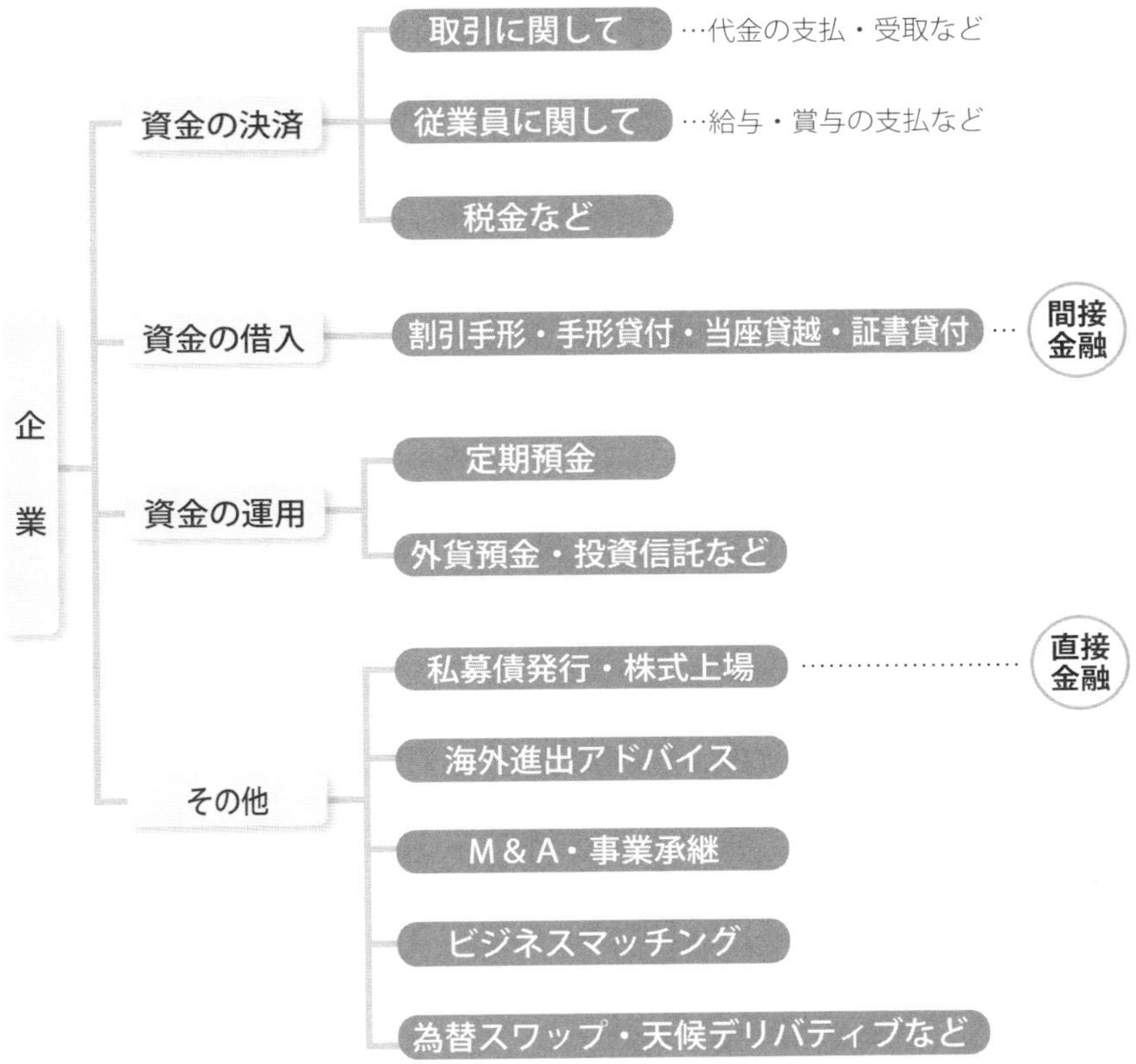

その他の事業に役立つサービス

銀行にとって企業への貸出は重要な収益源です。そのため、企業の資金需要に直接・間接的につながったり、企業との関係を強めるようなさまざまなサービスを行なっています。

企業同士をお見合いさせて新規事業や新たな販路をつくる手助けをするビジネスマッチング、海外進出のアドバイスや、後継者不在などの理由で存続が難しい中小企業を他の企業に買ってもらうM&Aの仲介などを行なっています。また、間接金融である借入を、私募債発行や株式上場などの直接金融に移行する企業も増えているため、その手助けなども行ない手数料収入を得ています。為替変動によるリスクを減らすための為替スワップや、気温や天気の変化に影響を受ける企業のリスクを減らすための天候デリバティブなど、最新の金融技術を使った商品も幅広く取り扱っています。

Section 1-5

金融庁と銀行の関係

経済に大きな影響をもつ銀行は、政府の監督下にあり、一般の企業に比べて多くの規制がかけられています。

金融庁の歴史

銀行や証券会社などの金融機関を監督するのが金融庁です。金融庁は以前、「大蔵省（MOF）銀行局」でしたが、大蔵官僚と金融機関の大蔵省担当者（MOF担と呼ばれた）との癒着や、銀行の不祥事の頻発などから省庁再編が行なわれました。

1998年に、大蔵省から銀行や証券会社の監督業務が分離されるかたちで総理府のもとに金融監督庁が設置され、2001年に金融庁と名前が変わりました。同時に大蔵省も財務省と改名されました。

銀行が金融庁を恐れる理由

1998年に本格的に始まった金融ビッグバン（自由化）が進むにつれ、銀行は多くの規制から解放されました。それでも政府の監督下にあることには変わりありません。銀行に関する法律をつくるのも、その法律が守られているかを監視し、違反があれば処分を決めるのも金融庁です。金融庁に楯突くと、報復で通常より厳しい検査がされると信じている銀行が多いため、銀行は金融庁を常に意識して（恐れて）業務を行なってきました。

現在、金融庁内には、「総合政策局」「企画市場局」「監督局」があります。総合政策局の役割は、行政戦略立案や、金融システムリスクへの対応です。企画市場局は、市場機能強化や、技術進歩に応じた制度企画を行ないます。監督局は、銀行の経営健全性をモニタリングしています。以前あった検査局は、廃止されました。

この3つの局以外に、「証券取引等監視委員会」は株のインサイダー取引など不正取引がないか調査します。「公認会計士・監査審査会」は、監査法人や公認会計士が適切に業務を行なっているかなどを検査します。

金融庁検査局の廃止

以前の検査では「検査マニュアル」に従って、細かいルールへの違反が徹底的に調べられました。

銀行本部では検査官に提出する書類作成や、面談での質疑応答に対応する

銀行を監督する省庁の変遷

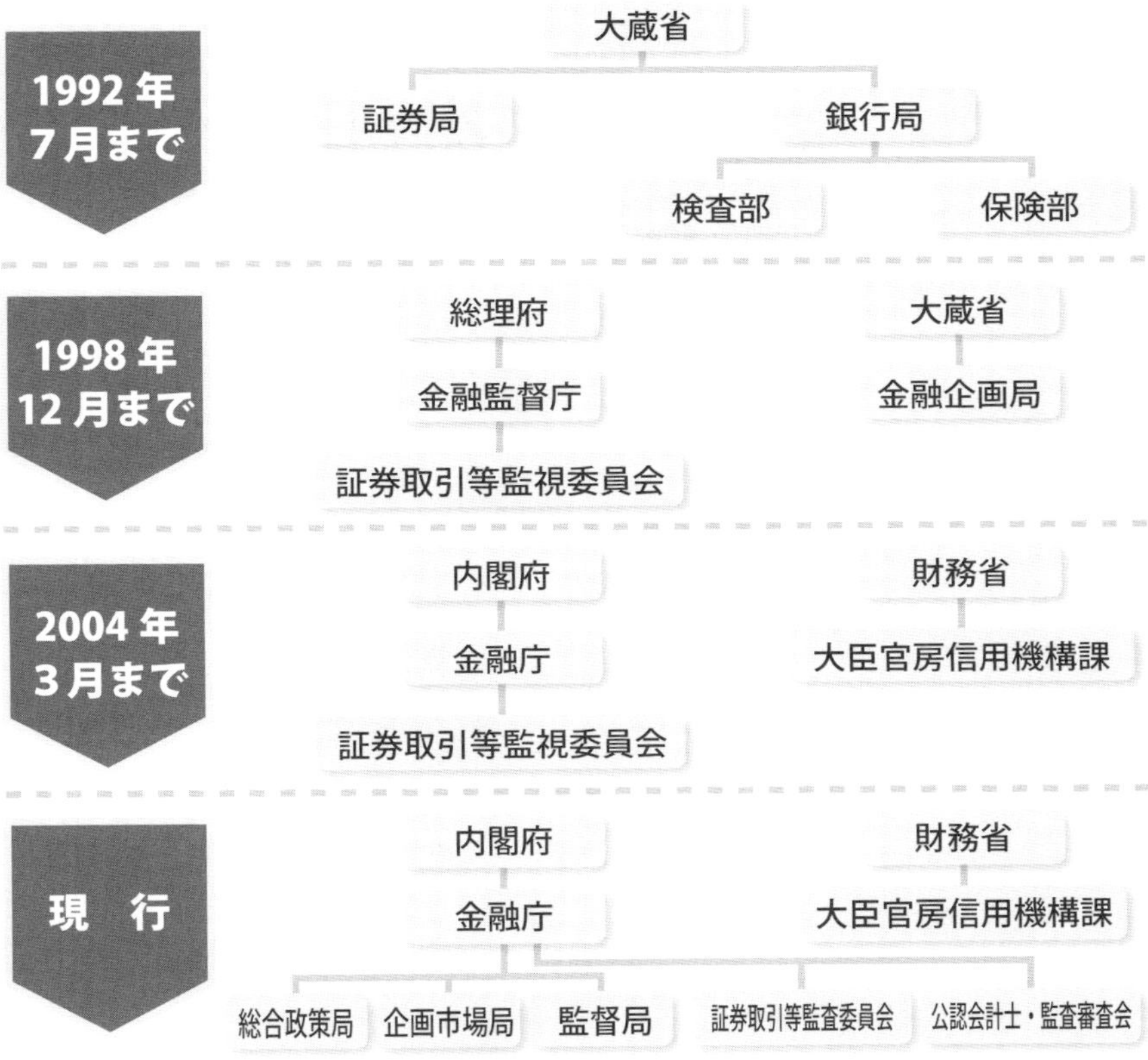

ために膨大な時間を取られ、質問が出たら即答できるよう担当者が待機しなくてはならないので、検査期間中、関連部署の他の業務はほとんどストップしていました。検査で免許取消、業務停止、業務改善命令などの行政処分を受けると業務が行なえず収益が直接減少しますし、処分がマスコミに取り上げられ、大騒ぎになっていました。

しかし、重箱の隅をつつく検査方針は、銀行の創意工夫を妨げるだけで、利用者のためにもなっていない、という反省がされ、もっと全体を見て、実質を重視する方向となったわけです。

2019年度の行政処分は信用金庫・JAなどの協同組織型金融機関で2件です。証券会社などの金融商品取引業者は44件（うち免許取消6件、業務停止4件、業務廃止9件）、保険会社が8件となっています。

Section 1-6

日銀と銀行の関係

日本銀行は「銀行の銀行」として、銀行と私たちが、銀行同士が安心して取引できる環境を整えています。

日本銀行とは?

日本銀行（以下、日銀）は我々が使う「お札」や「コイン」を発行することのできる日本で唯一の銀行（中央銀行）です。銀行法のもとに銀行が設置されているように、日銀も「日本銀行法」のもとで、政府が55%、残り45%を民間が出資してつくられた認可法人です。

目的は収益を追求するのでなく、いつでもお金とモノ・サービスが交換できる安心な金融環境をつくり、健全な経済発展を促すことです。株式会社は株主総会で経営方針を決定するのに対し、日銀の出資者は経営に参加することはできず、「政策委員会」（日銀総裁や有識者からなる審議員など9名）で日銀の重要事項を決めていきます。

日銀と銀行

我々は銀行へ行けば預金することができますが、日銀へ行っても預金することはできません。日銀に預金できるのは銀行を含む金融機関や政府、国際機関だけです。銀行がもつ日銀の預金口座を「日銀当座預金」（日銀当預）といいます。我々は自分の口座からお金を引き出し、銀行の窓口やATMからお札を受け取ります。銀行はあらかじめ預金者がどのくらい現金を引き出すかを予想して、必要な分を日銀当座預金から引き出します。

また、日銀当座預金は銀行同士のお金のやりとりをするのにも使われます。A銀行が資金不足になりそうなとき、コール市場（短期金融市場の一つ）で資金に余裕のあるB銀行から一晩だけお金を借りることがあります。銀行間でお金を貸借する約束ができたことを日銀に連絡すれば、B銀行の日銀当座預金からA銀行の日銀当座預金へ資金が移動されます。我々が異なる銀行に口座を持つ人にお金を送る「振込」もこのしくみを利用しています（上図）。

日銀の金融調整

給料日やお正月の準備のある年末には、お金を預金口座から引き出す人が増え、銀行は資金不足になりがちです。コール市場でお金を借りたがる銀行が

振込のしくみ

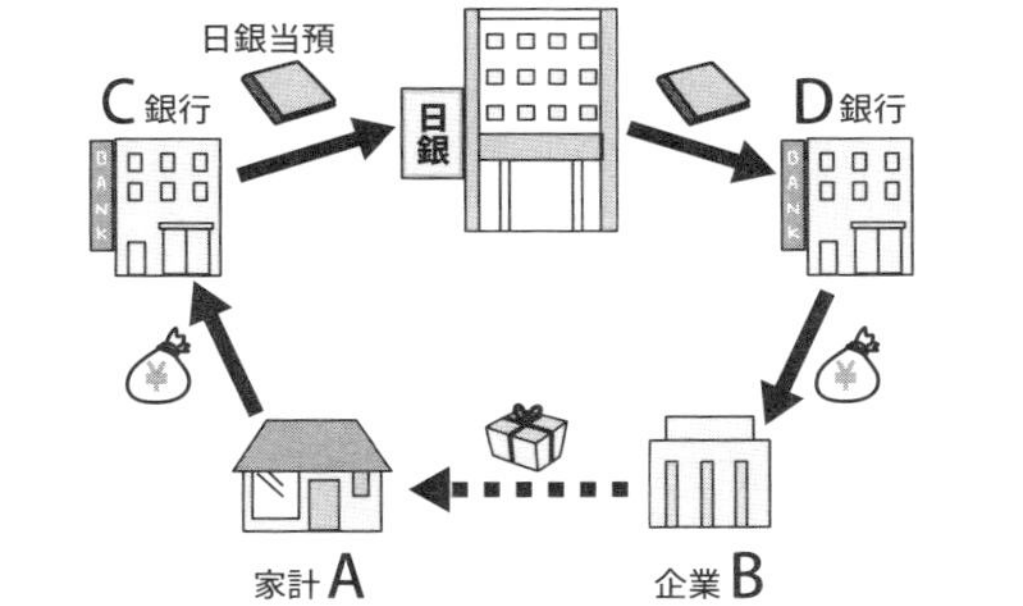

Aさんがインターネットで遠方の企業Bの商品を購入することを考えます。AさんはC銀行でD銀行の指定された口座へ代金を振込む手続きをします。C銀行は代金をD銀行の日銀当預へ移し替えるよう日銀に連絡します。D銀行は日銀当預から企業Bの口座へ入金します。また、現金の支払の準備をします。こうして企業Bのもとへお金が届くのです。

日銀の金融調整（資金供給）

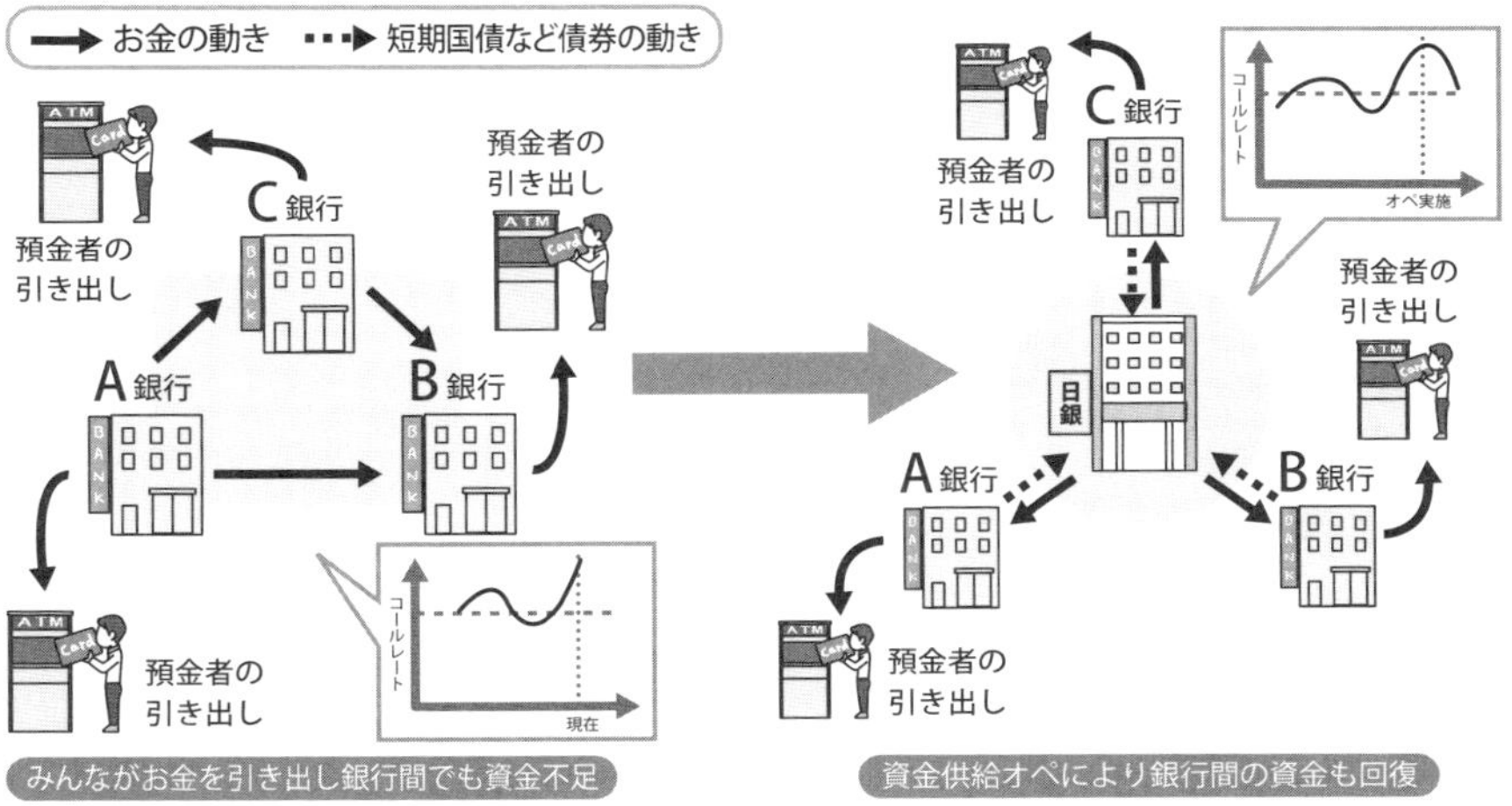

増え、コール市場での金利（コールレート）上昇となって現れます。

　日銀政策委員会で決めてある目標値（政策金利）より、実際のコールレートが上回る状況、つまり世の中全体での資金不足が予想される場合、日銀は資金を供給する「オペレーション」を実行します。日銀は市場で、銀行がもっている手形や債券などを購入し、代金をその銀行の日銀当座預金に振り込みます。すると銀行はコール市場でお金を借りなくても、日銀から振り込まれたお金で資金不足が解消され、私たちの手元まで必要なお金が届くのです。

　逆に資金が余りそうな状況では日銀はお金を回収するオペレーションを行ないます。このように世の中で必要な分だけ資金を過不足なく届ける日銀の業務を「金融調整」といいます。

Section 1-7

銀行の統合・合併の歴史

銀行業界は、多くの統合と合併を繰り返してきました。ここでは３メガバンクグループとりそなＨＤの歴史を紹介します（総資産は平成31年３月末の持ち株会社連結ベース）。

○三菱UFJ FG（フィナンシャルグループ）

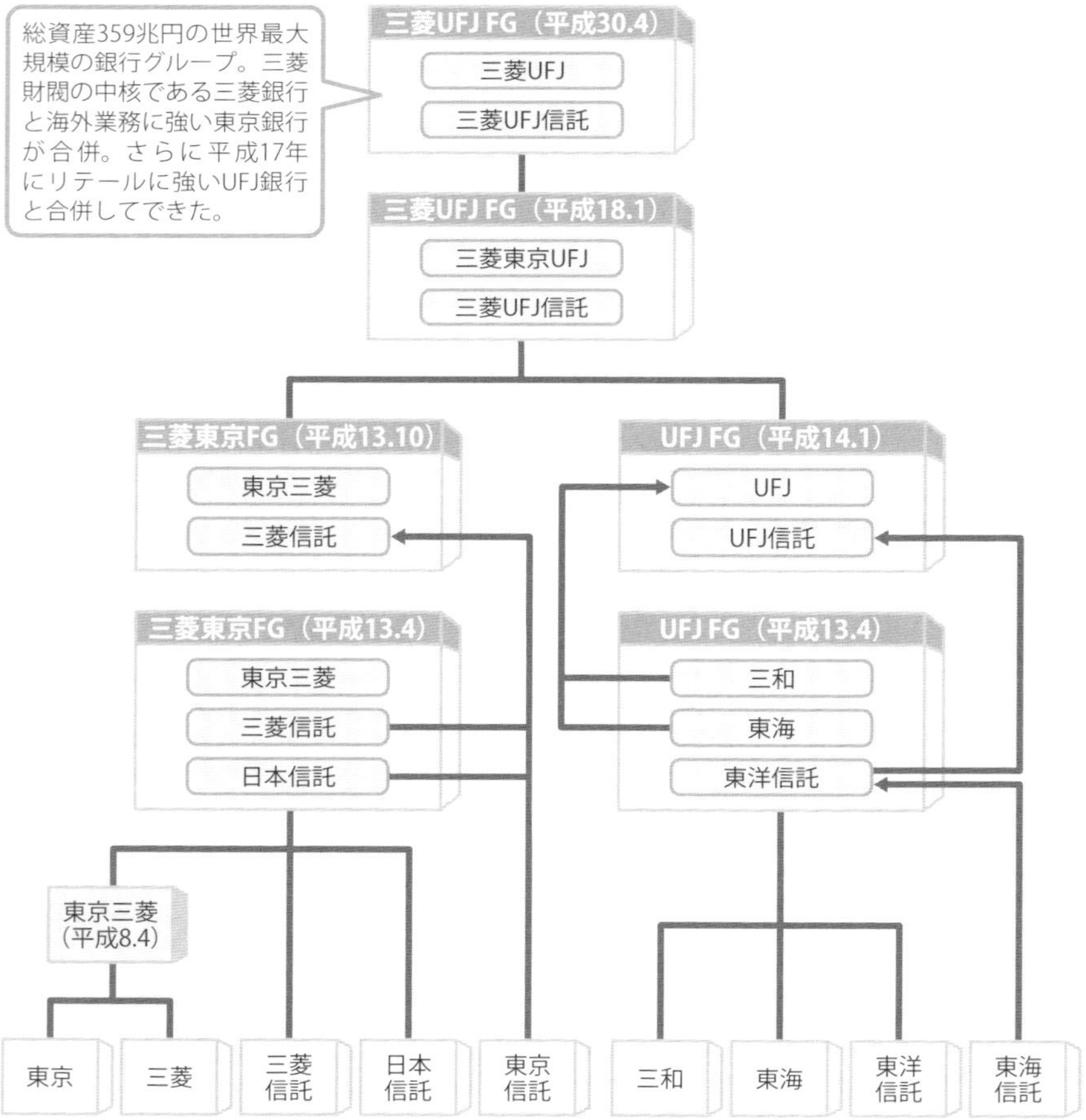

りそなHD（ホールディングス）

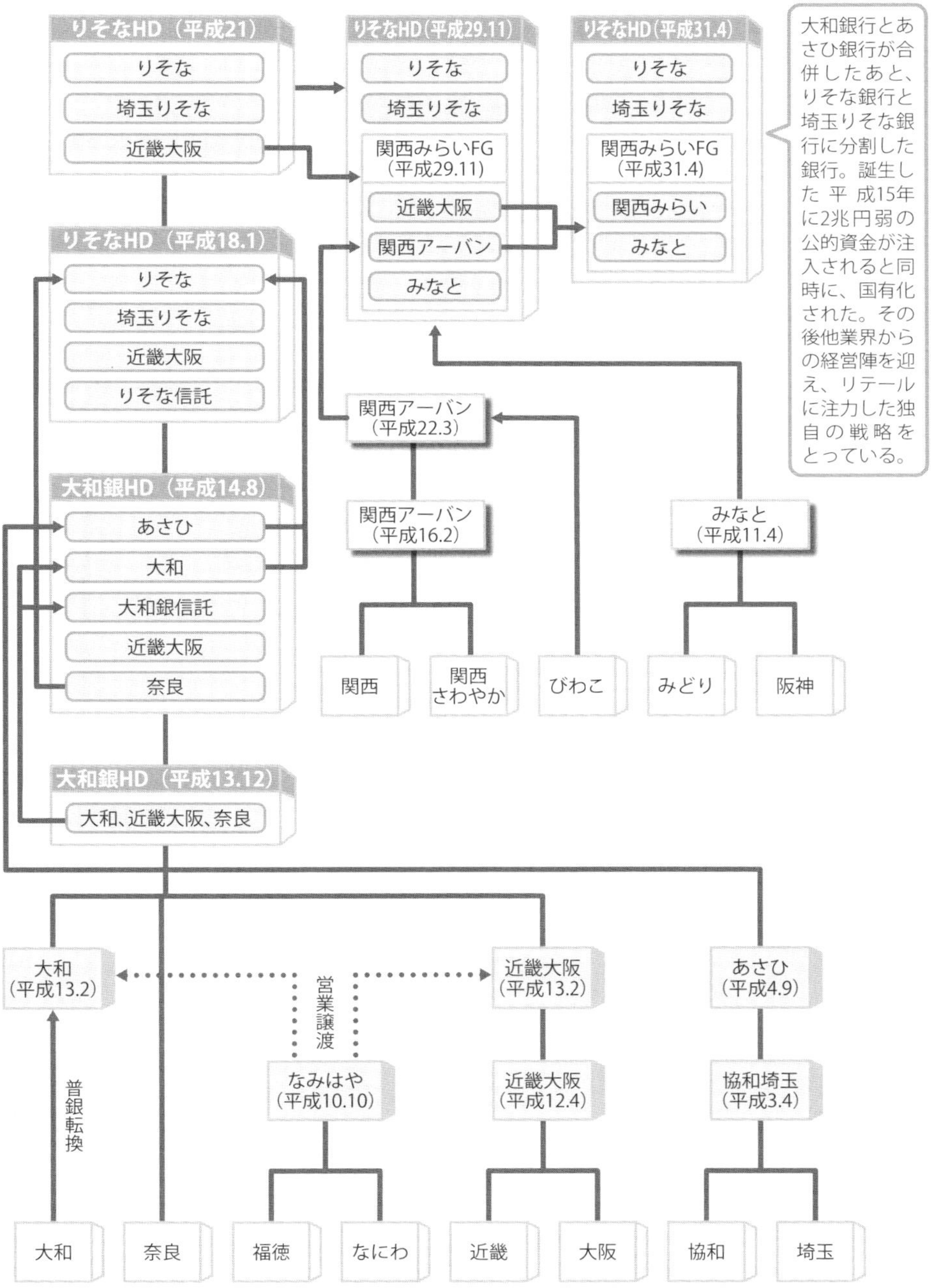

みずほFG（フィナンシャルグループ）

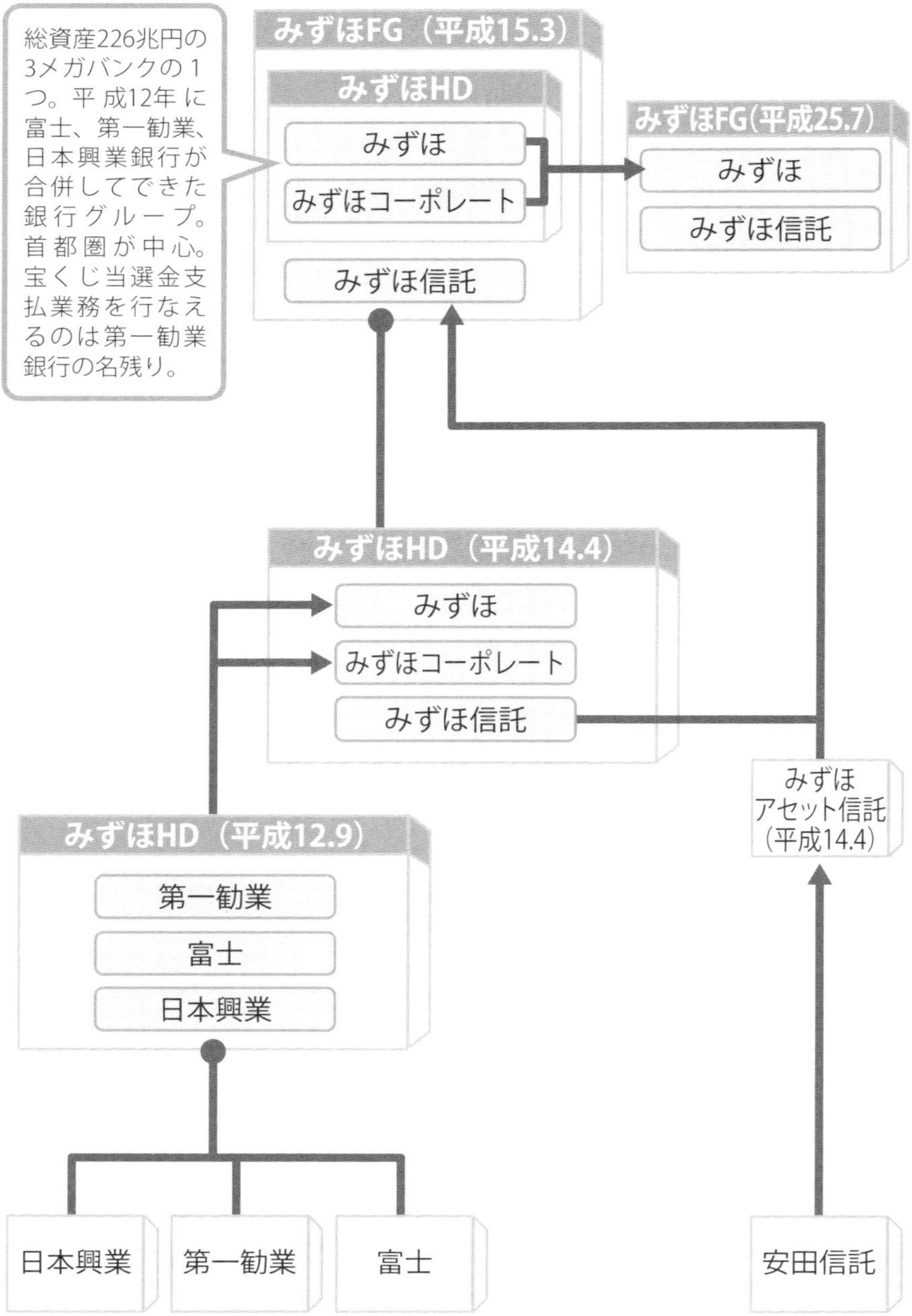
総資産226兆円の3メガバンクの1つ。平成12年に富士、第一勧業、日本興業銀行が合併してできた銀行グループ。首都圏が中心。宝くじ当選金支払業務を行なえるのは第一勧業銀行の名残り。
みずほFG（平成15.3）
みずほHD
みずほ
みずほコーポレート
みずほ信託
みずほFG(平成25.7)
みずほ
みずほ信託
みずほHD（平成14.4）
みずほ
みずほコーポレート
みずほ信託
みずほ
アセット信託
(平成14.4)
みずほHD（平成12.9）
第一勧業
富士
日本興業
日本興業
第一勧業
富士
安田信託

三井住友FG（フィナンシャルグループ）

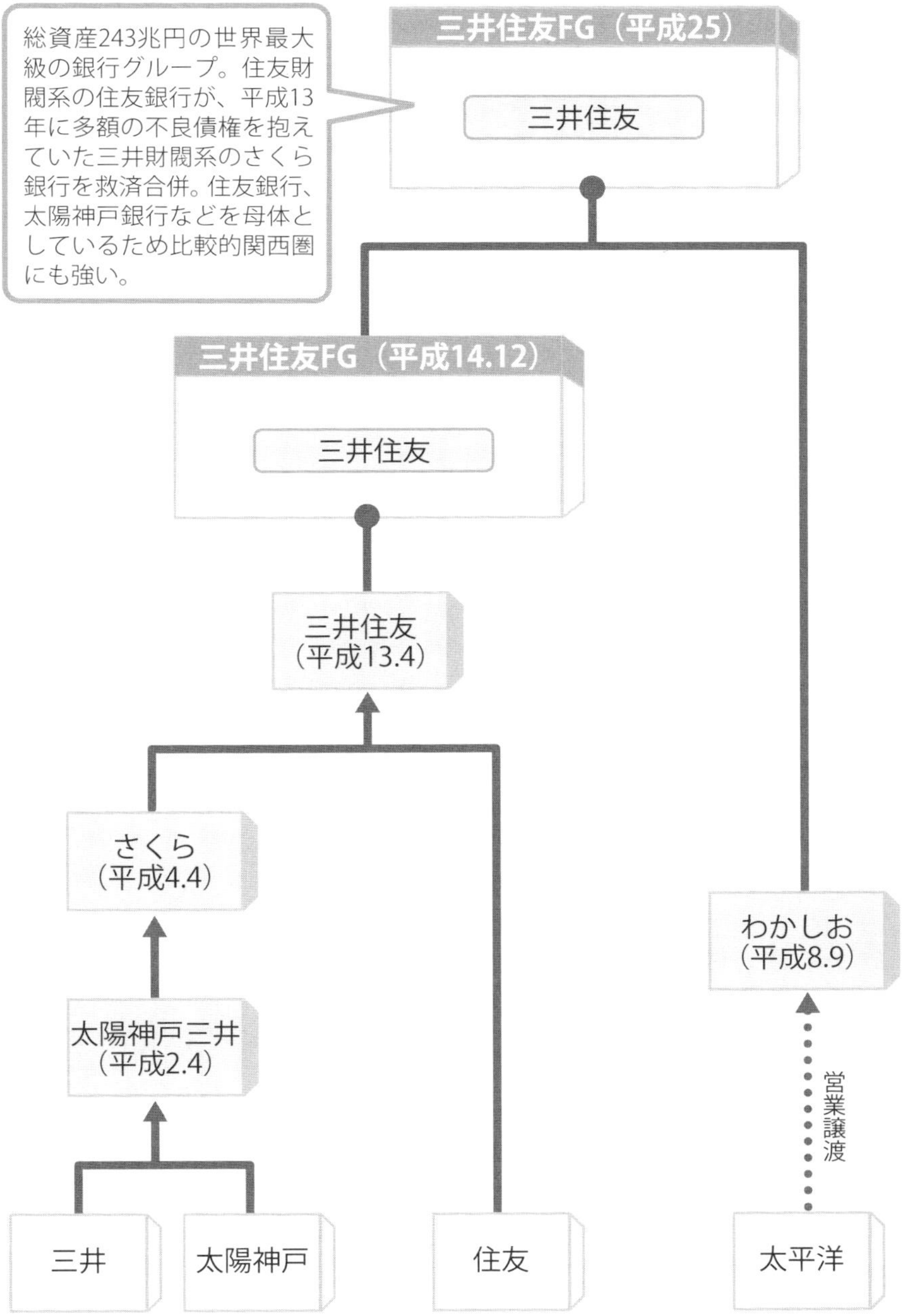
総資産243兆円の世界最大級の銀行グループ。住友財閥系の住友銀行が、平成13年に多額の不良債権を抱えていた三井財閥系のさくら銀行を救済合併。住友銀行、太陽神戸銀行などを母体としているため比較的関西圏にも強い。
三井住友FG（平成25）
三井住友
三井住友FG（平成14.12）
三井住友
三井住友
（平成13.4）
さくら
（平成4.4）
太陽神戸三井
（平成2.4）
わかしお
（平成8.9）
営業譲渡
三井
太陽神戸
住友
太平洋

Section 1-8

銀行のグループ会社

銀行は、銀行法の定めにより本体ではできない業務を、グループ内の子会社に行なわせています。

周辺業務とは？

銀行は巨額の資金を動かすことができ、企業に融資をすることから大きな力をもつ可能性があります。そのような銀行が、自由にさまざまなビジネスに参入すれば、経済が銀行に支配されてしまいます。

そこで、銀行が本体で行なえるのは、固有業務（預金・貸付・為替の３つ）と定められています。それ以外には、「付随業務」（銀行法に定められている債務保証、手形引受け、貸金庫など）が可能です。

さらに、それ以外の「周辺業務」と呼ばれる業務は銀行が直接営むことができないので子会社をつくって行なっています。

子会社の種類は多岐にわたり、近年ではFinTech（☞176頁）子会社も増えています。代表的なものを紹介します。

〈○○投資信託・投資顧問〉

投資信託を組成する投資信託委託業務や投資家に助言をする投資顧問業務を行ないます。

〈○○総合研究所〉

シンクタンクとして地域の経済動向を調べて景気予測を発表したり、銀行の取引先である一般企業を対象にセミナーや研修を実施したり、経営コンサルティングを行ないます。海外進出する企業に情報提供をしたり、サポートしたりすることもあります。

〈○○スタッフサービス〉

人材派遣会社として、銀行の本部や支店・グループ会社で働く派遣社員の募集・契約・教育・管理を行ないます。銀行を退職したOB・OGなどを積極的に採用しています。

〈○○不動産サービス〉

銀行が融資する際に担保としてとる不動産を調査し、担保価値を査定します。同時に通常の不動産会社として、不動産賃貸や売買仲介業務も行ないます。

〈○○保証〉

銀行が貸し出す住宅ローンなどの有担保ローンや、自動車ローン・カードローンなどの無担保ローンの融資審査・保証を引き受け、貸倒れが生じた

◎周辺業務を行なう銀行の子会社

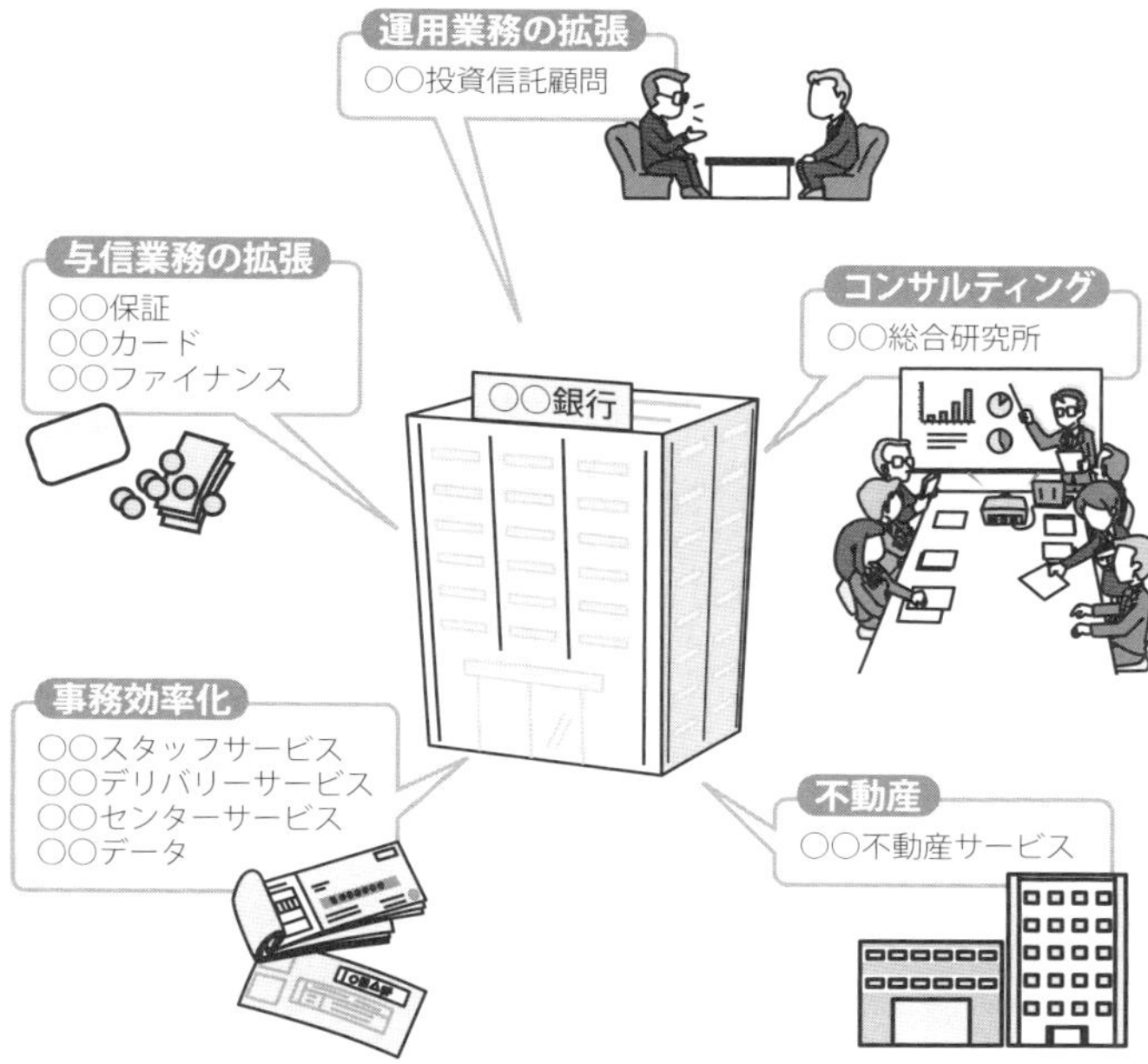

場合は債務者の代わりに銀行に返済を行ない（代位弁済）、その後債務者から独自に回収を行ないます。銀行の審査部の出身者が出向することが多い子会社です。

〈○○カード〉

クレジットカードの募集や入会審査をし、カードを発行します。銀行系カード会社のカードには、○○銀行△△カードなどの名前が入っています。代表的なものは三井住友VISAカードです。

〈○○ファイナンス〉

スポーツクラブの月会費やマンション管理費を、請求をかけて利用者の銀行口座から引き落とす集金、回収代行やファクタリング業務（売掛代金などを企業に代わって回収し、手数料収入を得る業務）をします。

〈○○デリバリーサービス〉

現金の集配を企業に代わって行なったり、ATMの現金の詰め替えなどの業務を行ないます。同時に銀行の本支店間を行き来する契約書類や行内文書など、毎日の行内メールの集配も行ないます。

〈○○センターサービス〉

銀行の支店の日々の業務で処理した伝票類のファイリング、伝票・帳票の長期保管などの業務を代行します。銀行には法律で定められた期間保管しなければならない書類が多数あり、この管理を任せています。

〈○○データ〉

支店で受け付けた新規口座の一括作成や給与振込の事前登録、融資先企業から渉外係がもらってきた財務諸表の数値の入力を行なうなど、銀行で発生するデータ入力業務を代行します。

Section 1-9

他業種からの参入

これまで金融は金融村の住民のものでしたが、技術進歩と規制緩和に伴って他業界からの銀行業務への参入も活発化しています。

情報通信業界からの参入

　世界中でキャッシュレスの流れが加速しています。日本政府も強力にキャッシュレス化を推し進めています。

　現金が減り電子的なお金の流れが一般的になることは、通信業者や、広範なITネットワークをもつ企業が金融業務、特に決済業務に参入しやすくなることを意味します。

　実際、少額決済に関しては、NTTドコモやKDDI（au）が携帯電話でのお金の移動を以前から行なっています。送金した（された）金額は携帯電話の料金に加算（減算）して清算するものです。最近では、ソフトバンクも含め、携帯キャリアの大手3社は証券会社やFinTech企業（☞176頁）と提携して個人の資産投資業務に参入し始めました。プラットフォーム運営業者では、LINEはLINEペイで決済業務に参入していますし、人材クラウドソーシングのクラウドワークスは給与支払を中心に関連する金融業務を行なう予定です。

　巨大プラットフォーマーでは、アマゾンはアマゾンレンディングで出店している中小企業の運転資金の貸出を行なっています。本格的な金融参入も時間の問題とみられています。アマゾンの顧客基盤、また、アマゾンに出店する店舗と顧客間の購買代金として動くお金の量を考えれば、そのインパクトは計り知れません。

流通業界からの参入

　流通業界からはセブン銀行のコンビニATMはすでに現在（2021年3月）、2万5000台が稼働し、1台1日平均で90回利用されています。インフラとして定着しているといってよいでしょう。セブン銀行の収益は、9割がATM関連の手数料から出ており、同社の戦略はATMが中心です。

　セブン-イレブンの店舗だけでなく、ATM維持が負担になってきて数を減らしたいと思っている地銀のATM運営を代行したり、日本に来る海外からの旅行者のニーズに対応する多通貨両替や送金などができる高機能ATMを開発したりして、ATM関連業務を拡

さまざまな業種からの銀行業務への参入

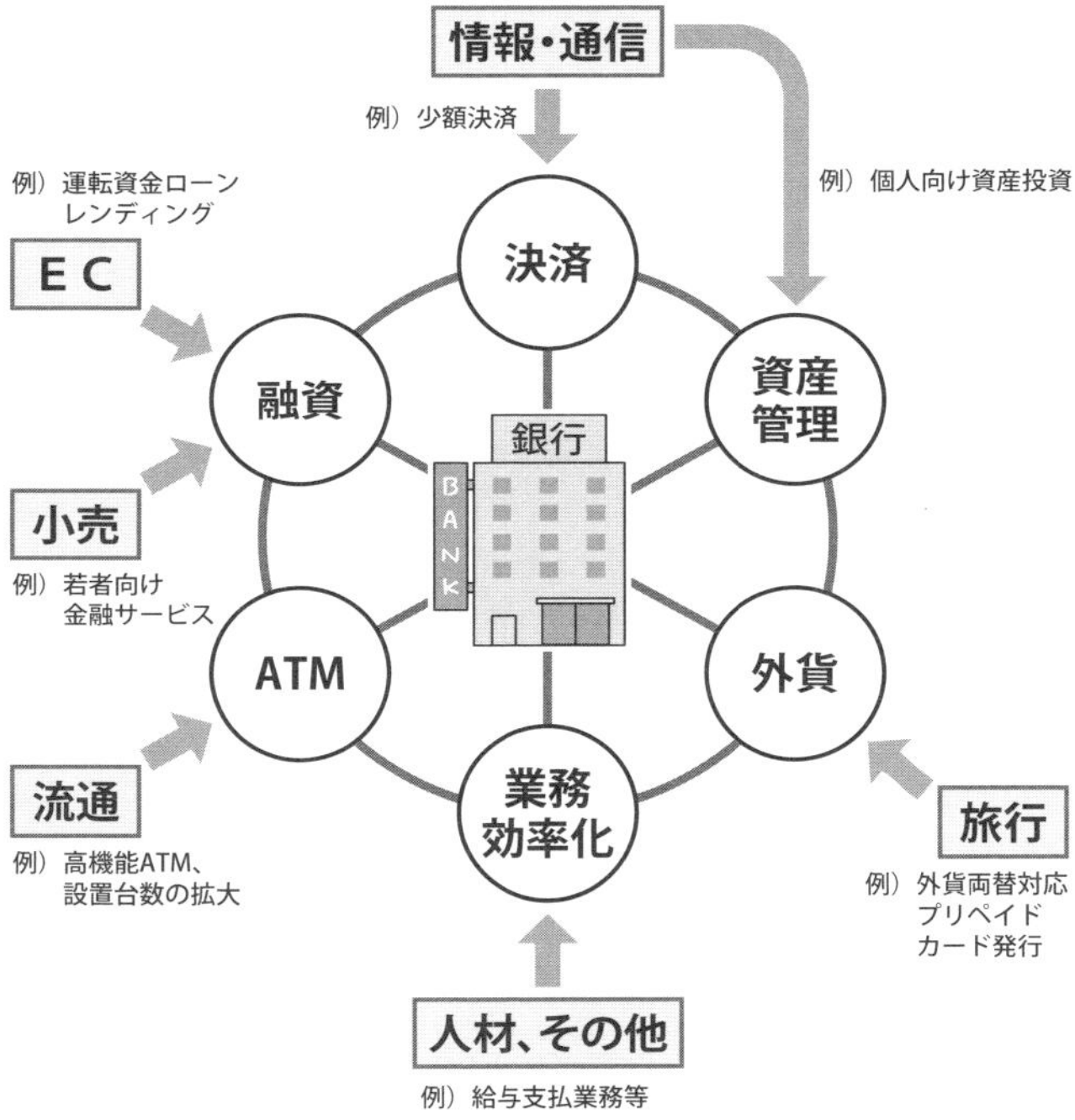

大中です。逆に、セブン銀行は、口座にかかわるサービスにはあまり力を入れていません。

それに対して、イオン銀行は、ソニー銀行やジャパンネット銀行などのインターネット専業銀行とは異なり、全国のイオン、イオンモールでのインストアブランチを中心に対面でのフルバンキングを行なっています。2018年には同じくフルバンキング型でローソン銀行がスタートしました。ただし、ローソン銀行は、インターネット上の無人店舗のみで営業しています。

その他業界からの参入

その他に、金融に参入している（しようとしている）業界としては、旅行業界や小売業界があります。JALやHISは既存の金融サービス企業と組んで、新たな金融サービスの提供をしています。JALはSBIホールディングスと提携し、JALマイレージバンク会員専用で振込や外貨預金などが行なえるJAL NEOBANKを2020年にスタートしています。

いずれも強い顧客基盤をもつ企業が、その基盤と情報技術を活用することで金融ニーズを満たそうとするものです。

銀行の競合、もしくは連携する相手は金融村の中だけではなくなっています。

column ❶ キャッシュレス社会

ランチの時間帯にグループで食事をすると、個別会計を断られ、さらにカード決済も断られて、誰かがまとめて立替えたものの、その後の精算に小銭がないだの、お釣りが合わないだのとやたら時間がかかる、などという経験はありませんか？

日本は「決済のキャッシュレス化」が遅れている、という話が最近新聞や雑誌を賑わしています。2021年５月時点で日本の個人消費の電子決済比率は42.7%といわれており、韓国の95%、中国の70%、オーストラリア・シンガポールの60%、アメリカの47%などと比べるとかなり低くなっています。

確かに、日本で電子決済だけで１日を不自由なく過ごせるのは、現状、東京や大阪などの大都市に限られるでしょう。その大都市でさえ、個人商店や飲食店、露店商になると「現金で」といわれることがまだまだ多いのが実態です。

キャッシュレス社会のメリットは多数あります。企業からすれば、店頭での現金決済のために必要だった人員とコストを削減できます。さまざまな取引情報が電子化されれば、月末の締めや決算処理の手間が大幅に減ります。

消費者にとってはどうでしょうか？　まず、現金をATMで下ろすためにかかる時間や手間が減ります。レジ待ち時間の短縮など、買い物の利便性が上がります。現金をもち歩かないので、犯罪に巻き込まれるリスクも減ります。

国全体でみた場合も、地下経済のお金の動きをトラッキングできるので、粉飾・不正・税金逃れなど金融犯罪が減り、財政的にプラスです。また、現金の印刷・鋳造、回収・廃棄などにかかるコストも減らせます。

さて、それでは、キャッシュレス社会にデメリットはないのでしょうか？経済的・社会的格差が広がる可能性が指摘されています。中国では、スマートフォンでのQRコード決済が普及し、日本とは逆に電子決済なしでは生活ができないほどです。不正を行なってペナルティで電子決済が使えなくなると生活に深刻な支障が出ます。そのことが不正防止につながっているともいえるわけですが、電子決済をなんらかの理由で使えなくなった人は社会的信用も落ち、一度その状態になったら復活が難しくなります。

もう１つの大きな課題は、個人情報の保護管理です。政治的・宗教的信条はもとより、別に悪いことをしているわけではなくても、自分が何を買って、何を食べて、どんな本を読んでいるかという情報をどこかの国や企業に勝手に知られたり使われたりしてはかなわない、と思う人は多いでしょう。キャッシュレス社会では、大量の個人情報が電子的に存在するだけに、その取り扱いには納得のいくルールの設定が必要となります。

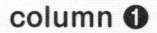

column ❷

情報銀行

個人情報が経済的価値をもつ時代になり、「情報銀行」という言葉が新聞などで頻繁に取り上げられています。情報銀行とはいったい、どういうものなのでしょうか？

▶情報銀行とは？

情報銀行とは、契約であらかじめ指定された条件に基づいて個人のデータを第三者に提供する事業（一般社団法人日本IT団体連盟の定義）のことをいいます。銀行は個人のお客様からお金を預かって運用した収益を利息としてお客様に分配しますが、情報銀行はその情報版、個人のお客様から情報を預かって加工し、企業などに販売し、その収益をデータ提供の対価としてお客様に分配すると読み替えることができます。

▶情報はどう使われる？

多様な情報の使われ方が想定されます。まず、企業のマーケティングには広く活用されると考えられます。個人の商品購買履歴やネット検索情報などが幅広く集まれば、より効果的にアピールする広告宣伝やワントゥワンセールスなどが可能になります。また、健康や病気に関する情報が多数集まれば、治療法や薬の開発にも使用可能でしょう。地方公共団体などが、住民サービスに使用することもありそうです。個人の信用スコアをデータからより正確に計算することで、貸し出しや就職などの判断材料にもなります。

▶情報銀行は信頼できる？

個人情報は漏えいや不正使用の事件が後を絶たず、信頼のおける企業・組織が信頼のおけるしくみで運用しているのでなければ我々消費者は安心して情報を預けられません。そこで、日本IT団体連盟が一定の条件を満たした事業者を認定し公表する制度を2018年末からスタートしました。認定の申請は任意なので、認定を受けなければ事業ができないわけではありませんが、一定の審査を受けていることは多少の安心につながるかもしれません。しかし、これから情報銀行事業に参入しようとする企業と、連盟を設立して参加している企業が重複しているので、公平な第三者の認定かどうかという点はやや疑問が残ります。

▶情報銀行事業を始めようとしている企業は？

この事業を行なおうとしている企業は、すでにある程度、顧客データをもっている大企業がほとんどです。情報銀行の発想は、GAFAなどの巨大プラットフォーマーの情報の独占への対抗策としての意味をもっていたことを考えると、やや皮肉な結果かもしれません。銀行では、三菱UFJ信託銀行が2021年にDprimeという情報銀行サービスをスタートしました。

いずれにせよ、今後は私たち自身が自分のデータの価値を理解して、誰にどのような使用を許可するのかを判断していかなければならないでしょう。

一般的な銀行と情報銀行

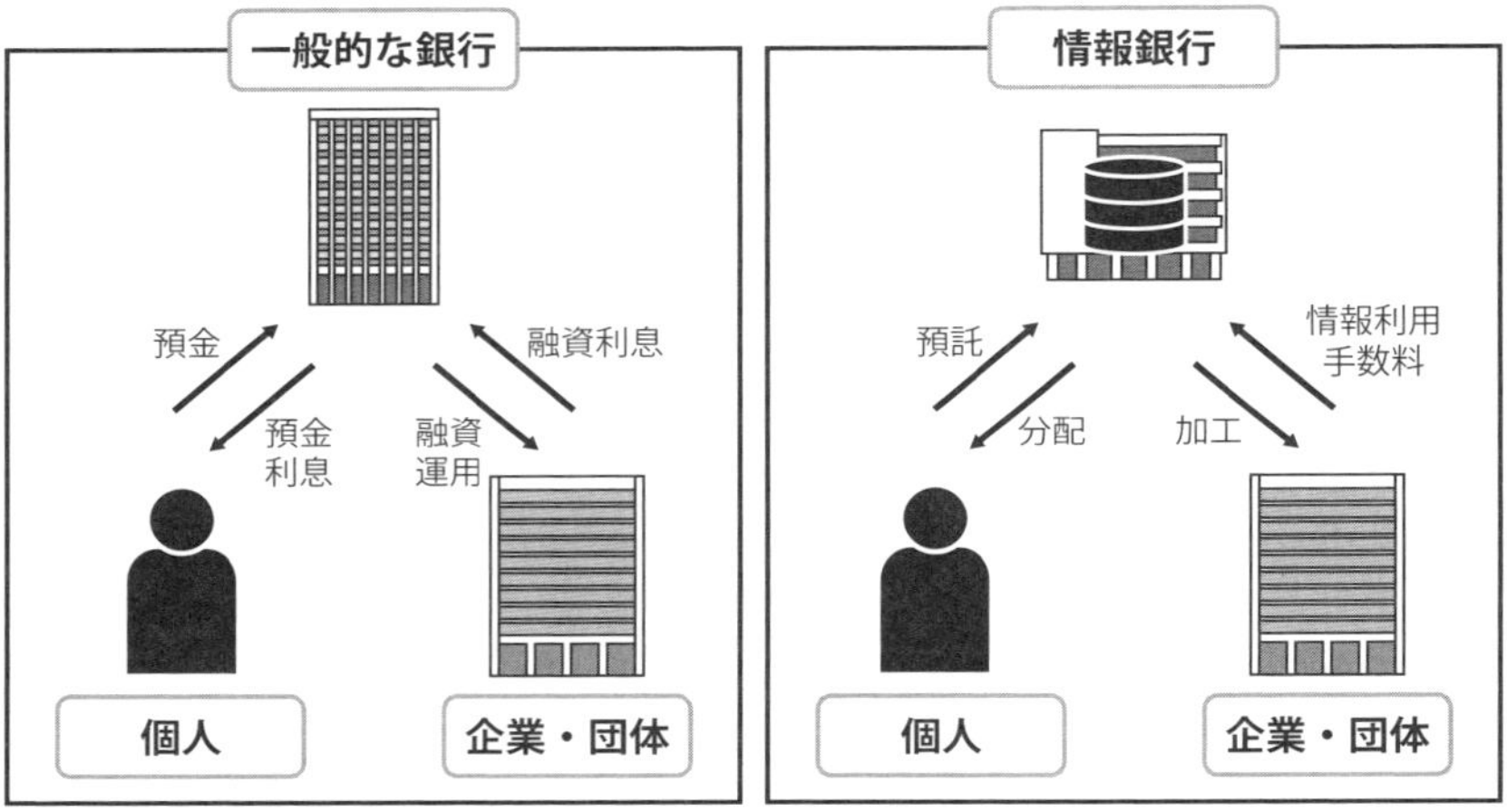

第2章 銀行の収益のしくみ

Section 2-1

銀行とお金の流れ

個人と企業、その間を仲介する銀行の３者の間のお金の流れを考えてみましょう。

銀行を介するお金の流れ…間接金融

個人は仕事をして得た給料から生活にお金を使い、余ったお金を預金のかたちで銀行に預けます。企業は設備投資や仕入れなどをするために足りないお金を銀行から借り入れます。

これが「間接金融」と呼ばれるお金の流れです。

銀行を介さないお金の流れ…直接金融

一方、「直接金融」と呼ばれるお金の流れもあります。企業が銀行を介さないで直接株式や債券を発行し、株式市場や債券市場で個人がそれを購入するお金の流れです。直接といっても、株式や債券を売買する仲介は証券会社が行ないます。

短期の資金取引…短期金融市場

銀行は預かったお金と貸したお金の差額を調整しなくてはなりません。短い期間の調整は複数の金融機関が参加する「コール」や「手形」などの「インターバンク市場」で行なわれます。

インターバンク市場の参加者は、銀行や証券会社などの金融機関に限定されます。貸し出すお金が足りないときは余っている銀行から借りてきて利息を払い、余っているときは足りない銀行に貸して利息を受け取ります。

インターバンク以外では、金融機関以外の一般企業も参加するオープン市場でも資金の取引がされます。オープン市場で扱われるものとしては「債券レポ」（現金を担保にした債券の貸借）、「CD」（譲渡性預金）、「TB」（短期国債）、「FB」（政府短期証券）が代表的です。

長期の資金取引…長期金融市場

直接金融の割合が増えてきたこと、近年は景気が低迷して企業が設備投資などを自前で賄える範囲に留めたことなどから、銀行ではお金が余りがちです。２０２０年度でみると、全国の銀行合計で預金は８５４・６兆円、貸出は５３７・０兆円なので、３１７・６兆円のお金が余っている状態です。そのため、銀行は株式や国債などの有価証券を買って運用益を得ようとしています。

長期金融市場では取引期間が1年以

上の金融商品が取引されます。株式市場と債券市場に分かれており、それぞれに発行市場と流通市場があります。

お金が長期的に足りない場合は銀行も一般企業同様、流通市場で保有している株式を売却したり、発行市場で株式を発行したりして資金を調達します。お金が余っている場合は、流通市場で株や債券を買って運用します。

銀行を中心としたお金の流れ

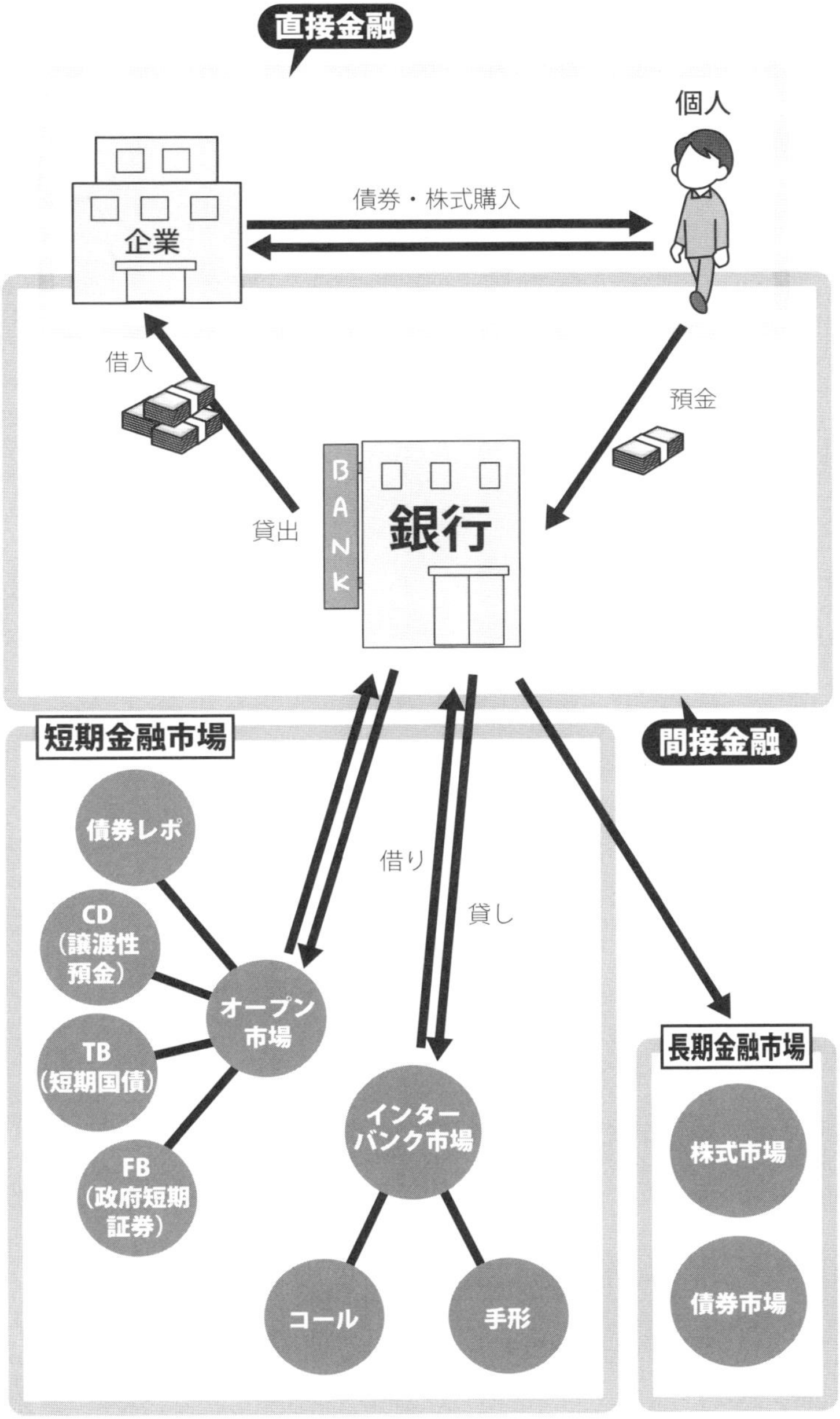

Section 2-2

預金と貸金からの収益

預金と貸金の金利差から得られる資金利鞘が銀行の収益の柱となります。

調達と運用の差が収益源

顧客からみると、預金をすることとはお金の運用であり、ローンを借りることとはお金の調達です。銀行からみるとちょうどその反対になります。銀行は預金というかたちで余っているところからお金を借りて（調達して）預金利息を支払い、そのお金を足りないところに貸して（運用して）貸出利息を得ます。この差である資金利鞘《りざや》が銀行の主な収益源となります。

貸した人に払ってもらう利息が売上、預金をしてくれた人に払う利息が仕入原価と考えればわかりやすいでしょう。

預金と貸金の総額はぴったり一致するわけではありません。金融機関同士は余った資金や不足する資金を貸し借りしますが、そのときの金利が市場金利と呼ばれるものです。預金や貸金の金利は市場金利をベースに各銀行が決めます。

銀行の収益の計算例

具体的な例を考えてみましょう。左上の図をみてください。普通預金の金利は現在（２０２１年７月）０・００１％、法人への貸出の最も低い金利は１・４７５％（短期プライムレート）です。この差の１・４７４％（資金１００万円に対し1万４７４０円）が銀行の儲《もう》けになります。

ただし、銀行は預かった預金に対して保険をかけることを義務付けられています。預金保険料率（２０２１年７月現在、経営体力に合わせた料率への変更が検討されている）は０・０２９％なので、この分を引いた残り１・４４５％（1万４４５０円）が収益ということになります。ここから店舗にかかる経費や人件費などの経費が引かれることになります。

定期預金の金利が高いワケ

普通預金は期限がないので、いつでもお金を口座から下ろす（資金を引き上げる）ことができます。銀行は貸しているお金をすぐに返してもらうことはできないので、預金の期間が決まっていれば予測がしやすくなります。だから契約期間が決まっている定期預金のほうが普通預金よりも通常は金利が高いのです。

銀行の収益の計算例

貸出利息	1,000,000	×	1.475%	=	14,750円（＋）
預金利息	1,000,000	×	0.001%	=	10円（－）
預金保険料	1,000,000	×	0.029%	=	290円（－）
収益				→	14,450円

金利が上昇した場合の定期預金の収支

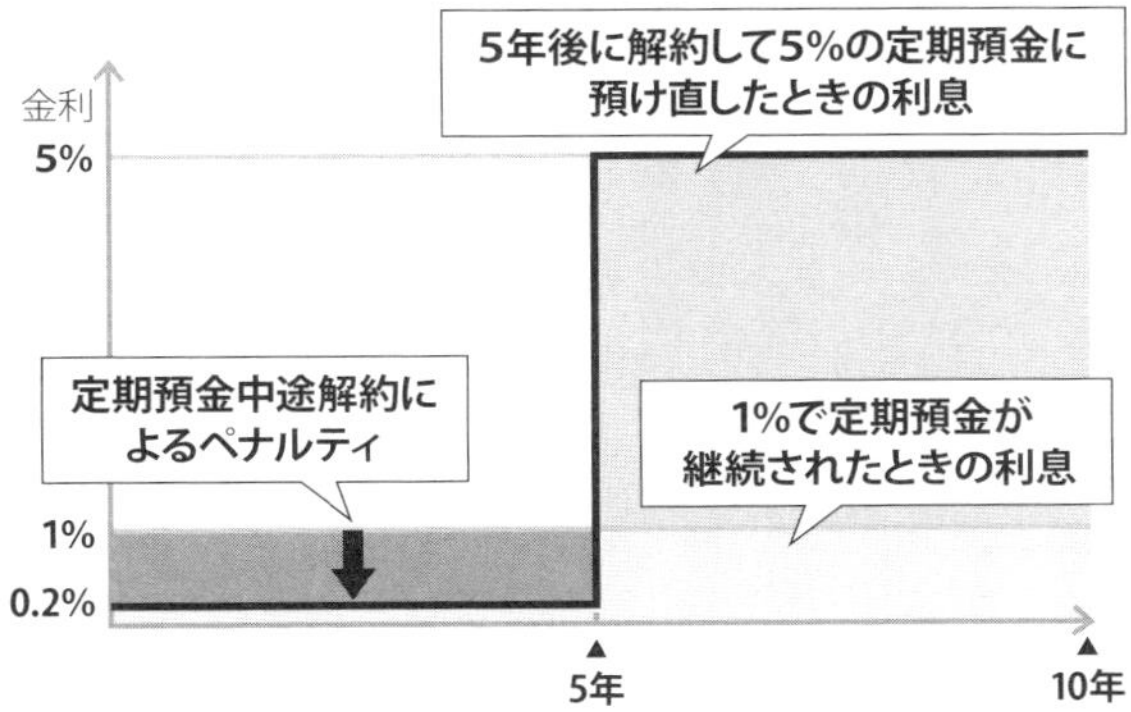

金利変動と収益の関係

ただし、あまりにも長期の預金契約は嬉しくありません。期限までの金利の予想が難しくなるからです。たとえば、10年契約の定期預金を5%の利息で受け入れても、5年後には2%に金利が下がっているかもしれません。銀行はその時点で預金を集めれば2%で集められるのに、10年間は5%の利息を払い続けなくてはならなくなるのです。

逆の誤算もあります。いま1%で期間10年の定期預金を集めれば、5年後に5%に金利が上昇しても低い金利のまま調達できることになります。預金者は定期預金を解約することはできますが、その場合はペナルティとして、それまでの金利にはすべて、定期預金より低い普通預金金利が適用されます（上図参照）。これは、もちろん貸出し側にもいえることです。長期間の貸出の金利は短期間の貸出の金利よりも高いのが普通です。

ですから、預金金利と貸出金利の決定は銀行の収益を左右する非常に重要な事柄といえます。

Section 2-3

国内振込手数料収益

国内の振込・送金とは、遠隔地にいる相手に銀行を介してお金を送ることで、銀行内部では「内国為替」といいます。

以前はどの銀行でも同じだった振込手数料も、現在では銀行間で差があります。インターネット専業銀行の振込手数料は一般の銀行よりも安く設定されています。

振込と送金の違い

「振込」と「送金」の違いは、資金を受け取る人が銀行に預金口座をもっているか否かです。もっていれば相手の口座へ振込が行なわれますし、もっていなければ銀行窓口にもっていくと現金化される送金小切手を発行します。送金小切手の発行手数料は550円～990円です。

さまざまな振込手数料

振込手数料は、手続きをするのが窓口か、ATMか、ダイレクトチャネルかによって異なります。また振込先が同じ銀行の同じ支店か他の支店か、または他の銀行かによって、さらには振込金額によっても異なります（左表）。

企業専用の総合振込

企業がまとまった件数の振込をする場合は通常、一般の振込より安い手数料になります。これを「総合振込」といい、企業間取引による支払代金を毎月一定の日に大量に振り込むような場合です。量が多いので振込日の2～3日前に振込先と金額のデータを電子ファイルで受け取り、事前に準備をします。

給与振込の手数料は「100円」

給与を従業員の銀行口座へ直接振り込む場合、手数料は総合振込よりさらに安くなります。1件100円ぐらいが相場です。全国の銀行で、振込は年間12億件程度を行なっており、うち給与振込は2．5億件程度です。

振込手数料収入の割合

銀行では、振込や送金の手数料を「役務《えきむ》（サービス）収益」と呼んでいます。国内の振込・送金である内国為替の役務収益に占める比率は左表のように業態によって大きな差があります。内国為替以外で役務収益に含まれるものは、外国為替手数料、投資信託や保険の販売手数料などです。

振込手数料の例

A 銀行

(円)

		振り込む金額	自行同一支店	自行他支店	他行
窓口		3万円未満	330	330	594
		3万円以上	550	550	770
ATM	現金	3万円未満	220	220	374
		3万円以上	440	440	550
	キャッシュカード	3万円未満	0	110	209
		3万円以上	0	110	330
インターネットバンキング テレフォンバンキング		3万円未満	0	0	154
		3万円以上	0	0	220

B 銀行（インターネット専業）

(円)

	自行	他行
インターネットバンキング	0	220

C 信用金庫

(円)

		振り込む金額	自行同一支店	自行他支店	他行 ＊電信
窓口		3万円未満	220	330	660
		3万円以上	440	550	880
ATM	現金	3万円未満	110	110	440
		3万円以上	330	330	660
	自金庫カード	3万円未満	0	110	330
		3万円以上	0	220	550
インターネットバンキング テレフォンバンキング		3万円未満	0	110	220
		3万円以上	0	220	330

役務取引収益に占める為替（振込）手数料の割合（例）

	D銀行（メガバンク）	E銀行（地方銀行）	F銀行（地方銀行）
役務収益（国内）	5,413億円	398億円	13.7億円
うち内国為替業務	1,435億円	96億円	4.2億円
内国為替／役務収益	27%	24%	31%

Section 2-4

外国為替収益

外国通貨や海外取引に関連する銀行の収益源は、「外貨両替」「外貨預金利鞘」「海外送金」「貿易関連」の4種類です。

外貨両替手数料・外貨預金利鞘

外貨両替には、①円を外貨の預金として両替して預け入れる場合の両替手数料、②海外旅行の際などに行なわれる円と外貨現金との両替手数料、の二つがあります。

米ドル・ユーロとして預金する場合、1単位あたり一定の手数料がかかります。競争によって手数料は年々下がってきています。現金と現金を両替する場合は、外貨を金庫に保管するなどの管理事務があるため、預金よりも高い手数料に設定されています。

たとえば100万円を米ドルにする場合を考えてみましょう。仮にその日の為替相場が1米ドル＝100円だとします。ドル預金をつくるときの外貨両替手数料が1ドル0・5円とすると、1ドルを買うのに100・5円かかります。

100万円 ÷ 100・5円
9950ドル

これが100万円で交換できる米ドル預金の金額です。

0・5円 × 9950ドル
＝4975円

これが銀行がもらう手数料です。

現金の両替の場合、手数料を1ドル1・5円とすれば、1ドルを買うのに101・5円必要になります。

100万円 ÷ 101・5円
9852ドル

これが100万円で両替できる米ドル現金の金額です。

1・5円 × 9852ドル
＝1万4778円

これが銀行がもらう手数料です。

これ以外に、運用と調達の金利差による資金利鞘が入るのは、円資金と同様です。

海外送金手数料

海外送金にかかる送金手数料は、1回4000円～1万円程度です。これも競争により低くなってきています。

送金する銀行とされる銀行が外為取引に関する事前の契約を結んでいることが前提で、そうでない場合、いくつかの銀行を経由して送金されます。経由銀行はそれぞれに手数料をとることになります。

円を外貨にして送金する場合には、

先の両替手数料がかかりますが、送金額が小さくても2000円とか2500円といった最低額を手数料としてもらうと決めている銀行が多いようです。

貿易関連の手数料

　輸出入は遠隔地にいる企業同士が品物と代金を交換しなければなりません。お互いに相手企業のことをよく知らないこともあります。輸入先が品物をみないで先にお金を払い込むのもリスクがありますし、輸出先が代金を受け取らないまま出荷するのもリスクがあります。

　そこで、銀行が手数料をもらってこれを仲介します。輸出企業は商品を船に積み込んだ証拠の「船荷証券」というものをもらい、手形と一緒に銀行にもち込みます。銀行は、輸入企業の所在国の銀行に船荷証券を送り、銀行から輸入企業に連絡してお金を振り込んでもらいます。振込と引き換えに輸入企業は品物を受け取るための書類をもらうことができ、実際に品物を受け取りに行きます。

　輸出企業の代わりに代金を取り立てて手数料をもらうこともあれば、輸入者が支払うまで立替え払いをすることで手数料をもらうこともあります。

　輸入者側の銀行は、その業者が支払うことを輸出者に保証するために発行する書類を「L／C」（Letter of Credit＝信用状）といいます（☞74頁）。銀行は事前にその輸入者の信用力を審査して口座開設やL／C発行の契約をします。その後は発行するL／Cの金額とその業者の信用力に応じた手数料を受け取ります。

外貨両替の計算例

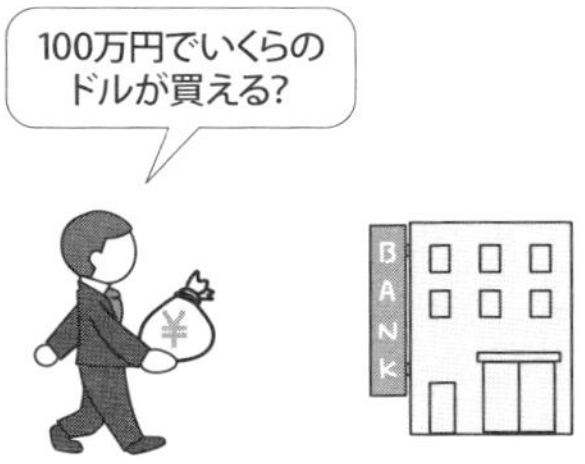
100万円でいくらのドルが買える?
BANK
¥

レートが　1ドル＝100円　のときあ…

❶ 外貨の「預金」にする

1ドル＝100.5円（0.5円は手数料）

100万円 ÷ 100.5円 ≒ 9,950ドル ←これだけのドルが買える

❷ 外貨の「現金」にする

1ドル＝101.5円（1.5円は手数料）

100万円 ÷ 101.5円 ≒ 9,852ドル ←これだけのドルが買える

Section 2-5

投資信託と保険の手数料収益

投資信託や保険は銀行自らの商品ではありません。銀行は販売代理店としてそれらを売り、手数料収入を得ています。

投資信託や保険の販売における銀行の役割は、メーカー（投資信託委託会社）がつくった商品を店頭で売るスーパーのようなものです。スーパーは商品を仕入れて売り、売れ残ったら自社の責任になりますが、銀行は投資信託や保険が売れたときだけ手数料を得ます。これを「銀行窓口販売」と呼んでいます。

投資信託からの手数料

投資信託の販売から銀行が得る手数料は「販売手数料」と「信託報酬」の2種類があります。販売手数料はおおむね販売額の2～3％で、全額販売した銀行がもらえます。金融庁から銀行が手数料の高い商品ばかりを顧客に売りつけないようにという指導があり、手数料率は全体に下がりつつあります。「ノーロード」といって、販売手数料がゼロ円の投資信託も増えています。この場合、銀行も販売手数料はもらえません。

では何から収益を得ているかというと、信託報酬になります。信託報酬は保有期間中ずっと年間1～2％程度が運用の成果である分配金から事前に差し引かれます。信託報酬は販売した銀行と運用を指図する投資信託会社、実際の運用と管理をする信託銀行の３者で山分けします。販売した銀行の取り分は個々の投資信託によって異なります。

保険商品からの手数料

保険でも投資信託同様、銀行は販売の代理店になります。銀行は年金保険など貯蓄に近い一部の保険は販売していましたが、２００７年末からはすべての種類の保険を店頭で販売することができるようになりました。

代理店の手数料率は、保険会社と代理店との間の力関係や交渉で決まります。個人代理店と規模の大きい企業代理店では非常に大きな差があります。銀行が代理店になる場合も、販売量などによって銀行間で差が出てくるでしょう。以下に、これまでの保険代理店手数料率の目安を示しておきます。

◎**年金保険**

銀行が保険会社からもらう販売手数料率は一般に投資信託よりも高く、３％程度です。

◎投資信託のしくみ

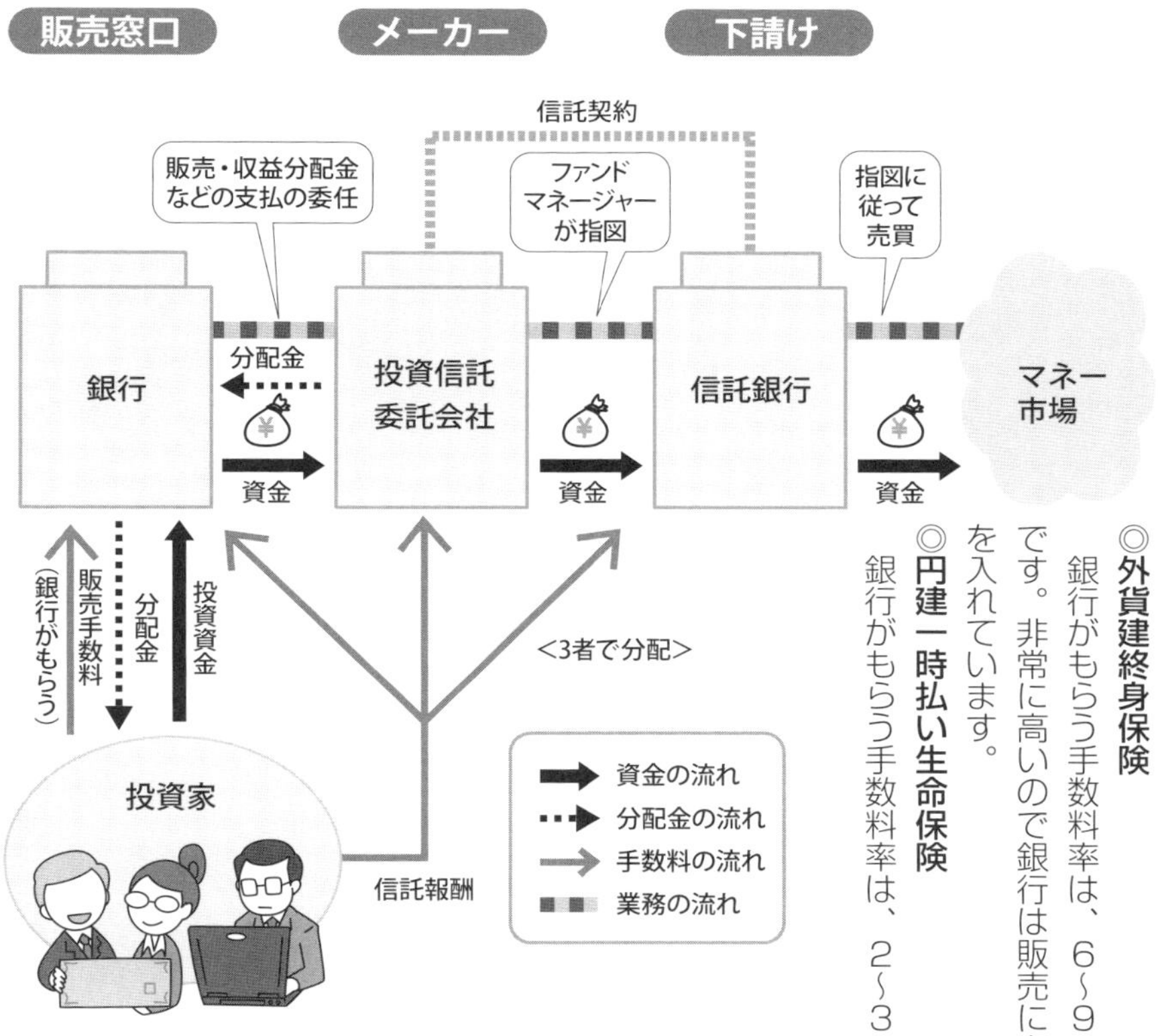

◎外貨建終身保険

銀行がもらう手数料率は、6〜9%です。非常に高いので銀行は販売に力を入れています。

◎円建一時払い生命保険

銀行がもらう手数料率は、2〜3%です。

◎損害保険

自動車保険、火災保険、傷害保険でそれぞれに料率は異なります。火災保険や傷害保険の手数料率は比較的高く、20〜30%程度です。自動車保険は事故を起こしていない期間が長いほど等級が上がり、代理店の手数料率も上がりますが、5〜20%程度までばらつきがあります。

銀行収益に占める割合

投資信託や保険から銀行が得られる収益は振込手数料などと同じで、銀行では「役務《えきむ》収益」と呼ばれます。投資信託は市場価格が上下する商品なので、手数料収入は市場に左右されます。価格が上り調子のときは売れ行きがよく手数料収入も増えますが、下降しているときは減ります。市況による変動はあるものの、長期的にみると収益全体に占める役務収益の割合は増加傾向にあるといえます。

Section 2-6

クレジットカードからの収益

銀行で口座をつくると窓口で勧められるクレジットカード。銀行にとってはどんなメリットがあるのでしょうか?

　カード事業は銀行の子会社や提携先カード会社が行なっている場合が多く、収益が直接、銀行に入るわけではありませんが、近年、銀行はクレジットカードビジネスに力を入れています。

クレジットカード会社の収益源

　カード会社には次の５つの収益源があります。

①**年会費**……毎年カード会員から徴収する会費です。一般カードは１０００円程度、ゴールドカードは１万～３万円くらいが多く、年会費無料カードも多数あります。

②**加盟店手数料**……会員がカードを使用するお店（加盟店）がカード会社に支払う手数料です。３％前後が多かったのですが、カード業界の加盟店獲得競争によりどんどん下がっています。

③**分割払い・リボ払い手数料**……会員が分割払いやリボ払いするということは、お金を借りるということです。その借入に対してカード会社に払う利息が分割払い・リボ払い手数料です。利率は12～15％程度です。

④**ローン金利**……カード会社はマイカーローンやフリーローンなどのカードを使わない貸出も行なっています。信販系カード会社ではこの収益の割合が大きくなります。

⑤**キャッシング利息**……キャッシングからも利息収入が得られます。リボ払いがあくまで買い物代金であるのに対して、キャッシングは直接お金を引き出す（借りる）ところが異なります。

　年会費や加盟店手数料収入が減少し、分割・リボ払い・ローン・キャッシング利息などの貸出からの収益が大きな割合を占めるようになった中で、２０１０年の貸金業法改正で借入額が規制されたため、カード会社の収益は全般に落ちています。

カード会社と銀行の収益分配

　銀行とカード会社との収益の分け方は、両社の力関係で決まります。

　発行したカードをどのくらい使ってもらえるか（稼働率）によって収益は異なるので、それによって契約条件が変わります。カード会社は販促手段としてカード１枚ごとに報奨金を出したり、初年度年会費を無料としたり、加盟店手数料の一部をキャッシュバックするなどしています。

地銀本体もカードを発行する

地方銀行では子会社や提携カード会社ではなく、銀行本体でクレジットカードを発行するところが増えています。

地方銀行はカード会社に業務委託したり、フランチャイズ契約を結んだりします。カード会社は、ブランドの提供とカードの発行・回収などの事務処理を行ないます。

銀行系カードの顧客にとっての魅力は、カードの年会費が優遇されたり、ATM時間外手数料が優遇されたりすることでしょう。銀行にとっては、クレジットカードでいつ何をいくらで購入したのかという顧客情報が入手できるようになるので、大変魅力的です。

キャッシュレス化とクレジットカード

昔は、公共料金などの支払は銀行の自動引落しや振込がほとんどでした。しかし、いまはカードが普及して有力な決済手段になっています。商品代金だけでなく公共料金や税金も、カードで決済できます。

政府は決済のキャッシュレス化を推進していますが、カード会社の加盟店への手数料が高いことが中小零細の飲食店や商店のカード決済取り入れの障害になっているということで、手数料を下げるようにというプレッシャーがカード会社にかかっています。

メガバンクのクレジットカードの取扱高

（2020年度）

三井住友FG	三井住友カード・SMBCファイナンスサービス	20.9兆円
三菱UFJ FG	三菱UFJニコス	12.1兆円
	ジャックス	5.0兆円
みずほFG	クレディセゾン	7.9兆円
	オリエントコーポレーション	5.5兆円

クレジットカード会社の収益構造（例）

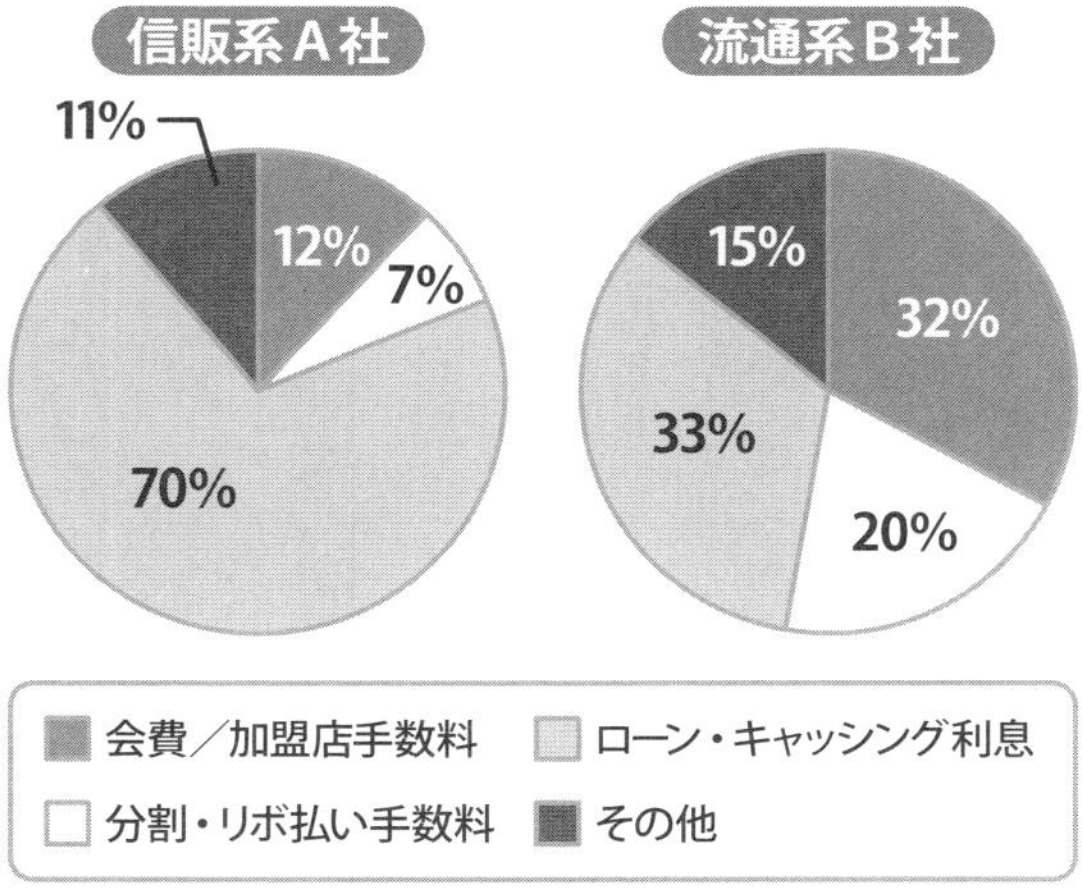

Section 2-7

現在の銀行の財務体質は？

金融機関の破綻が続いた1990年代。その後、銀行の財務状態はどうなっているのでしょう。

不良債権処理の進み方

　メガバンクの不良債権処理は2006年にはほぼ完了し、2008年3月期の残高は3兆3300億円（三菱UFJ・みずほ・三井住友・りそな4行の合計）まで減りました。2002年3月期と比べて85%処理が進んだのです。その後、リーマンショックの影響でいったん4兆円超まで増加しましたが、2020年3月期には1兆9150億円になっています。

　一方、地方銀行の不良債権残高は2008年3月期で7兆4580億円あり、2002年3月期から50%しか処理が進みませんでした。その後、少しずつ減り、2020年3月現在では4兆6980億円になっています。

格付機関による格付

　格付機関は、債券などを発行する企業の信用力を評価し公表します。その企業の債券がきちんと償還されるかどうかを複数のアナリストの意見や財務状況や経営戦略などから判定し、格付をするのです。左の表にあるように、格付機関によって若干の差はあるものの、3つのメガバンクの格付はほぼ同水準です。ちなみに、Moody'sのA1（エーワン）は21段階のうちの上から5番目の格付です。

財務データによるメガバンク比較

　2021年3月の財務データから3つのメガバンクの財務体質をみてみましょう。まず、事業規模は総資産を参考にします。三菱UFJが260兆円、みずほが199兆円、三井住友は216兆円です。

　自己資本比率は、貸出金の貸倒リスクが加味された比率です。2010年のバーゼルⅢ合意では、Tier1比率が2019年初に7%以上あることとされていましたが、メガバンクはどれもクリアしています。

　預貸率は預金と貸出金のバランスをみるもので、総貸出残高÷総預金残高で算出します。三菱UFJが48・5%で最も低くなっています。これは貸出金に対して預金額が多いことを示していて、余った資金は市場で運用しています。

　総資金利鞘は、資金運用と資金調達

の利率の差ですが、超低金利が続いているため、三菱ＵＦＪとみずほはこの数値がマイナスになっていて、赤字です。それを埋める手数料から得られる役務収益額はみずほが４２３０億円とトップで、ついで三菱ＵＦＪ、三井住友の順になります。

業務純益は一般企業の経常利益にあたり、業績を示すものです。三井住友が最も高く、５０００億円を超えています。

銀行の不良債権残高

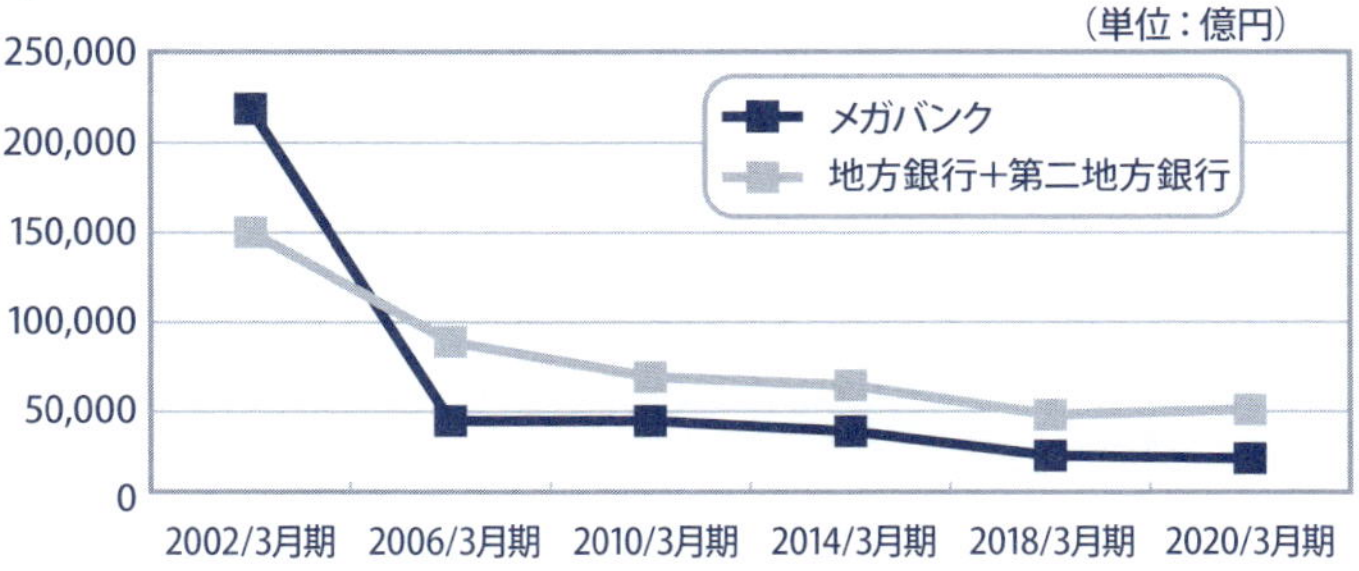

メガバンク＆りそなの格付

（2021 年７月現在）

格付機関	三菱UFJ銀行	みずほ銀行	三井住友銀行	りそな銀行
R&I	AA－	AA－	AA－	A＋
JCR	AA	AA	AA	AA－
Moody's	A1	A1	A1	A2
Standard& Poor's	A	A	A	A

メガバンク＆りそなの財務データ

（2021 年３月期単体）

		三菱UFJ銀行	みずほ銀行	三井住友銀行	りそな銀行3行
規模に関する数値	総資産（億円）	2,599,752	1,988,833	2,158,467	736,977
	預金（億円）	1,822,399	1,282,790	1,346,856	588,298
	貸出金（億円）	884,470	820,746	819,377	389,423
リスクに関する数値	自己資本比率（%）（普通株式等Tier1比率）（※１）	10.66	11.14	13.09	10.85
	不良債権比率（%）（金融再生法開示債権）	0.88	0.84	0.65	1.12
収益に関する数値	総資金利鞘（%）	0	△0.17	0.28	0.09
	預貸率（%）末残	48.53	63.98	60.84	66.19
	役務収益額（億円）	3,926	4,230	3,307	1,246
	業務純益（億円）	2,973	3,847	5,027	1,754
	当期純利益（億円）	1,445	2,674	3,380	1,153

※ 1. りそな銀行のみ国内基準の自己資本比率

column ❸ 預金が没収される

銀行の規模を知るのに口座数は１つの目安になります。メガバンクは数千万、地方銀行でも、県内トップの銀行なら数百万の口座があるといわれています。しかし、銀行が口座数を公表することはあまりありませんでした。これには実は、正確な口座数を把握することが銀行自身にも難しいという事情があります。

日本の銀行のほとんどが、普通預金口座の口座維持手数料をとっていません。そのため、顧客は使わなくなった口座でも解約せず、通帳をそのまま箪笥の引き出しに眠らせているからです。いわゆる「休眠口座」です。そして、そもそも休眠口座の基準に各行違いがあるため、正確な口座数が定まらないのです。

休眠口座は、動きがまったくなくても管理はしなくてはならないので、銀行にはコンピュータコストなどがかかります。そこで、最近は口座維持手数料をとる銀行も出てきました。りそな銀行は2004年４月以降の新規開設口座（既存の口座は除外）については入出金などの利用が２年間以上なく、残高が１万円未満のものを「休眠口座」とし、年間1,200円の管理手数料をとることにしました。

2018年に施行された「休眠預金等活用法」により、2019年１月から10年以上取引のない預金を国が民間公益活動に使えることになりました。休眠口座になりそうなときに、１万円以上の残高があれば銀行は登録されている住所やメールアドレスに連絡をくれます。１万円以下なら通知なしに休眠預金とみなされます。これに合わせて３メガバンクも、独自基準で口座維持手数料を導入しています。

いったん、民間公益活動に使われても、預金者から申出があれば払い戻してくれるようです。しかし、休眠口座の保有者が思い立って解約しようと突然窓口に行くと面倒なことが起こります。なにしろ、通常のコンピュータ管理からは除外し、残高も一括管理しているので、払戻し手続きは簡単にはいきません。通常のシステムにはもう情報が残っておらず、口座があった店の過去のマイクロフィルムを管理部門から取り寄せて預金者の申出が間違いないかチェックすることになります。それから解約のオペレーションをするので、解約までにかなり待たされることになるでしょう。10年以上放っておいた口座を解約するときは、銀行に行く前に電話をしておいたほうが無難です。

第3章

さまざまな銀行のチャネル

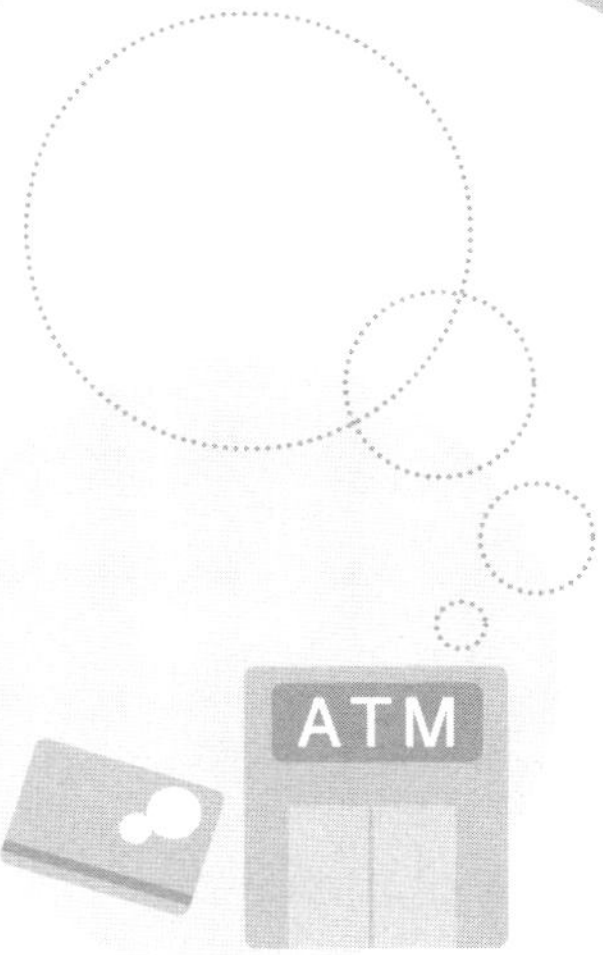

Section 3-1

さまざまな支店のタイプ

家や会社の近くでよくみかける銀行の支店。
実は支店にもいろいろなタイプがあります。

決済サービスの非対面化、キャッシュレスが進むのとは逆に、複雑な金融商品の増加から、顧客と直に接する機会の重要性も増しています。そこで、対面機会を増やそうと、支店の種類やスタイルに工夫を凝らす銀行が出てきました。

業務範囲の違いによる支店の種類

◎銀行業務全般を取り扱える支店

これを「フルバンキング」の支店と呼びます。窓口業務・個人の預金・資産運用・ローン・企業への融資などすべての機能が備わっていて、個人でも法人でも利用できます。フルバンキング支店は維持費が高く、多くの銀行がネットバンキングなどに移行して減らしていく計画を発表しています。

◎機能特化型の支店

支店のある地域の特徴に合わせ、取扱い業務を一部に絞った支店です。

個人特化型では、法人の担当者を置かず、入出金・振込・個人の口座作成・投資やローンなどの業務を取り扱います。また、入出金など、窓口の限られた機能だけをもつ「出張所」というタイプもあります。個人の資産運用を中心とした相談・申込受付に特化した店舗もあります。

法人融資だけを扱う支店も出張所の一つです。他には、住宅ローンやカードローンだけを扱うローンセンターなどがあります。住宅ローンセンターでは、主に住宅業者経由の案件がもち込まれ、相談から申込み、実行までが行なわれます。

フリーＷｉ－Ｆｉを提供し、現金を扱わず窓口もなしで、フリースペースや個別相談の個室のみという店舗もあります。

形態の違いによる支店の種類

◎通常の店舗型の支店

街中でよくみかけるかたちです。店舗内に窓口を備え、人が対応します。

◎インターネット支店

店舗や窓口をもたない、インターネット上にある支店です。通帳を発行しない場合がほとんどで、取り扱う商品・サービスにも制限がありますが、その分預金金利が高くなったり各種手数料が安くなったりという特典があり

業務範囲の違いによる支店の種類

形態の違いによる支店の種類

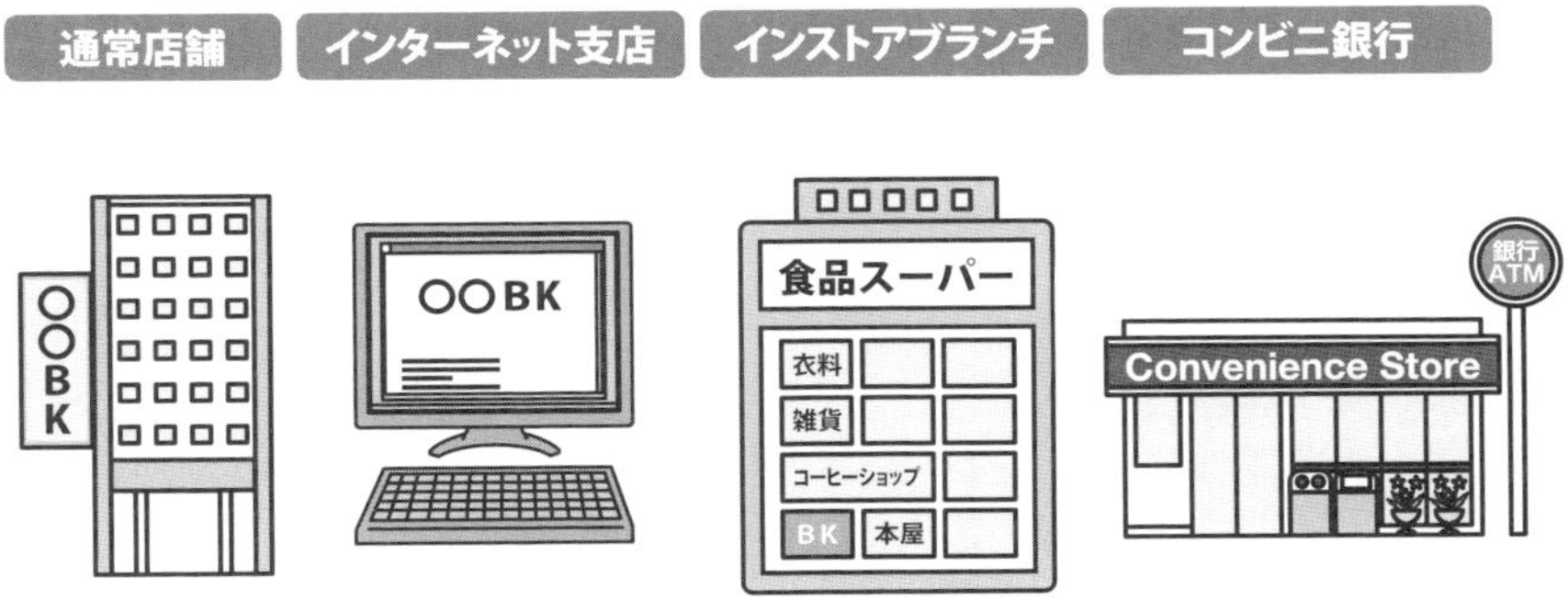

ます。

◎インストアブランチ

ショッピングモールやスーパーなどの商業施設の中に設置されている支店です。個人の資産運用相談業務のみを行なうケースが多いですが、フルバンキングもあります。インストアブランチは、その商業施設の時間に合わせて営業をしています。最近は、通常の街中の支店でも平日の日中に銀行へ行けない人のニーズを汲むため、平日15時以降や土日に営業するところが出てきました。

◎コンビニ銀行

既存銀行の支店ではなく、コンビニが銀行業務に参入し、コンビニ＋銀行支店という形態も現れてきました。

このように、今後も支店のタイプはもっと多様化していくでしょう。

Section 3-2

支店の全国分布

メガバンクは全国に支店があると思われていますが、実は地域で偏っています。

地域による支店分布の違い

銀行の支店は日本全国にありますが、地域によって大きな偏りがあります。

メガバンク（旧都市銀行）の支店は首都圏・近畿圏・中京圏の3大都市圏に集中しています。それ以外の地方都市では、各地方の地方銀行・第二地方銀行、また、さらに限定された地域で信用金庫・信用組合の支店があります。

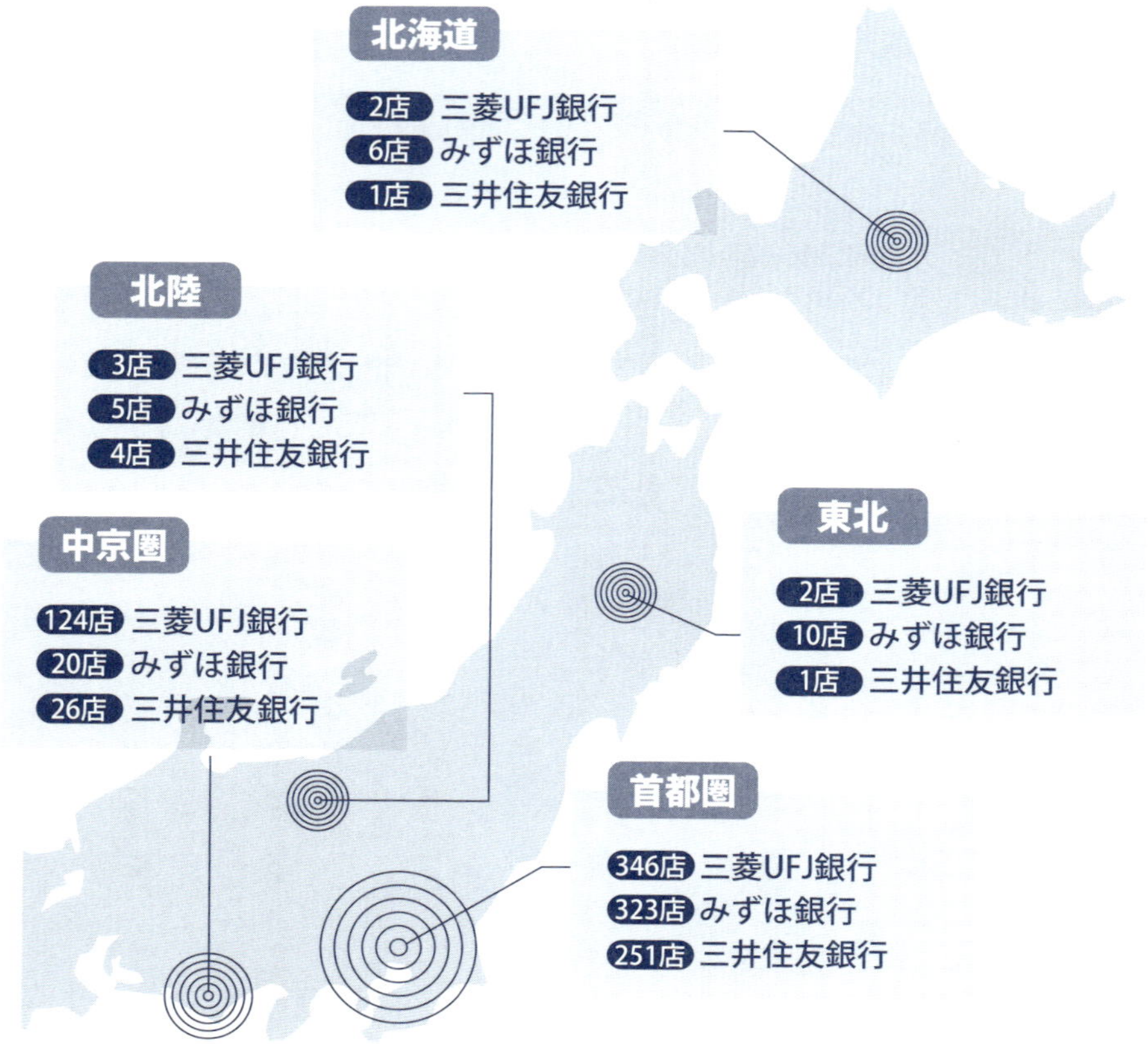

3大都市圏では

三菱ＵＦＪ銀行や三井住友銀行の支店は首都圏（一都七県）に50％以上が集中しています。みずほ銀行ではこの比率が70％近くになります。旧住友銀行が母体の三井住友銀行は、旧住友銀行が強い近畿圏に多数の店舗がありまず。三菱ＵＦＪ銀行は、旧三和銀行の強い近畿圏のみでなく、旧東海銀行が強い中京圏にも店舗が多数あります。

地方都市では

一方、地方都市にメガバンクの店舗はほとんどありません。たとえば、福岡県には福岡銀行が１５０店舗、西日本シティ銀行が１５０店舗、筑邦銀行が30店舗、福岡中央銀行が40店舗、九州を拠点とするその他の地方銀行が合計で１２０店舗あるのに対し、メガバンクは３つを合計しても16店舗です。

メガバンクは大都市集中で、地方都市をカバーしているのは地方銀行です。

地域別メガバンクの支店分布

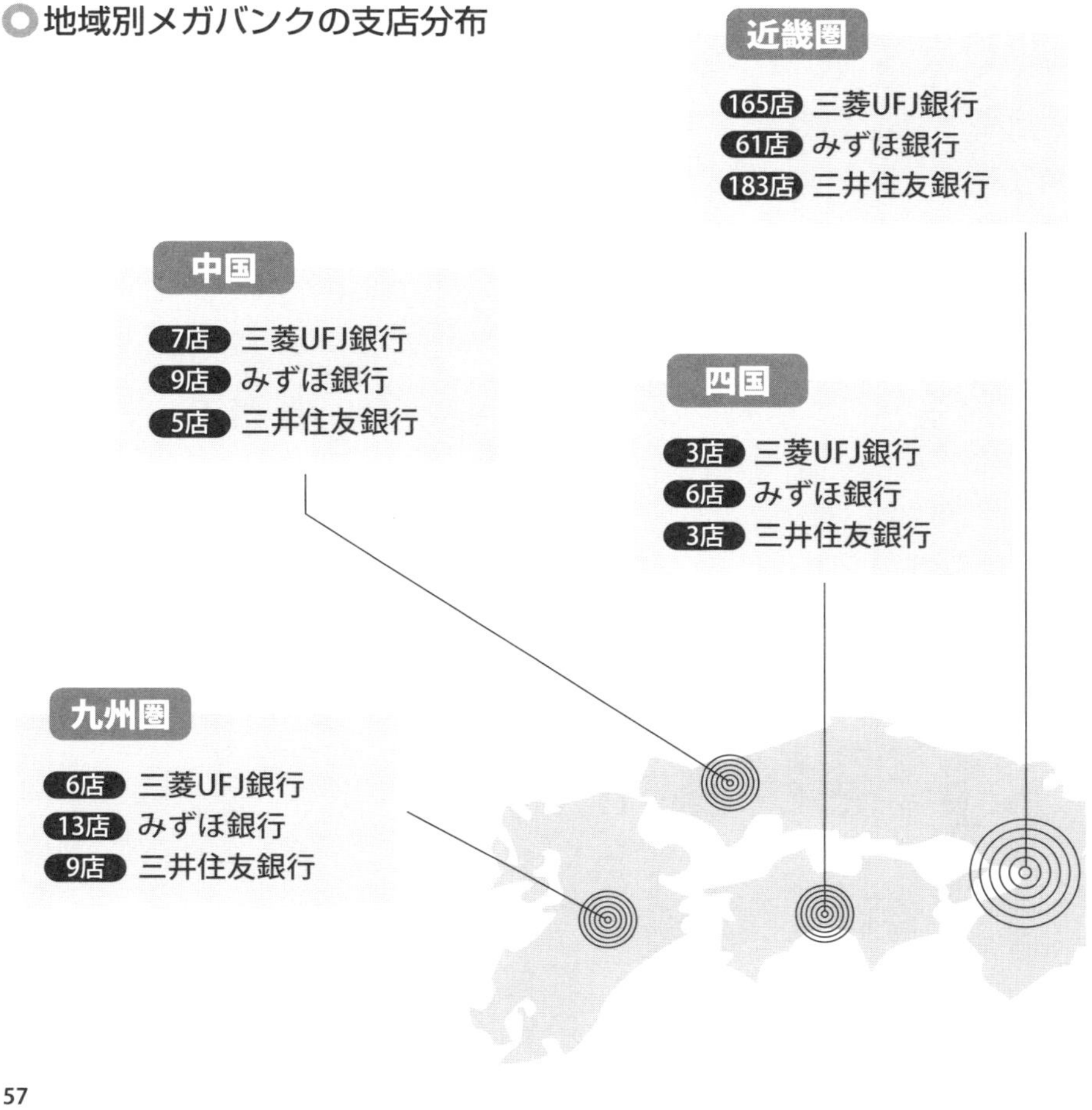

Section 3-3

支店窓口と渉外係

銀行員は銀行の顔。しかし、最近は銀行員と顧客の接触は減っています。

渉外係の変化

　昔の銀行の渉外さんといえば、自転車やスーパーカブ（バイク）に乗って1軒ずつ個人の家を訪問して集金して回るというイメージがありました。しかし、定期積金の毎月の掛け金や、商店などの日々の売上金を集金に回るというのは遠い昔の話です。

　高い人件費の行員の仕事をより効率的にするため、基本的に集金業務は、メガバンクや地方銀行、信用金庫でもほとんど行なわれていません。信用組合も単なる集金だけの訪問はかなり減らしています。

　渉外係の担当する仕事は、1件あたりの金額と利鞘が大きく融資ノウハウが生かせる法人への営業や、個人でも住宅ローンや資産運用商品など金融知識が必要なものにシフトしてきています。また、これまでのようなお願いセールスではなく、顧客にとって本当に価値のある提案をすることが求められています。

　金融庁は銀行の法人融資に関して、担保や保証の重視をやめて、その会社の事業の将来性を評価して貸す・貸さないを決める「事業性評価」をするようにという方針を強く打ち出しています。渉外・融資係は財務分析力だけでなく、ビジネスそのものを評価できる能力が求められているのです。

支店の窓口従業員の変化

　一方、来店が必要な業務が少なくなった現在、銀行のチャネルとしての従来型の支店窓口は減少していますし、今後も減っていくと予想されます。各メガバンクの人員・店舗削減計画をみると、そのスピードの速さがわかります。

　まだ一般に浸透しているとはいえない投資信託や保険商品は、依然として人のいる窓口での購入が中心です。そのため、現在個人顧客への相談業務に特化した店舗は逆に増加しています。しかし、これも顧客の知識・経験が増えるに従ってバーチャルチャネルに移行していくでしょう。

パート・派遣の待遇変化

　2000年代以降、銀行は人件費削

渉外係の仕事は集金業務から提案営業へ

各銀行の人員・店舗削減計画

銀行名	人員・店舗削減計画の概要
三菱ＵＦＪ	2023年度までに8,000人削減。業務量を40%削減し、約300店舗まで削減予定
みずほ	・みずほグループで、2026年までに1.9万人削減予定 ・2024年までに130拠点削減予定（2017年３月末対比）
三井住友	2019年末から2022年末までに7,000人削減予定
りそな	2022年３月までに500人相当（100万時間/年）の削減を目指す

減のため、窓口の行員を正社員からパートや派遣社員に切り替えてきました。窓口担当（テラー）の8割を占める非正規従業員の待遇はどうでしょうか。

銀行に限らず、非正規従業員の労働条件の悪さが社会的に問題になったことから、2008年「改正パートタイム労働法」が施行され、仕事内容が同じであれば、非正規従業員も正社員と同じ待遇でなければならないこと、仕事に必要な教育訓練を提供しなければならないこと、正社員になる機会を与えなければならないことなどが定められました。

2013年には「労働契約法」の改正で、契約社員やパート社員などの有期雇用従業員が5年以上働いた場合、希望すれば無期雇用に転換できるようになったため、正社員になるまでにステップを踏んでいく新たな職種を設けたり、一律全員を無期雇用に転換したりする銀行が増えています。

Section 3-4

ＡＴＭのしくみ

ＡＴＭ「現金自動預け払い機」は日本中に普及しています。残高照会・入出金・振込・通帳記入・ローン返済などが可能です。

ＡＴＭネットワークのしくみ

銀行のＡＴＭは、入出金管理などをする中継コンピュータと専用回線でつながっています。そのコンピュータは顧客の口座の動きをリアルタイムで管理する銀行の勘定システム（顧客元帳）とつながっています。これらがＡＴＭのオンライン取引のベースです。

たとえばＡＴＭで出金するとき、まずキャッシュカードを入れ、暗証番号や生体認証で本人だと確認できたら、続いてメニュー画面に従って引き出し金額を操作します。それが銀行のコンピュータに伝わり、コンピュータがＡＴＭに指示を出します（指定額の現金を出す、または残高不足を表示する）。預金の動きがあれば、口座残高の情報が変わります。

なぜ他行取引ができるのか？

口座をもっている銀行以外でもＡＴＭが使えるのはなぜでしょうか。これは、「ＭＩＣＳ」（Multi Integrated Cash Service）というＡＴＭネットワーク中継システムが働いているからです。

金融機関は、業態ごとにＡＴＭネットワークをつくって提携しています。「ＢＡＮＣＳ」（メガバンク）、「ＡＣＳ」（地方銀行）など、何種類もあります。この提携グループを越えて他の銀行のＡＴＭを使うとき、ＭＩＣＳがそれぞれの金融機関がもっている情報を中継して伝えてくれるのです。

他行のＡＴＭを使うとき、たとえばＡ銀行の顧客であるａさんがＢ銀行のＡＴＭを使う場合、ａさんはＢ銀行に手数料１１０円を払います。これは顧客が払う利用手数料です。Ａ銀行も、Ｂ銀行に１１０円を払います。これが銀行間手数料です。

日本のＡＴＭ機は高機能・高価格

ＡＴＭは、銀行が支店内や商業施設、駅などに置いています。

ＡＴＭやそのシステムをつくっているのは、メーカーです。どのメーカーのＡＴＭシステムを使うかは銀行によってさまざまです。海外ではビルの壁に埋め込む型のものや、10ドル札・20

ドル札など決まった券種しか引き出せない簡易機能のＡＴＭが多くありますが、日本のメーカーのＡＴＭは高機能・高価格の機械が大半です。

ＡＴＭと情報のやりとり

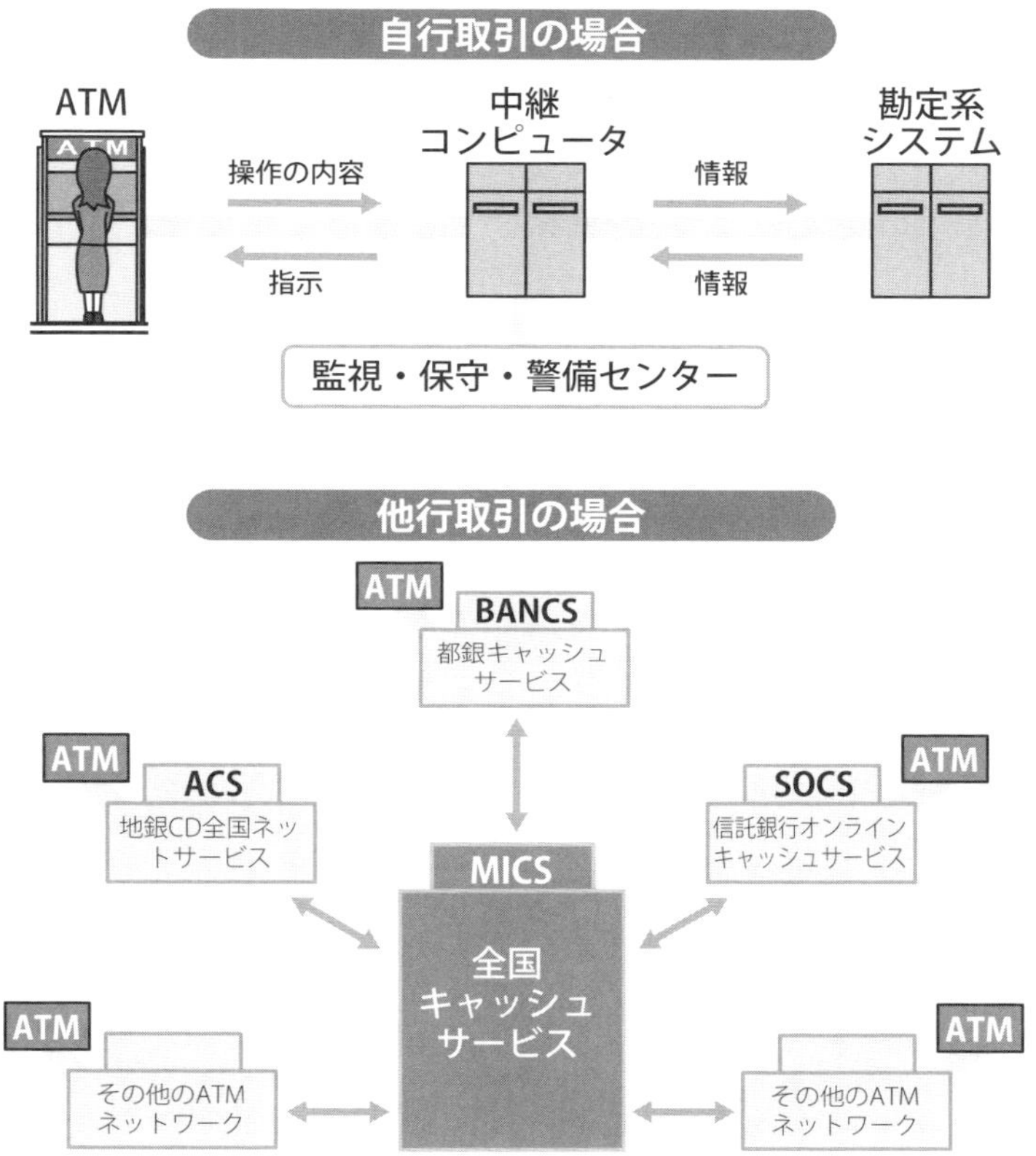

ＡＴＭにかかるみえないコスト

ＡＴＭにかかるコストにはどんなものがあるでしょうか。ＡＴＭ1台の金額はおよそ５００万円。レンタルする場合もあります。そのほかネットワーク構築や保守費用、回線使用料、通信料、設置場所の賃料、警備委託費用など1台あたり毎月50万円ほどかかります。何でも自動でできるイメージがあるＡＴＭですが、人がかかわっている部分もあります。たとえば、紙幣や硬貨、取引明細票に使う紙のロールを補充し、紙幣や硬貨が多くなりすぎたら回収するなどの仕事は人間が行なっています。

休日には、機械の警備会社が定期的に見回ります。機械のメンテナンスも欠かせません。ＡＴＭには結構みえないコストがかかっているのです。今後キャッシュレスが進むにつれ、機械本体やメンテナンス費用の高いＡＴＭの数はどんどん減っていくでしょう。

Section

3-5

コンビニＡＴＭのしくみ

急速に普及したコンビニエンスストアのＡＴＭ。どんなしくみで動いているのでしょうか。

高機能化するコンビニＡＴＭ

ちょっとした現金の引き出しにコンビニのＡＴＭを使う人は多いでしょう。一般的なコンビニの営業時間は24時間ですが、提携している金融機関によってサービスを利用できる時間は異なります。最近ではコンビニＡＴＭの高機能化が進み、公共料金や税金の払込がスキャナーで読み取れたり、外貨両替ができたり、電子マネーにチャージができるものなどが出てきています。

数は全国で5・7万台

全国のコンビニＡＴＭの台数は、セブン銀行（セブン‐イレブン）が約2万２４００台（２０２1年3月現在）、イーネット（ファミリーマートなど）が約1万２６５０台（２０２1年6月現在）あり、その他すべて合わせると約５・４万台（推計）になります。

一方、銀行が、店舗外に設置している自行のＡＴＭの数は、全国で約３・1万か所程度です。

コンビニＡＴＭがいかに普及しているかがわかります。

手数料がやりとりされる

銀行は、自行の顧客が他行のＡＴＭを使うと手数料（１１０円）を支払わなければなりません。

逆に、自行のＡＴＭを他行の顧客が使ってくれれば、仮にその顧客の利用手数料を無料にしても、顧客の取引銀行からは「銀行間手数料」をもらえます。

他行の顧客の多くが自行のＡＴＭを使ってくれれば、他行から多くの手数料がもらえる、というわけです。これを収益源としているのがセブン銀行です。

ＡＴＭの共同化

２０１９年9月にはメガバンク同士のＡＴＭの共同化が実現しました。銀行間手数料なしで相互開放するので、顧客にとっては、現在のＡＴＭの倍近くが無料で使え、利便性はずっと高くなります。

なぜメガバンクはATMの相互開放をするのでしょうか？　一つは、維持費用削減です。先述したとおり自行ATMは1台あたり月数十万円の維持費がかかります。そのため、複数の金融機関がATM共同運営会社を設立したり、コンビニATMと積極的に提携しています。共同運営により、コストは自行単独設置の3分の1程度ですむからです。

もう一つは、今後もキャッシュレス化が進むので、ATMがそれ程多く必要ではなくなると考えているからです。ATMを撤去する際、使えるATMが近くにあれば「ATMがなくなって不便になった」という顧客からの不満が出にくくなります。それなら、同一のエリアに他行ATMが多数あるのだから提携してしまおう、ということです。

ネットワークは通常のATMと共有

コンビニATMのネットワークは、基本的には銀行のATMと同じしくみです。コンビニと銀行が直接提携していれば、銀行がもっている勘定系システムと接続できますが、提携していなければMICS（☞60頁）を通して情報をやりとりします。

コンビニATMの手数料

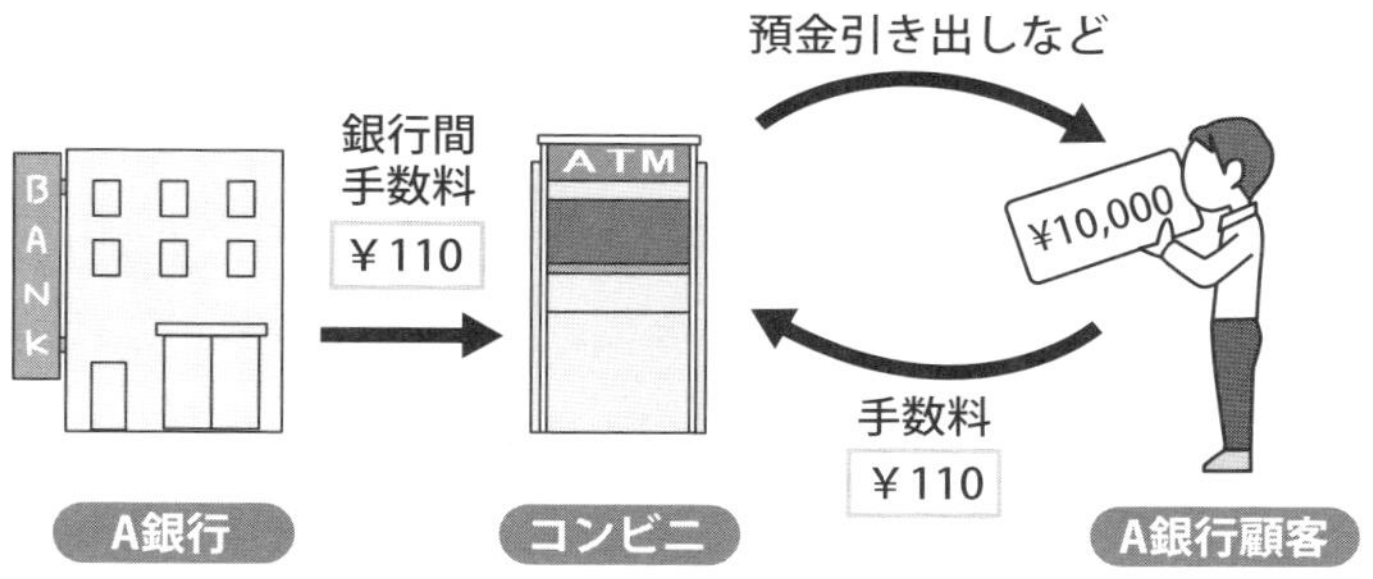

コンビニATMの銀行側のメリット

Section 3-6

ネットバンキングのしくみ

インターネットを使って銀行の取引をするネットバンキングが普及してきました。

ネットバンキングの普及

ネットバンキングは、個人向けにはほぼすべての銀行・信用金庫が提供しています。インターネットを利用している世帯でネットバンキングを利用したことがある人の割合は、２０１９年時点で60％になっています。ＰＣのブラウザを使うものと、携帯電話のインターネット接続機能を使うモバイル・バンキングがあります。

法人向けにはこれまで専用端末を使うファームバンキングのサービスが提供されていましたが、現在ではほとんどの銀行がネットバンキングに移行しています。

ネットバンキングでできること

ネットバンキングでできることは、残高照会・入出金明細照会・振込・定期預金作成・投資信託申込み・ローンの返済・住所変更などの届出などです。つまり、現金がからまないものであれば、家にいながら銀行の窓口やＡＴＭとほとんど同じようなサービスが受けられるのです。しかも、ほぼ24時間・３６５日使えます。

銀行のネットバンキング用のサーバは銀行の勘定系システム（顧客元帳）とつながっています。これらが連動して、オンライン取引ができます。

ネットバンキングの裏側

ネットバンキングを使うには、まず銀行のサイトにアクセスします。ＩＤとパスワードを入力し、ログイン。そして画面上で操作をします。その内容がサーバに伝わり、それがシステムと連動して、指示した内容が処理されます（振込額を自分の口座から引き落とし、相手の振込先口座に入金する、など）。こうしてリアルタイムで振込ができ、口座残高などの情報も処理に合わせて変わります。

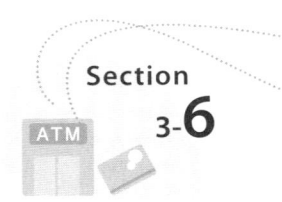

ネットバンキングのメリット

顧客にとってネットバンキングは、わざわざ混雑した銀行窓口やＡＴＭに行かなくてもよいだけでなく、手数料や預金金利が店頭より有利に設定されているというメリットもあります。銀

ネットバンキングを支えるシステム

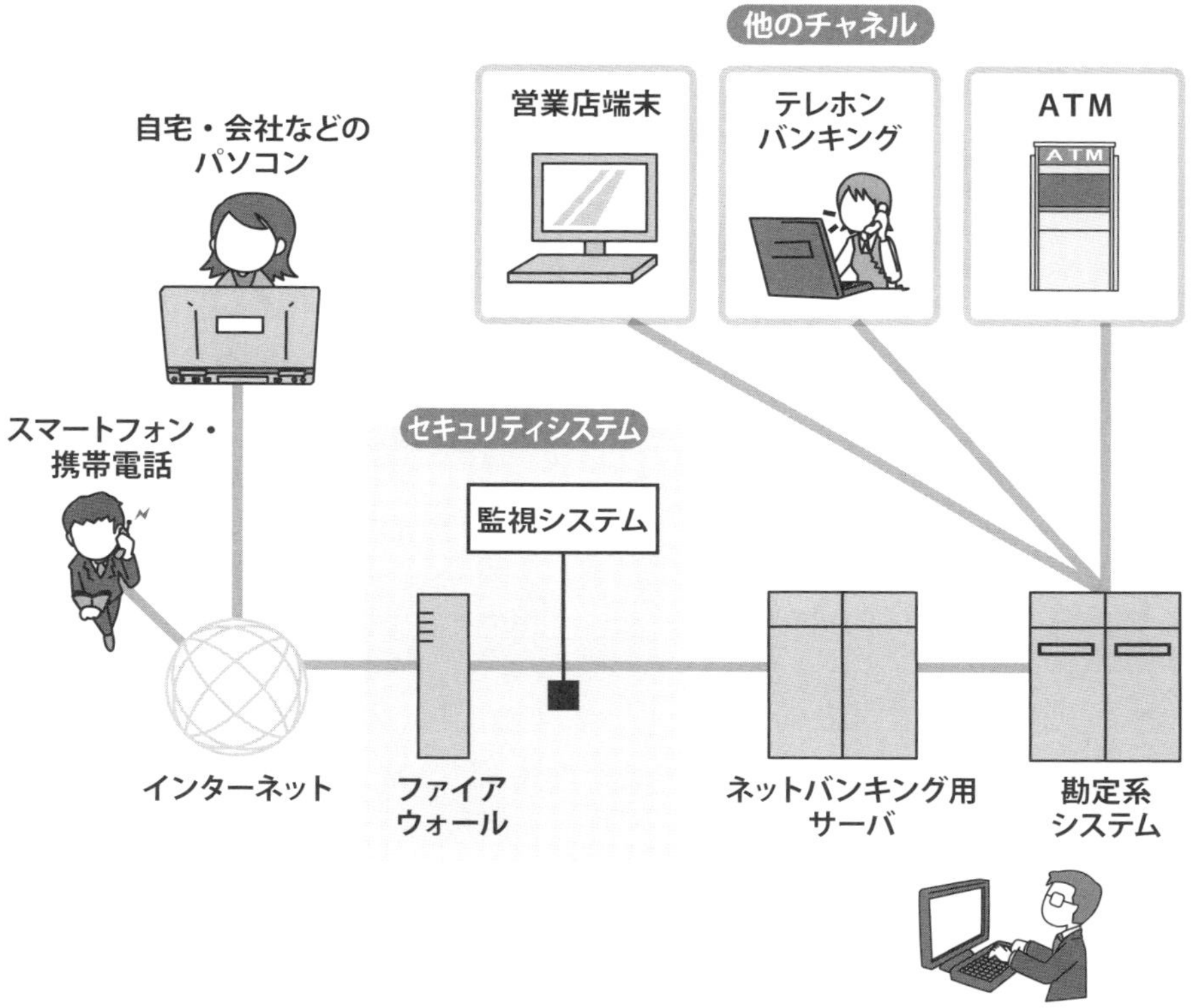

行にとっても、窓口で行員が対応するよりずっと低いコストで事務処理ができるというメリットがあります。

ネットバンキングのセキュリティ

一方、ネットバンキングの課題はセキュリティにあります。

顧客・銀行ともに心配なのは、この点です。この問題に対しては、ファイアウォールシステムを置いたり監視システムで不正アクセスをチェックしたりしています。2種類のパスワードや複雑なパスワードを使う、電子証明書によって利用するパソコンを限定する、といった方法も合わせて使われています。パスワード入力画面で、毎回入力キーの配列を変えて不正入手を防ぐ方法もあります。

スマートフォンアプリを使う場合、セキュリティのために、ワンタイムパスワードを採用する銀行が増えています。

Section 3-7

なぜ銀行は3時に閉まるのか？

いつも3時ぴったりに閉まる銀行。普通の会社ではちょっと考えられない営業時間です。

営業時間のルールがある

銀行の営業時間は、たいてい午前9時〜午後3時です。スーパー、百貨店、書店……普通の店は早くても午後6時、遅いところは午後9時、10時まで開いています。コンビニエンスストアは24時間営業です。どうして銀行は毎日こんなに早く店じまいをしてしまうのでしょうか。

実は、銀行の営業時間は銀行法・銀行法施行令・銀行法施行規則で定められています。「営業時間」についての定めには、「銀行の営業時間は午前9時から午後3時までとする」とあります。銀行間の取引を仲介する全銀システムが午後3時20分に停止していたためですが、2018年10月からは24時間稼働になりました。

法律は緩和されたが…

銀行法施行規則は平成18年に変更され、「3時まで」と書かれた第条の第2項には、「前項の営業時間は、営業の都合により延長することができる」という文言が追加されました。つまり、銀行の判断でもっと遅くまで営業することも可能なのです。

最近は午後5時まで、7時までなど、利用者の利便性を考えて営業時間を変更している銀行が増えています。休日についても、銀行法施行令第5条2項に、設置場所等の特殊事情でその他の休日の設置が許されることが定められました。

それでも3時に閉めてしまう銀行が多いのは、行員の長時間労働を避けるためといった理由の他に、昔からのルールを変えることに消極的な業界体質も影響しているかもしれません。

銀行の休業日も決められている

銀行が休んでよい日も、法律で定められています。営業時間と同じく銀行法や施行令で、土日・祝日・12月31日〜1月3日のみとされていて、それ以外の休業日をつくるときは承認を得なければなりません。

もちろん、このルールは、土日に銀行が営業することを禁止するものではありません。

3時以降の支店内は…

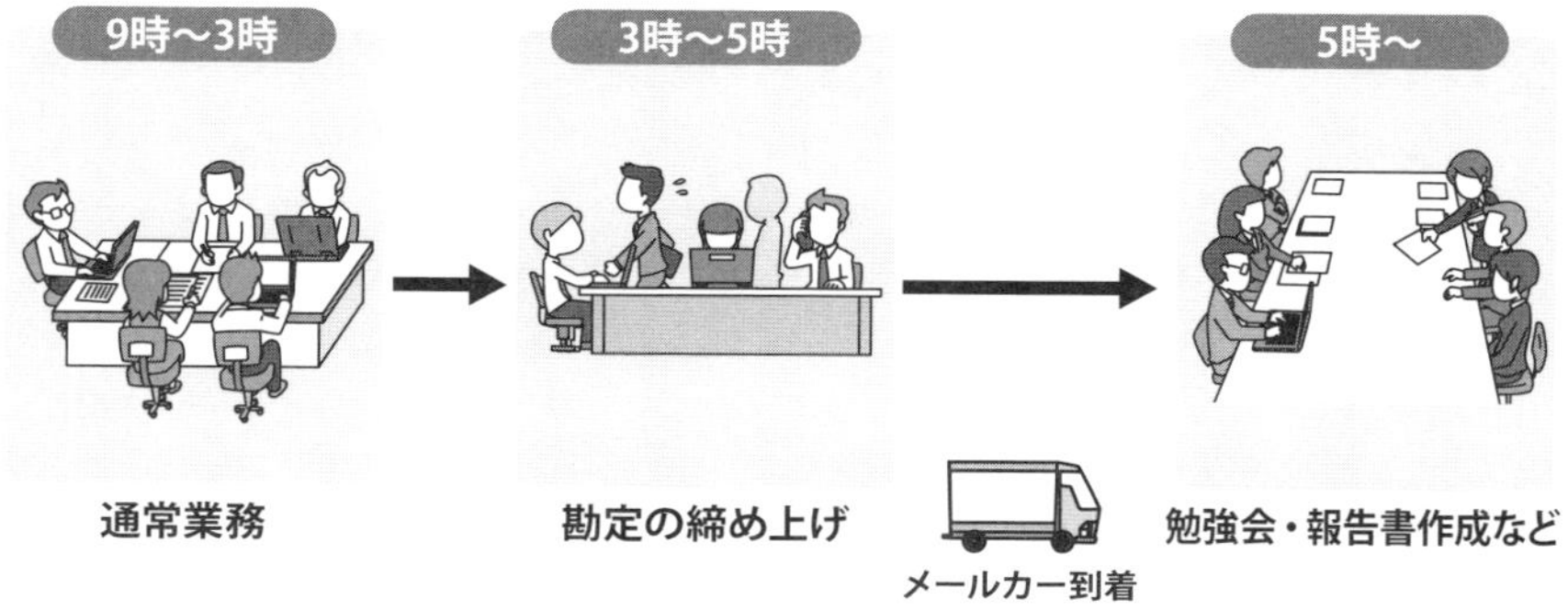

3時に閉まったあとは…

3時になると、中にお客様がいてもシャッターを下ろします。3時ギリギリに滑り込んだお客様は、窓口での用が終わると行員用の通用口から外に出ます。

すべてのお客様が帰ったあとも、外回りをしていた渉外係がもち帰った現金や伝票の処理があります。それらすべての処理が終わると、銀行内部ではその日一日の集計をします。現金・重要物の残高を合わせたり、手形や小切手を手形交換所にもち出す準備をしたり、営業時間中にはできなかったさまざまな仕事をします。これを「勘定の締め上げ（勘定を合わせる）」と呼んでいます。3時に閉まってすぐに帰るわけではないのです。

5時半頃に行内メール便の回収車が来るのでそれまでにメールにのせるものの処理をすませます。3時〜5時まではかなり忙しい時間帯といえるでしょう。その後、少し落ち着いて本部への報告書を作成したり勉強会をしたりします。

そうはいっても、銀行もIT化が進んでいます。ミスの多い窓口での現金入出金オペレーションも現在では機械を使いますし、勘定を合わせるときもかなりの部分をコンピュータが行ないます。昔と比べれば時間はずっと短くなってきています。

銀行法施行規則（一部抜粋）

第十六条　銀行の営業時間は、午前九時から午後三時までとする。
2　前項の営業時間は、営業の都合により延長することができる。

column ❹ お客様には保険をお売りできません

保険について相談するために銀行に行ってきたTさんとOさん。二人とも狐につままれたような、なんともすっきりしない気分で帰ってきたといいます。

【Tさんの場合】

Tさんはローンで住宅を建てたばかりということもあり、将来を考えて生命保険を真剣に検討するために銀行に行きました。

① 保険のパンフレットは窓口でしか渡せないということで、窓口に案内されました。

② 窓口では年齢・職業・既婚未婚・口座の有無などを聞かれました。

③ その後、担当者は「保険のご紹介ができなくなるような当行との関係がないかを見ます」といって、ＰＣ画面を10分ほど凝視、その間沈黙が続いて、なんともいえない雰囲気に。結局、「そのような当行との関係はないので、ご安心ください」とのこと。

④ 保険の紹介が始まりましたが、提案された商品は、外貨建の生命保険と、円建て確定年金保険。外貨のほうはドルコスト法でリスク低減されること、同時に為替リスクの説明がされました。保険というより、投資商品のセールスです。

⑤ 最後に販売手数料を聞いたところ、「数パーセントです」との回答。「手数料が多いと保険自体に使う金額が減るんですよね？」と再度聞いてみると、「お客様のお支払金額自体は変わりませんのでご安心ください」との回答でした。何が安心なのかよくわかりません。

【Oさんの場合】

Oさんは医療保険の更新のタイミングが来たので、医療保険について相談するために銀行の支店に行きました。

① 「置きパンフレットはないので、窓口で」ということで、窓口に案内されました。

② 窓口では名前・住所・電話番号・銀行に口座をもっているか、どの支店かを聞きながら、ＰＣ画面をチェックしています。

③ 次に個人情報の取り扱いを手元の用紙の内容を読み上げるかたちで超早口で説明され、「ご承諾いただけますか？」と聞かれ、訳がわからないまま、保険のパンフレットが欲しいので「はい」と回答。

④ 保険のタイプの希望、還付、掛け捨て、積立などを聞かれたものの、意味がわからないので、「その違いは？」と聞くと、専門用語を交えてまた早口で説明。「お客様のライフスタイルを考えると、個人年金保険などの貯蓄商品もご検討されては？」。「医療保険のパンフレットが欲しい」ともう一度いうと出してくれましたが、一緒に個人年金パンフレットも渡されました。

⑤ 「手数料は商品によってどれくらい違いがありますか？」と聞くと、「商品によって違います」との回答でした。

なんだか、おかしいと思いませんか？　二人はもともとの動機も違い、ライフステージも保険ニーズも違います。でも、同じような資産運用商品を勧められ、どちらも手数料の質問にはまともに答えてもらえていません。また、勤め先にその銀行が融資をしている場合、圧力販売にならないように、保険のセールスが制約されますが、それについてはまったく説明されずに一方的に個人情報を聞かれています。

第4章 銀行の支店のしくみ

Section 4-1

典型的な支店のつくりは？

お客様からみえるのは「機械コーナー」「ロビー」「窓口の奥（向こう側）」の3つの空間になります。

典型的な銀行のお店のつくり

典型的な銀行の支店空間は、大きく3つに分けられます。

お店に入るとまずあるのが、ATMが並んでいる「機械コーナー」。その奥やわきに、さまざまな窓口（カウンター）が並んでいる「ロビー」があります。窓口の奥には、机と椅子がたくさんある「営業室」と呼ばれる空間があり、何人もの銀行員が働いている（?）のがみえます。

有人窓口の営業の多くは午後3時までですが、機械コーナーはたいていそれよりは遅く、夜7時や9時頃まで開いています。機械コーナーが入口のすぐ近くにあるのは、有人窓口の営業が終わったあとも、お客様が入ってこられるようにしているためです。防犯上の理由で、午後3時になると、シャッターや扉で機械コーナーとロビーとは遮断されます。

窓口は2種類ある

窓口は、お客様が立ったまま用件をすます「ハイカウンター」と、お客様も行員も座って話をする「ローカウンター」に分かれます。

ハイカウンターでは、比較的時間のかからない、入出金・振込・税金の支払などを受け付けています。それに対して、ローカウンターは時間のかかるものを取り扱っています。新規口座の開設、外貨両替、ローンの相談、投資信託や保険の販売などです。一昔前までは、ローカウンターはロビーから丸みえでしたが、最近は、お客様のプライバシーを重視して、ローカウンターの後ろや横に衝立を置き、ブースのような形にして他のお客様からみえにくくしている銀行が増えてきました。

番号札とロビースタッフ

混雑しているお店には、窓口で受け付けてもらう順番を確保するために「番号札」をとる機械が置いてあります。また、機械コーナーやロビーでまごついているお客様を誘導するためにロビースタッフがいるお店もあります。一見、ベテランの従業員を配置しているようですが、正社員ではなく、パートさんがほとんどです。

上からみた銀行店舗

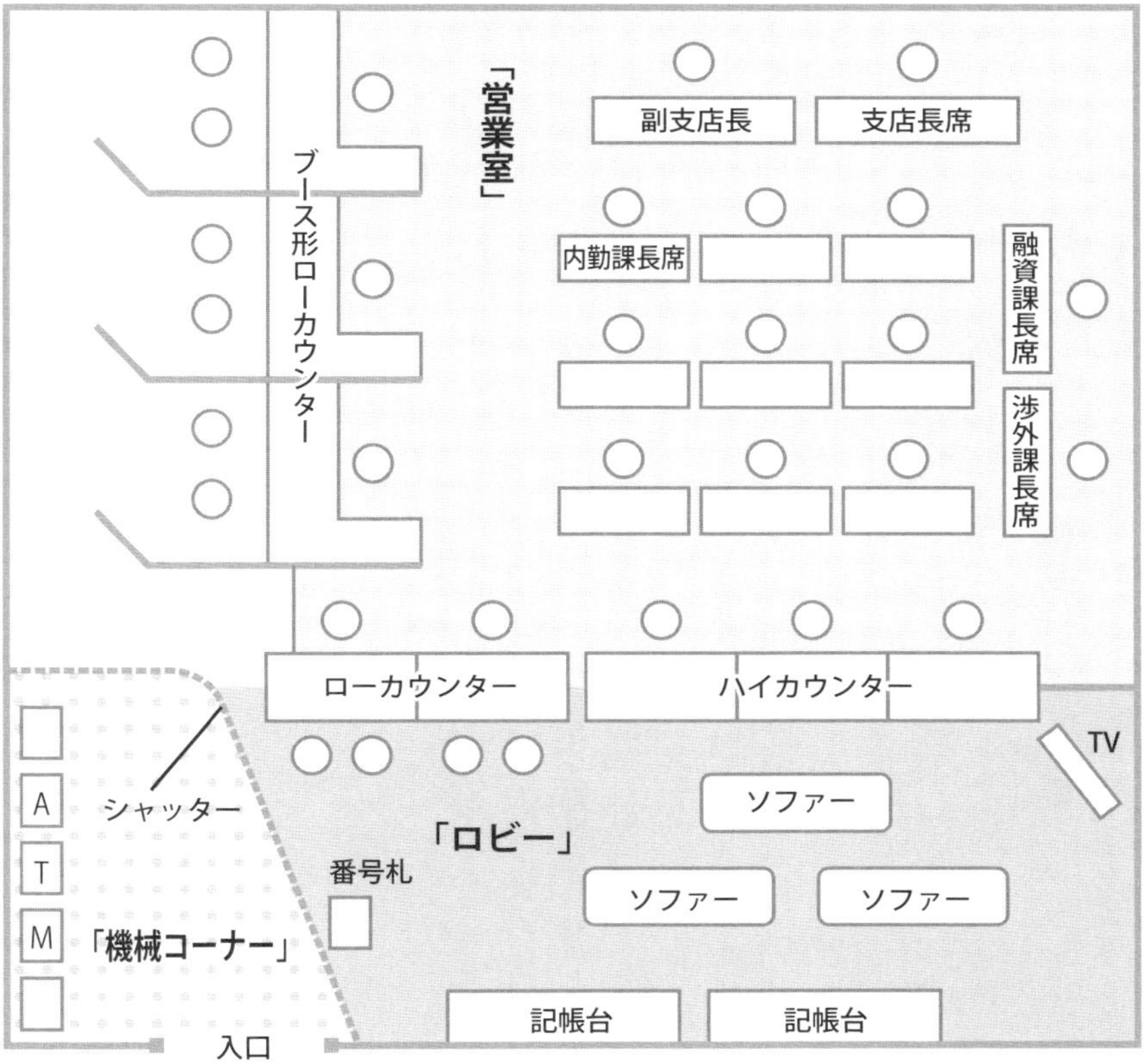

ロビーは防犯に適したつくりに

ロビーにはお客様が座って待つためのソファーや椅子が置いてありますが、たいていの場合、すべて窓口のほうを向いて置かれています。そのため、お客様は、窓口係とその奥の空間にいる銀行員が何をしているかを観察できることになります。レストランのオープンキッチンのようなイメージですが、銀行のお店はお客様にみせることを意識しているわけではありません。いくらじっとみつめてもパフォーマンスをしてくれることはないでしょう。むしろ、不審者がいないかを多くの目で監視するために、ロビーを見渡せるようなつくりになっているのです。

ちなみに、お店に入ると「いらっしゃいませ」と大声で一斉に声をかけられるケースが多いのですが、これもお客様を歓迎しているというよりむしろ、防犯上の理由でそうしています。

Section 4-2

預金窓口のしくみ

私たちが使う預金窓口は、どんなしくみになっているのでしょうか。

預金窓口は、顧客が立ったまま用件をすませられる高い位置にあるため、「ハイカウンター」と呼ばれます。そこでお客様に対応している銀行員は「ハイテラー」と呼ばれます。

窓口をよくみると、テラーの後ろにも何人か銀行員がいます。税金・手形・振込などそれぞれ自分が担当する事務をしていたり、テラーが受け付けたものを処理したりします。

銀行内では、お客様と接する最前線にいるテラーを「1線」、後方事務の担当者を「2線」と呼ぶこともあります。

テラーはどんな人?

預金窓口にいるテラーは銀行の制服を着ていますが、実は派遣社員や契約社員、パートがほとんどです。すでに8割以上が正社員ではありませんが、今後は機械やロボットなどで代替してさらに減ると考えられます。

正規の行員は、預金窓口の隣にある資産運用窓口で相談を受けたり、全体を管理するため窓口の後方にいたりします。

預金窓口で扱うもの

簡単な入出金や振込であればＡＴＭやネットバンキングですませることができますが、窓口でないと処理できないものが今でもあります。

マネーロンダリングを防止する法律により、ＡＴＭでの10万円以上の現金振込はできないので、金額の大きい資金移動は口座から振替えるか、窓口で行なう必要があります。他に、企業の給与振込や総合振込、手形の取立や小切手を使った払戻しなども窓口での手続きになります。

預金窓口にあるいろいろな機械

預金窓口やその後ろにはいろいろな種類の機械・コンピュータがあります。

テラーのところには、ライトスタンドのような機械があります。これは、顧客が記入した帳票読み取りや印鑑照合のための機械です。昔は明りに透かして同じ印鑑かどうかを人が確認していたものが、いまは機械的に行なわれます。その横には、金額や振込先など処理に必要な項目を入力するための端末

預金窓口のイメージ

があり、入出金・記帳・伝票印字ができる機械も設置されています。

窓口の後ろに大きな機械が1台置いてあることがあります。これは、窓口の機械では処理できないくらいの大量の現金を高速で数えて入出金ができ、新札や硬貨にも対応できる機械です。

なぜ時間がかかるのか？

街中の銀行の窓口に行くと、番号札を引いてからなかなか呼ばれず、呼ばれても処理が終わるまで長い時間待たされることがあります。

預金窓口で受け付けたものは、テラーだけで処理できるものもあれば、後方に回さないと処理できないものもあります。税金や手形などは、チェックするところも多いので、後方に処理を頼みます。また、多くの手続きには、役席者の二重チェックが必要です。このように、受け付けたテラーだけでなく複数の人の手を介するために、時間がかかってしまうのです。

今後はキャッシュレス化が進むこと、AIやロボットなどの機械の高度化が進むことを考えると、預金窓口業務、特にハイカウンター業務は削減されていくと考えられます。

Section 4-3

外為窓口のしくみ

私たちが海外旅行の際、両替に行く外為窓口は、両替以外の業務も取り扱っています。

両替・送金・輸出入

多くの銀行は外貨の両替を、ハイカウンターではなく、外為専用の窓口で取り扱っています。これは、外貨がからむ分、事務処理が複雑になり、ハイカウンターの係の人では取り扱えないというのが主な理由です。銀行やお店によって扱っている通貨の種類は異なります。

外為窓口では、海外への送金も扱っています。受取人の口座番号が間違っていた場合、国内の振込であればすぐにわかりますが、海外に電子的に送金する場合は、システムが直接つながっていないため、そうはいきません。もし口座番号が間違っていたら、海外とのいろいろなやりとりが発生し、かなり面倒なことになります。

外為窓口では、貿易（輸出入）にかかわる業務も取り扱っています。遠隔地にある企業同士が品物と代金を交換するには、さまざまなリスクが発生します。銀行は左上の図のように国内企業と海外の貿易相手の間に入り、信用状（L／C）を発行したり買取ったりすることによってサポートしています。各々の企業の属する国の銀行が企業の信用力を保証することで取引が可能になり、収益を稼いでいます。

外貨預金とインパクトローン

外為の窓口では、外貨預金と外貨建の融資も取り扱っています。外貨預金の口座は個人でもつくれますが、外貨建の融資は通常、事業法人向けです。

借りたお金の使用目的に制限のない外貨建の融資を「インパクトローン」と呼んでいます。外貨を国内での設備投資や人件費などの調達にあてることにより、雇用と賃金所得が増え、消費財に対する需要が増大してインフレへの衝撃（インパクト）作用をもたらす――といった意味合いから生まれた言葉らしいですが、う〜む、説明を聞いてもよくわからないですね。ちなみに、これは和製英語なので、海外では使わないでください。

外為窓口がない店もある

外為業務をどの店でどこまで取り扱うかは、銀行の裁量に任されているため、小さいお店などでは、外為窓口が

信用状（L/C）を使った輸出入取引のしくみ

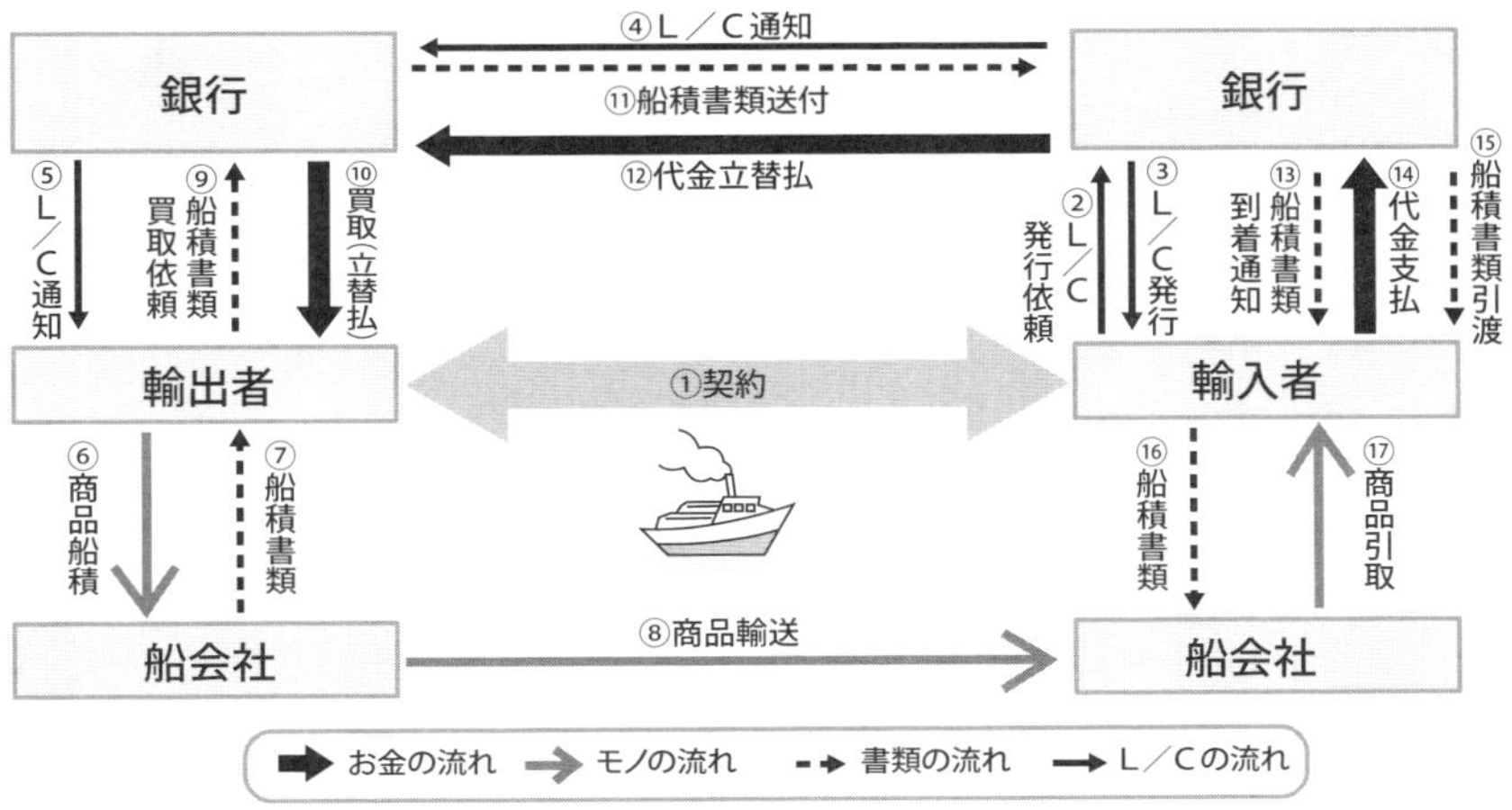

ない場合もあります。

外為窓口がないお店にそういった用件のお客様が来た場合、お断りするのではなく、受付をして、外為業務ができる別の店に取り次ぐこともあります。取次ぎの場合は、物理的に書類や現金がお店間を行き来するため、処理に何日かかかることになります。

外貨の売り切れって何？

現金を両替するとき銀行が手にする手数料は、米ドルであれば、多くの銀行で1ドルにつき数十銭～3円くらいです。

たとえば、100ドル（為替レートが1ドル100円ぐらいとすれば約1万円）の両替では、300円が銀行の収入です。

そこから、かかる経費を引いたものが銀行の収益になるので、少額の両替はコストのほうが大きく銀行にとって、儲からない商売です。ときどき窓口に「外貨は売り切れました」の表示が出ていることがありますが、本当は売り切れてなんかいないのに、他の外為業務で忙しいから両替をしたくないだけということもあり得ます。

また最近は、両替業務を集中してコストを削減するために、大都市のターミナル駅などを中心に、外貨両替専門の店舗が増えてきています。こういった店舗では、顧客の利便性を考え、取扱い通貨の種類を増やしたり、営業時間を延ばして、平日の夜や週末も開けたりしています。

もちろん、ここは両替が主たる業務ですので、売り切れていないのに売り切れなどとウソをつくことはほとんどありません。

Section 4-4

融資窓口のしくみ

住宅ローンなどを受け付ける融資窓口は、支店の奥か、2階建の店舗なら2階にあります。

融資窓口の場所

融資窓口は、座って話ができるローカウンターになっています。一見すると、新規の預金口座開設や資産運用相談などの窓口との区別がつきません。机の上に「ご融資」や「ローン」といった立札を置いている銀行もありますが、お金を借りる相談をしていることが周りにわかってしまうので、そういった表示をしない銀行が増えています。

融資窓口で扱うもの

融資窓口は大きな店でない限り、法人・個人とも同じ場所です。そこで法人の融資の受付、手形の割引、個人の住宅ローンや自動車ローンの受付・実行など、融資に関するさまざまな用件を受け付け、処理します。

融資窓口のコンピュータ

融資窓口にもオンライン端末があり、融資申込者の過去の取引履歴を照会したり、稟議書を電子ファイルで作成したり、融資にかかわる勘定処理を行なったりします。融資先の法人から依頼された給与振込などの処理は預金の窓口にもって行きます。

融資係の席のそばには貸出をしている法人ごとにファイルがあり、これまでの取引の稟議や担保明細、決算書などの関係書類がつづられています。同じ内容が情報系コンピュータにも登録されているので、端末で照会することもできます。

銀行員は異動が頻繁なので、これらの記録を読んで新しく担当になった企業のことを把握します。ただし、詳細な交渉経緯などは担当者しかわからないこともよくあるのが実態です。

融資の手順

融資の申込みは、渉外係からもち込まれたり、顧客が直接融資窓口に来て申込んだりします。融資係は端末を使って稟議を電子登録して稟議番号をとり、稟議書を作成して行内に回覧します。承認されたら、その承認を登録します。このとき、金額・金利・実行日などが確定します。これで、融資を実行する準備が完了します。

実行日になったら、端末を操作して融資を実行し、顧客の口座に資金を振

融資窓口のイメージ

り込みます。返済日には、同じく端末で顧客の口座から資金を回収します。融資の実行・回収は月末に集中しますが、商業手形割引はもち込まれるつど、実行します。

個人ローンの手順

個人ローンはほとんどの場合、保証会社に保証してもらうので、金額が大きいなど、特別な理由がなければ行内での審査は行なわれません。過去に他行や他社で返済が滞っていないかの個人信用情報をＦＡＸや行内のシステムで照会し、問題がなければ保証会社に申込関係書類一式を送付します。保証が決定すれば、顧客に連絡をしてローンを実行します。

個人ローンの種類によっては、これらの処理すべてが本部のローン担当部署で機械的に行なわれ、支店が介在しないこともあります。

Section 4-5

資産運用窓口のしくみ

資産を増やしたい・投資したい、と思ったときに行くのが資産運用窓口です。

資産運用窓口のつくり

資産運用窓口は、振込などを処理する預金窓口の隣にあり、一段低くなっていてお客様がゆっくり椅子に座って担当者と話せるつくりになっています。この「ローカウンター」は普通預金口座の開設や、住所変更などの諸届も受け付けています。

各カウンターの端末では、顧客の情報を呼び出したり運用商品を決めるために必要な情報をみたり、契約内容を入力したりすることができます。

扱っているもの

法改正で銀行の取り扱える商品がどんどん増えています。資産運用窓口で販売しているのは、定期預金・投資信託・個人向け国債・個人年金保険などです。株式の注文の仲介も可能になりました。

銀行によっては、「説明・販売スキルのある担当者が足りない、体制が整っていない」などの理由から一部の商品を取り扱わないところもあります。

運用相談から申込みまでの流れ

2007年9月に施行された金融商品取引法には、顧客の財産・知識・運用目的に合わない勧誘を禁止する、と定められています（適合性の原則）。この法律の施行以降、どの銀行もセールスの際、説明にもかなり時間をかけるようになりました。

顧客が運用相談窓口に来ると、担当者は端末で顧客の運用に関する履歴をチェックします。初めて資産運用をしようとしている人であれば、興味のある運用商品・資産額・収入・家族構成・運用目的・許容できるリスクの大きさなどを一つずつ聞いていきます。商品購入歴がある顧客なら、これまでの情報に基づいて、これからの運用方法を検討します。

銀行で扱う運用商品は、運用対象・リスクの大きさなどによって何十種類にも分かれています。この中から最適なものを選ぶために、担当者はパンフレットを使ったり、それぞれの商品の特徴・運用実績や、最近の市場動向・今後の見通しのレポートを端末でみた

資産運用窓口をめぐる状況

りして、顧客に説明します。

購入商品が決まったら、申込手続きです。申込書のほかに、「運用商品のリスクや重要事項を、銀行からきちんと説明してもらった」ことを確認する書類にも署名・捺印をもらい、担当者が運用商品の種類・金額などを端末に入力して資金の受渡しを行ないます。

顧客が帰ったあとも、担当者は取引経緯や面談記録などの書類作成に追われます。

運用担当者はどんな人?

運用のアドバイスをするには、高度な知識と経験が必要なため、FP（ファイナンシャル・プランナー）などの資格取得が奨励されています。

運用担当者には、顧客がリラックスして話せる雰囲気をつくり、それぞれの運用商品の特徴を理解し、資産や年収や性格など顧客の状況全体をみて最適な提案をする力などが求められます。

顧客が望む運用商品がその人の目的やライフステージに合わない場合には、他の商品を提案することも時には必要です。

銀行にとって、個人資産運用商品は重要な収益源の一つです。そのため、担当者には「投資信託新規○件」や「預り資金額○百万円増加」などの目標があることが多いです。運用担当者の中には目標達成のため、収益を上げやすい商品や、そのときのキャンペーン商品ばかりを顧客に提案してしまう人もいますが、これはコンプライアンス上、問題があります（コラム④☞68頁）。

多様化する営業時間・場所

普通のサラリーマンは平日の9時から15時の間に銀行に来ることは難しいので、運用相談の受付時間を夜間まで延ばしたり、土日も窓口を開けたりする銀行が増えています。また、インストアブランチ（☞55頁）など、通常の支店とは違う場所に運用相談の窓口をつくるケースもあります。

Section 4-6

支店の仕事を定めるマニュアル

支店の仕事はほとんどがマニュアルで決められています。支店の従業員に裁量権はほとんどありません。

なぜマニュアルが多い?

銀行の仕事・銀行員はカタい、とよくいわれます。これは、あらゆる仕事がマニュアルに縛られていることが一つの原因です。

銀行は、顧客の大事なお金を預かって貸しています。また、顧客の資産内容や財務情報など、厳格に扱わなければならない書類やデータをたくさんもっています。そのうえ顧客の数も銀行員の数も多いため、一つひとつ仕事のやり方が違うと管理が大変です。そのため、銀行では、業務は細かく規定されているのです。

事務規定集がすべてを定める

支店のオペレーションは「事務規定集」にすべて定められています。

①顧客からもらう契約書・確認書・念書などの書類の様式
②印鑑を押す場所
③口頭で確認をする内容
④使う伝票の種類とオペレーションの方法
⑤一般行員・役席・支店長の権限の範囲
⑥書類等の保管方法と保管年限
⑦異例事態が起きたときの対処方法

などが定められています。

銀行の業務は多岐にわたりますが、規定されていない業務はないといってもよいでしょう。

業務には検印が必須

支店長代理、課長など役席がチェックをした印として押される印鑑を「検印」といいます。

銀行業務には検印が必要なものが多数あります。単なる入出金伝票から始まり、普通預金の開設申込書、融資の実行条件を記入した書類、顧客との重要物件授受を記録した帳簿など、ありとあらゆる書類に検印が必要といっても過言ではありません。銀行で記入する書類の下のほうにある「銀行記入欄」をみてみると、受付印・検印・実行印など印鑑を押す欄がたくさんあることに気付くでしょう。

システム上も役席がIDカードを端末に通して認証しないとできないオペレーションがあります。役の付かない窓口のテラーや渉外係の権限は極端に

マニュアルですべて決められている

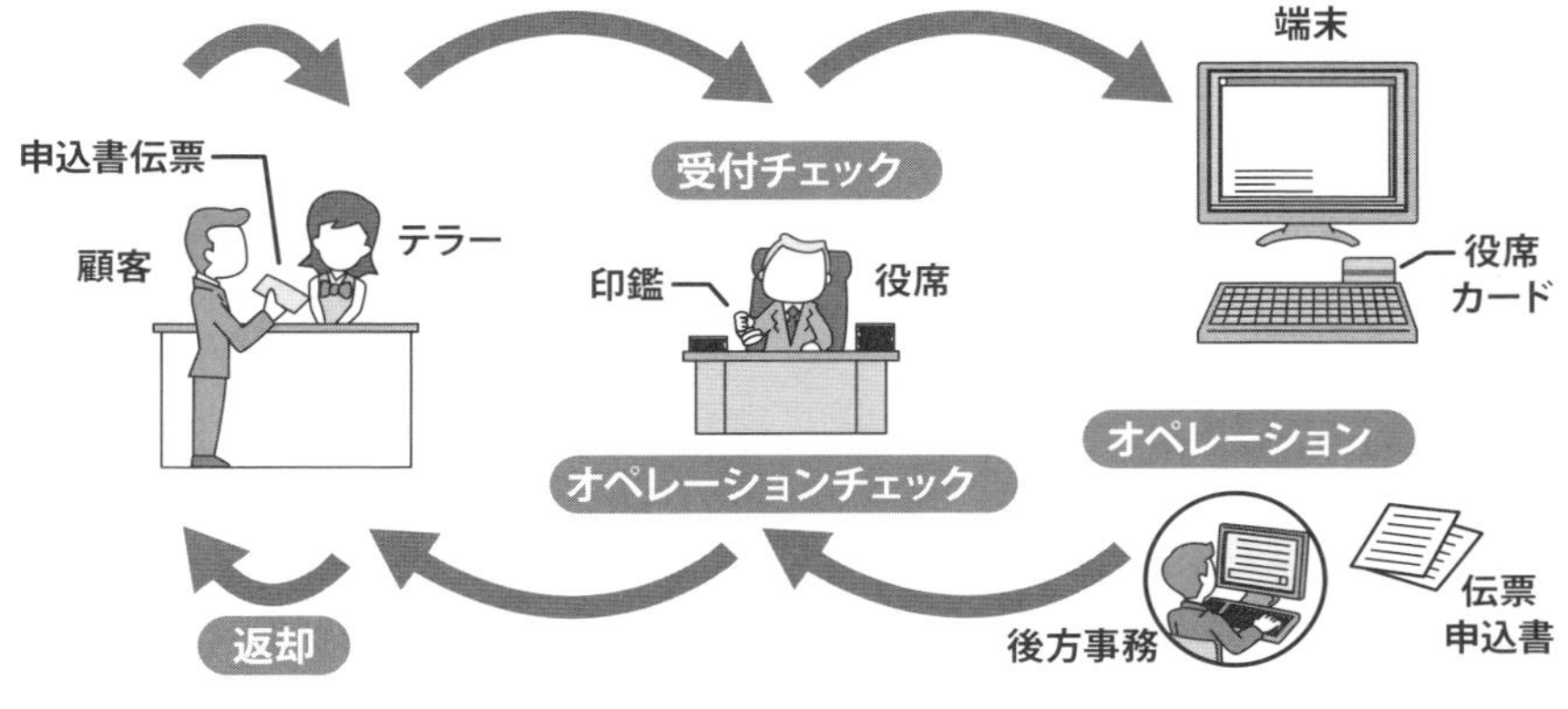

制限されています。これは主に不正や事務ミスを防ぐためです。

　このように、一般行員だけではできないことが多く、何らかのかたちで役席を通してダブルチェックをすることになります。そのため、役席が休んでいたり、なかなか書類をみてくれなかったりすると、書類の回覧が進まなくなってしまうので、通常以上に時間がかかります。

銀行員の裁量は？

　では、一般行員の判断でできることはどんなことがあるのでしょうか。

　窓口や事務の担当には、ほとんど裁量権はありません。顧客の個別の事情に応じてちょっと違った対応をする、ということは原則考えられません。そのため、顧客からマニュアル上ではできないことを頼まれたり、クレームをいわれたりしたときは、必ず役席を呼んで対応を代わってもらいます。

　窓口や事務の担当に比べて、渉外係は比較的自分の裁量があるといえます。個人担当であれば、顧客にどんな運用商品を提案するか、どんな説明の仕方でアプローチするかなどは渉外係の判断によります。法人担当であれば、その会社の経営をよくするためにどんなアドバイスをするか、どんなかたちでいくら融資をするか、条件面で他の競合銀行とどこまで張り合うかなど、腕のみせ所はたくさんあります。

　そうはいっても、渉外の仕事にも業務の手順やしてはいけないことが決められているので、そこから外れることはできません。また、上司や本部の意見と真っ向から対立するようなことをしようとしても、まず通らないと考えてよいでしょう。

　マニュアルには従いつつ、上司や本部と上手に交渉して、顧客の要望を通してあげるのが、銀行でいうところのよい営業マンかもしれません。

Section 4-7

ＩＴ化が進む支店

顧客向けのサービスだけでなく、支店の中でも業務のＩＴ化が進みつつあります。

銀行のＩＴ化は１９６０年頃から徐々に始まり、巨額の投資が続いてきました。オンラインシステム・ＡＴＭ・ネットバンキングといった、顧客に直接かかわるところだけでなく、支店の業務の効率化や営業のサポートのためのＩＴ化が進んでいます。

効率化された事務の例

◎電子稟議

融資などの案件の稟議作成・回覧・承認をすべて電子システム上でできるしくみです。これまでは稟議案件の登録は支店の端末で行ない、稟議書そのものは紙に印刷して回覧していました。この方法だと取引先別のファイルがどんどん増えて、スペースも管理も無駄が生じ、稟議、承認までの時間もかかります。電子稟議にすれば、パソコン上で承認ボタンを押すことで稟議が次の人に回り、どの段階まで稟議が回っているのかも検索すればひと目でわかります。必要なときに過去の稟議をみることも簡単にできます。

◎印鑑照合システム

預金の払戻しのときなど、窓口担当者は顧客が押した印鑑と届出印が同じかどうかをチェックします。印鑑照合システムでは、口座開設時に届出印をデータ化してシステム登録しておきます。照合のとき、顧客が帳票に押した印鑑を端末で読み取ると、届出印と重ね合わせたイメージが画面上に写され、一致しているかどうかがわかります。

◎イメージ処理システム

窓口や後方事務の担当者は、顧客が記入した帳票の金額などをみて端末に入力し、入出金や振込処理などをします。この手作業を減らすため、顧客が記入したものをそのままイメージとして読み取り、端末の取引画面へ自動入力してくれるのがイメージ処理システムです。

担当者は、自動入力内容と顧客の記入内容が一致しているかを確認するだけですむため、処理を迅速・正確にすることができます。

◎営業のサポート

銀行内の各部署・支店をつなぐイントラネットにアクセスすれば、営業をサポートするさまざまな資料を見ることができます。業界ごとの専門的な知識、株式や外為市場の動向などの資料

印鑑照合システムのイメージ

電子稟議のしくみ

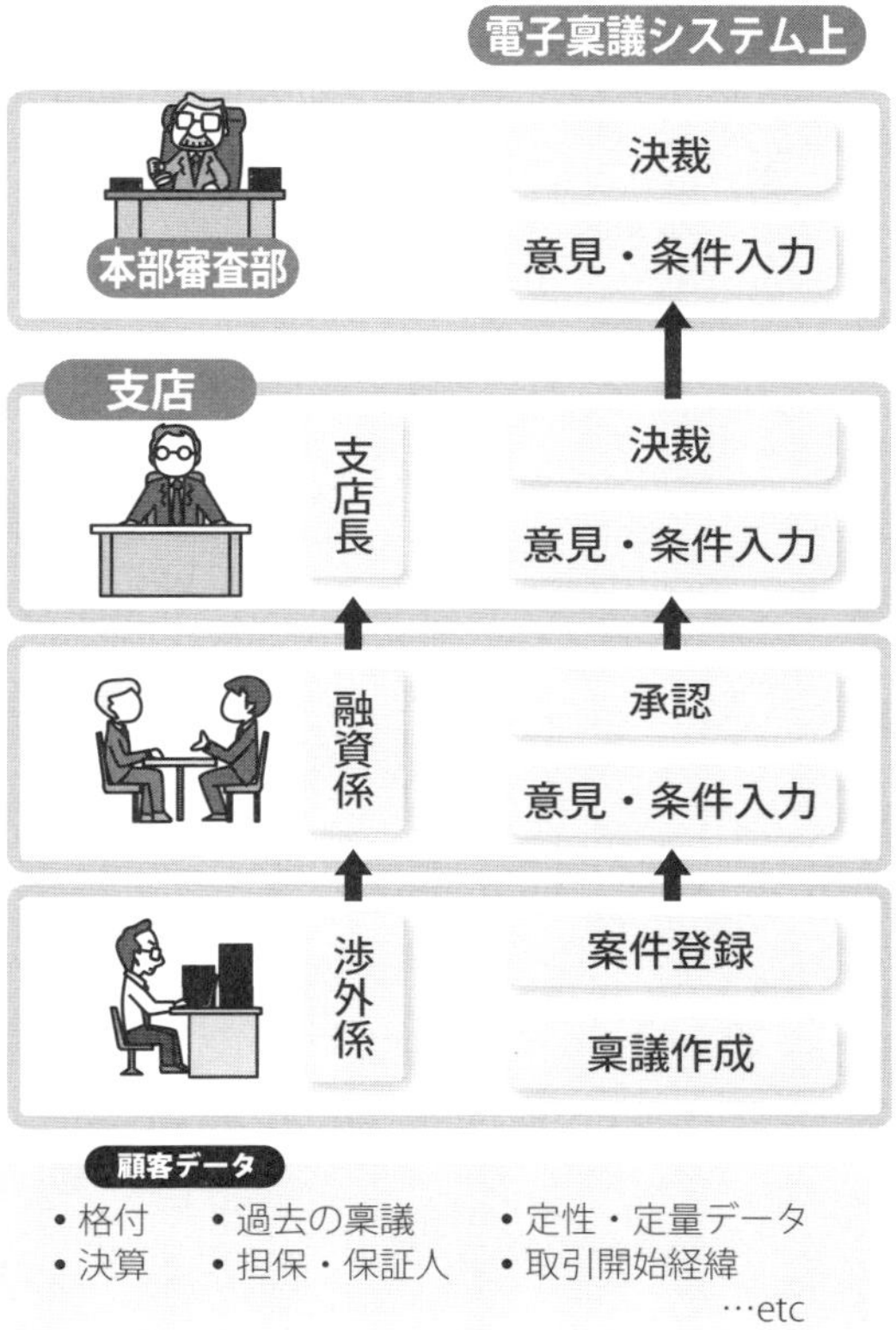

を、各部署が発信しているので、渉外係はセールス用に勉強したり、顧客に情報提供したりします。資産運用では、顧客の年齢・家族構成・年収・資産を入力すると、今後どれだけお金が必要になるかというライフシミュレーションができるシステムも活用されています。業務日誌の作成・回覧なども電子上で行なっている銀行もあります。

銀行間にＩＴ格差がある

　ＩＴ化を進めるためには、大きな投資が必要です。財務状態がよい銀行はどんどんＩＴ化を進めていますが、業績の振るわない銀行は、ＩＴ化にお金をまわすことができません。そのため、銀行によってＩＴ格差がかなりあるのが現状です。

Section 4-8

もしも銀行強盗が来たら？

銀行には現金がたくさんあるので、万が一に備えて、さまざまな防犯対策をとっています。

銀行の防犯体制

銀行員になろうとする人なら一度は「銀行強盗に出くわしたらどうしよう?」と考えるかもしれません。銀行はたくさんの現金があって誰でも出入りできる場所です。そのため、防犯体制はしっかりしています。警察や警備会社とは常に連携し、見回りに来てもらいます。現金輸送車で各支店をまわるのも警備会社の人です。防犯マニュアルも細かく規定されています。

いろいろな防犯ルール

銀行に入ると銀行員は口々に「いらっしゃいませ」といいます。これはお客様に挨拶する意味もありますが、実は防犯のためでもあります。「ここの行員は来店する人の動きをちゃんとみていますよ」というアピールなのです。

支店の行員は、それぞれ強盗が来たときの役割をもっています。犯人の身長を覚える人、顔を覚える人、通報をする人などです。支店のドアやロビーにある柱には160㎝・170㎝・180㎝付近に色の付いたテープがはってあり、身長を判別する目安になります。コンビニの入口にある目安と同じものです。

本番さながらの防犯訓練を行なうこともあります。警察や警備会社に協力してもらい、万が一のときの各自の役割を確認したり、お客様の安全をいかに確保するかを勉強したりします。

防犯グッズ

強盗に「動くな」と脅されても、なんとか通報しなければなりません。そんなときのために、テラーの足元や行員の机のいくつかには、表からみえないところに警報ブザーが付いています。これをこっそり押せば、警察と警備会社があっという間に駆けつけてくれます。さらに、銀行には何台もカメラが取り付けてあります。ダミーは1台もありません。あらゆる角度から録画がされていて、録画したものの保存期間も決まっています。

また、窓口や通用口には野球ボール大の蛍光色のボールが置いてあります。カラーボールと呼ばれるもので、中には蛍光塗料が入っています。この塗料はいったん付くとなかなか落ちません。

強盗が来たときは……

これを犯人や犯人の車に投げつければ、当たったときに塗料が飛び散って服や車体に付き、目印になって捕まえやすくなります。

アメリカの銀行のように、ハイカウンターのテラーとお客様の間に強化プラスチックの仕切りを設置している銀行もあります。お客様の評判が悪いので普及していませんが、治安があまり良くない場所の支店には設置されている場合もあります。

「金を出せ!」には合言葉?

銀行によってルールは異なりますが、銀行強盗に「金を出せ」といわれたら、テラーは「銀行強盗です!」と叫ぶのではありません。銀行ごと、支店ごとに秘密の合言葉が決まっていて、それを他の行員に伝えます。合言葉だけでなく、「左手で右耳を触る」「鼻を触る」など、秘密の合図を決めている銀行や支店もあります。

これは、お客様より先に行員が事態を把握し、むやみに銀行強盗を刺激せず素早く適切な対応をするためです。

column ❺ 仮想通貨

ビットコインやイーサリアムなどの仮想通貨の流通が加速しています。地域限定など規模の小さいものも含めれば、すでに1,000種類以上の仮想通貨が存在します。

では、そもそも仮想通貨とは何なのでしょう？SuicaやEdyなどの電子マネーとは何が違うのでしょうか？

仮想通貨は正式には「暗号資産」と呼ばれるもので、以下の3つの性質を持つものと法律で規定されています。

⑴　不特定の者に対して、代金の支払い等に使用でき、かつ、法定通貨（日本円や米国ドル等）と相互に交換できる
⑵　電子的に記録され、移転できる
⑶　法定通貨または法定通貨建ての資産（プリペイドカード等）ではない

⑵⑶は電子マネーも同様です。⑴の点で、仮想通貨は電子マネーと異なります。電子マネーはポイントなどとは交換できますが、直接お金に換金はできません。仮想通貨は、金融庁財務局の登録を受けた事業者による「交換所」や「取引所」で円などの法定通貨で購入したり、法定通貨に換金したりできます。国境を超えて流通する仮想通貨の換金レートは需給バランスで決まり、日々刻々と変動しています。法定通貨のように、中央銀行がその価値を保証して価値を一定にコントロールするわけではなく、発行量がまだ少ないこともあって、変動幅が大きいことも特徴です。

誰も管理しないのでは、仮想通貨を購入しても、いきなり使えなくなったりしないのか、という心配が起こります。ブロックチェーンによって、参加者が相互監視することで、信頼性を保っているとはいえ、そういった交換所の1つであるコインチェックから2018年1月に約580億円分の仮想通貨が盗まれるという事件が起こっており、セキュリティの脆弱さが露見しました。仮想通貨に関わる詐欺事件も多いので、各国政府が規制を強化する動きが起きています。中国政府は2021年5月に金融機関が仮想通貨サービスを提供することを禁止しました。

一方、仮想通貨で支払いができるお店も増えてきました。お店にとっては、手数料は概ね1%前後で、クレジットカードの手数料に比べてずっと安い点がメリットです。

消費者にとってはどうでしょうか？今後使える店が増えれば、支払い手段として使用できるほか、レートの変動幅の大きさから株や外貨のような投資対象として活用している人もいます。また、外国にお金を送る人にとっては、銀行では通貨を両替する手数料と送金手数料とを合わせて数千円から1万円かかっていたものが、数百円ですむので、とてもメリットがあります。

銀行は法定通貨という商品を対象とするサービスを提供してきました。市場の拡大、価値の乱高下、規制の動きなど、仮想通貨の動向は銀行に大きな影響を与えるため、今後も目が離せません。

第5章

銀行員のキャリア

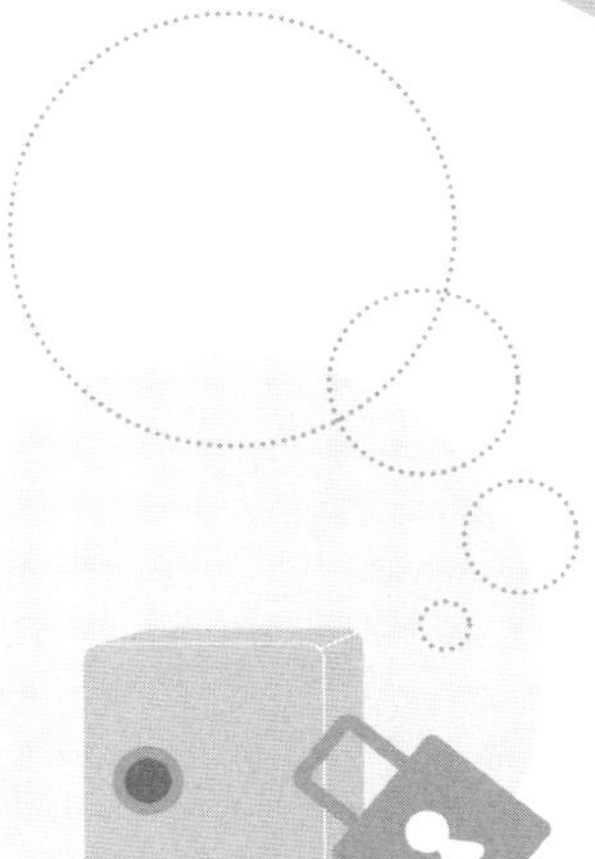

Section 5-1

求められる人材

少子高齢化に伴う経済縮小と低金利で利鞘が縮小し、ＡＩやロボットなどの代替で店舗や人員削減が続く銀行業界。この激動の時代に銀行が必要とするのはどういう人材なのでしょうか？

枠を外すマインドセット

これまでの銀行員はお客様のお金を扱うことから、安全・安心・信頼が第一で、決められたことを着実に行なっていくことが重要でした。

しかしながら、お金という概念自体が変わってしまうほどの環境変化が起こっており、ＩＴや流通など業界外からの競合が多くなってきています。

これらの競合は、銀行とは違い、急速に変わる消費者の心理と技術進歩に対応し、既存のルールに従うのではなく、新たなルールを自分たちでつくってきた業界です。

逆にいえば、いまの金融業界は日々新たなルールができる創造的な業界ともいえるでしょう。したがって、枠を外すような思考で業界が大きく変わる千載一遇の機会を楽しめる人材が必要とされています。

徹底的な顧客志向

いままでの銀行業界は保護された規制業界であったために、各銀行は顧客志向でなくても生き残ってこられました。顧客の不満より金融庁に睨まれることのほうがハイリスクだったのです。そのため、顧客の不満はいたるところで放置されてきました。

これを解決するサービスを提供しているのが、FinTechです。銀行自身がこのような不満への解決策をつくり出せれば、他行より、また、資源の乏しい新規参入者よりも優位に立てるはずです。ただ、そのためには、自行やお上（金融庁）中心の考え方から、真に顧客に寄り添い、顧客インサイト（顧客自身も気付いていない無意識の心理）を理解できる人材が必要です。

スキル

右記のような新たな解決策を生み出すためには、専門知識とスキルが必要です。

たとえば、法人融資業務は財務分析を中心に勉強し、数多くの案件を経験しながら覚えていくものでしたが、今後は単にこれまでの企業活動の結果である財務がわかるだけでは不十分で、将来を予測する経営戦略やマーケティングの知識も必要になります。企業全体を評価し将来性を考えたうえで融資

変わりゆく銀行業界に求められる人材

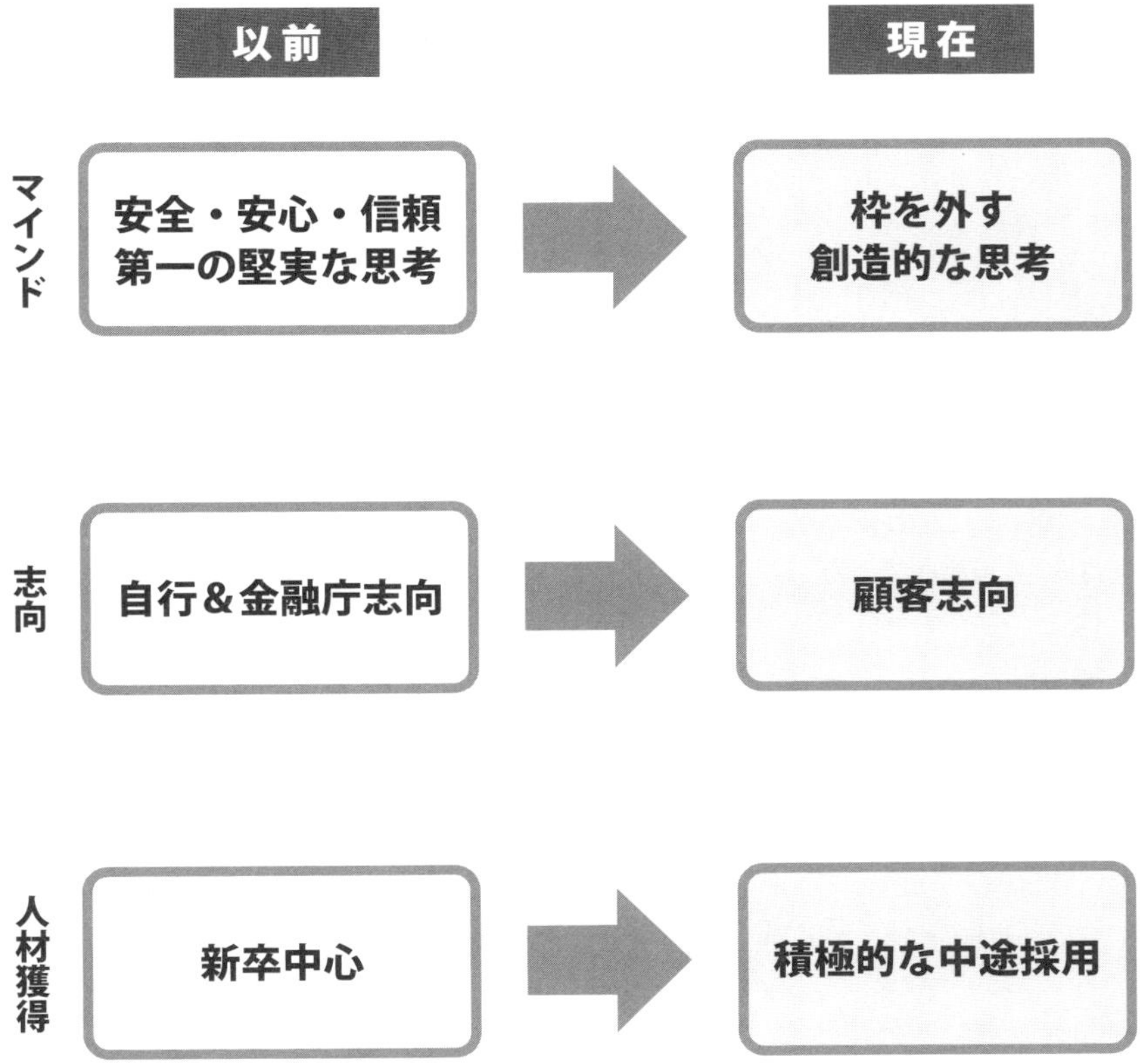

判断を行なうからです。

中小企業に対しては、単に資金を融資するだけでなく、経営アドバイスが必要です。また、大企業への融資であれば、大企業が使うであろう最先端の金融技術や、グローバルな展開をサポートできるスキルが必要になります。

銀行の情報部門には、情報技術の進歩のスピードに追いつき、AIやビッグデータ分析にも精通する人材が必要とされます。

マーケティング部門には、経営企画部門と二人三脚で顧客のニーズを正しく理解し、それをサービスに具現化していくスキルが必要とされます。

このような状況を考えると、今後は銀行も新卒だけでなく、すでに各分野で専門的な知識・スキルを培っている人材の積極的な中途採用が行なわれるでしょう。

Section 5-2

支店長代理って偉いの？

支店長代理というと、支店長の代わりをする、エライ人と思われそうですが、実は、一番下の役職なのです。

典型的な銀行の支店の役職は図のようになっています。支店長、副支店長、課長、支店長代理、一般行員の順です。

支店の役職

〈支店長〉

支店のトップは支店長。支店の経営に責任をもつ一国一城の主です。一定エリア内で特に規模の大きい店はその地域の「母店」と呼ばれます。母店の支店長は、支店長の中でも格上で、取締役を兼ねていることもあります。

〈副支店長〉

母店でなくてもある程度の大きさの支店には、支店長の下に副支店長（次長と呼ぶこともある）がいますが、支店長の次が課長の店も多くあります。支店長を補佐する役割です。

〈課長〉

一般に、支店にはセールスを担当する「渉外課」、融資の審査を行なう「融資課」、支店の窓口とその後方事務を行なう「内務課」（営業課や業務課と呼ばれることもあります）の3つの課があり、それぞれの課を統括する課長がいます。外為が独立した課で課長がいる店もありますが、融資課長と兼任している場合もあります。

〈支店長代理〉

課長の下にいるのが支店長代理。本部では同等の役職は「調査役」と呼ばれています。支店長の代理としてさまざまな事柄に決定権をもつイメージがあるかもしれませんが、実は役職者の中では一番下です。普通の会社では係長にあたります。「役席」とか「代理」と呼ばれることもあります。一番早い人で20代後半、多くは30代で代理になります。一説には、お客様にエライ人が訪問して来てくれたと喜んでもらえるので「支店長代理」という役職名にしたともいわれています。

〈一般行員〉

代理の下が役の付かない一般行員です。各課に属しています。

〈契約社員・派遣社員・パート〉

正行員以外に派遣会社から派遣されている社員や契約社員、パート社員などの非正規従業員も多数支店で仕事をしています。正行員でない従業員はほとんどが内務課に所属しています。

典型的な支店の役職

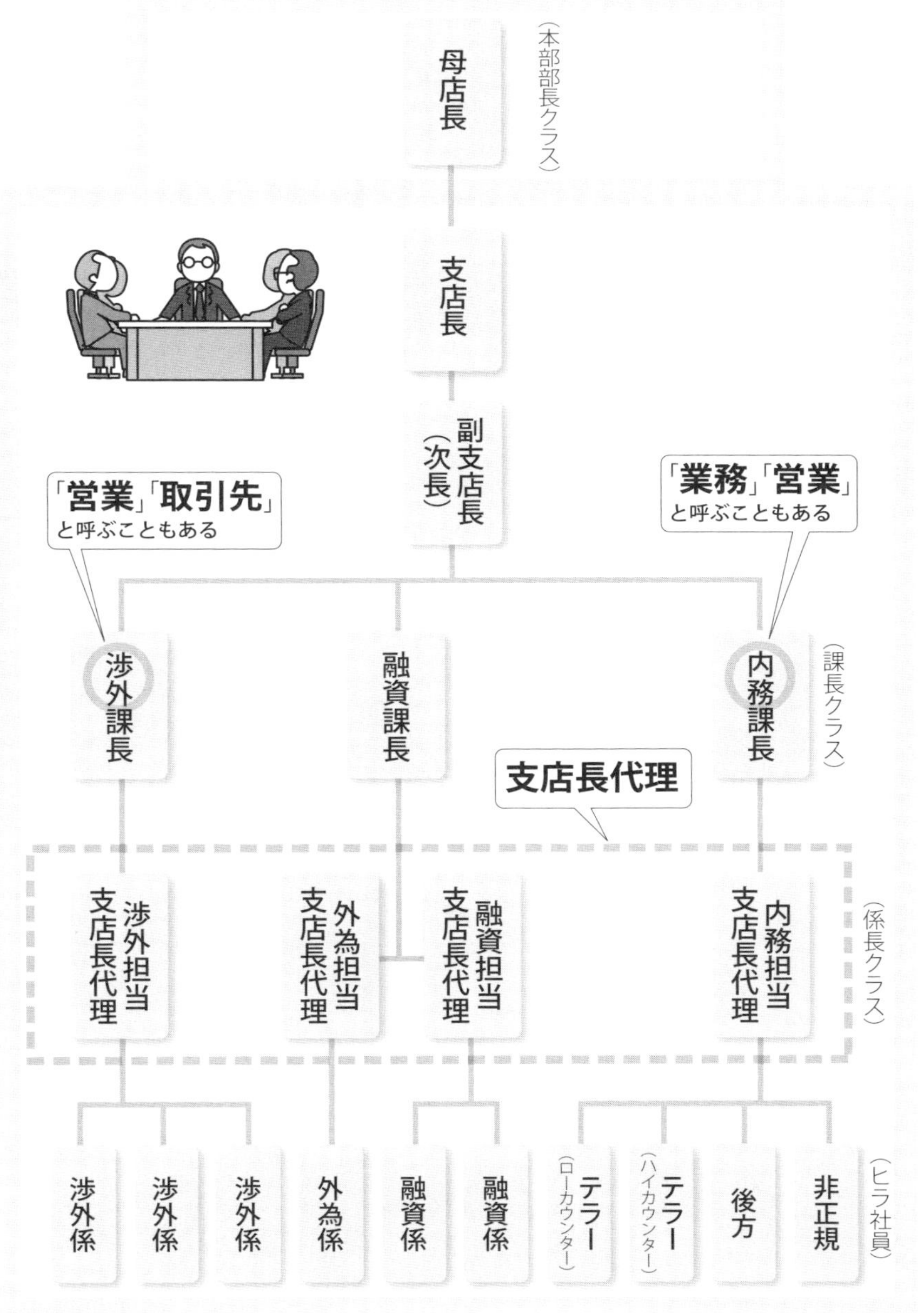
母店長
（本部部長クラス）
支店長
副支店長（次長）
「営業」「取引先」と呼ぶこともある
「業務」「営業」と呼ぶこともある
渉外課長
融資課長
内務課長
（課長クラス）
支店長代理
渉外担当支店長代理
外為担当支店長代理
融資担当支店長代理
内務担当支店長代理
（係長クラス）
渉外係
渉外係
渉外係
外為係
融資係
融資係
テラー（ローカウンター）
テラー（ハイカウンター）
後方
非正規
（ヒラ社員）

Section 5-3

銀行員のキャリアプラン

総合職として入行した銀行員はヒラから支店長代理、課長、副支店長へと昇進し、最終的には支店長になることがゴールです。

銀行員になったら、一度は一国一城の主である支店長になりたいと思うのが人情。ですが、誰もが支店長になれるわけではありません。支店長の年齢幅は40歳くらいから50代前半です。そこまで銀行に残っていること自体が大変なことなのですが、その年代の残った同期の中で支店長になる割合は、高くても4割程度でしたが、物理的に支店が減っていく将来はさらに下がるでしょう。

「ヒラ行員」からのスタート

新入行員は多くの場合、支店に配属されます。まだ少数ですが、最近メガバンク等では専門分野別の採用が始まりました。入行時から大企業担当で、エリートコースが約束され、専門的な経験を積んでいくコースもあります。

一般的には、最初はジョブローテーションといって、さまざまな係を数か月ずつ担当していきます。預金、融資、外為、渉外などの仕事をひと通り覚える期間です。

1年半程度のジョブローテーションが終わると、支店の中で担当する係が正式に決まります。その後の異動は頻繁で、支店勤務の場合、2年から4年ごとに支店を移ります。ひんぱんな異動は不正防止のためです。

30歳くらいで「支店長代理」に

一番早くて20代後半、平均的には30代で支店長代理に昇進します。「代理さん」「役席さん」と呼ばれ、権限が広がります。銀行員は何かと印鑑を押す機会の多い職業ですが、支店長代理になると検印といってヒラ行員が上げた伝票をチェックしたしるしの印鑑を毎日大量に押します。稟議を承認した場合にも印鑑を押すことになります。ヒラ行員のときより印鑑のサイズもひと回り大きくなります。

「課長」になると先がみえてくる

30代後半から40代で課長に昇進します。支店長代理や課長に昇進する年齢で、その先どこまで昇進できるかはだいたい予測できます。この頃から、関連会社に出向・転籍したり、取引先に転職したりする人も増えてきます。

銀行では、スキルを要する法人担当のほうが個人（リテール）担当よりエ

銀行員のキャリアピラミッド

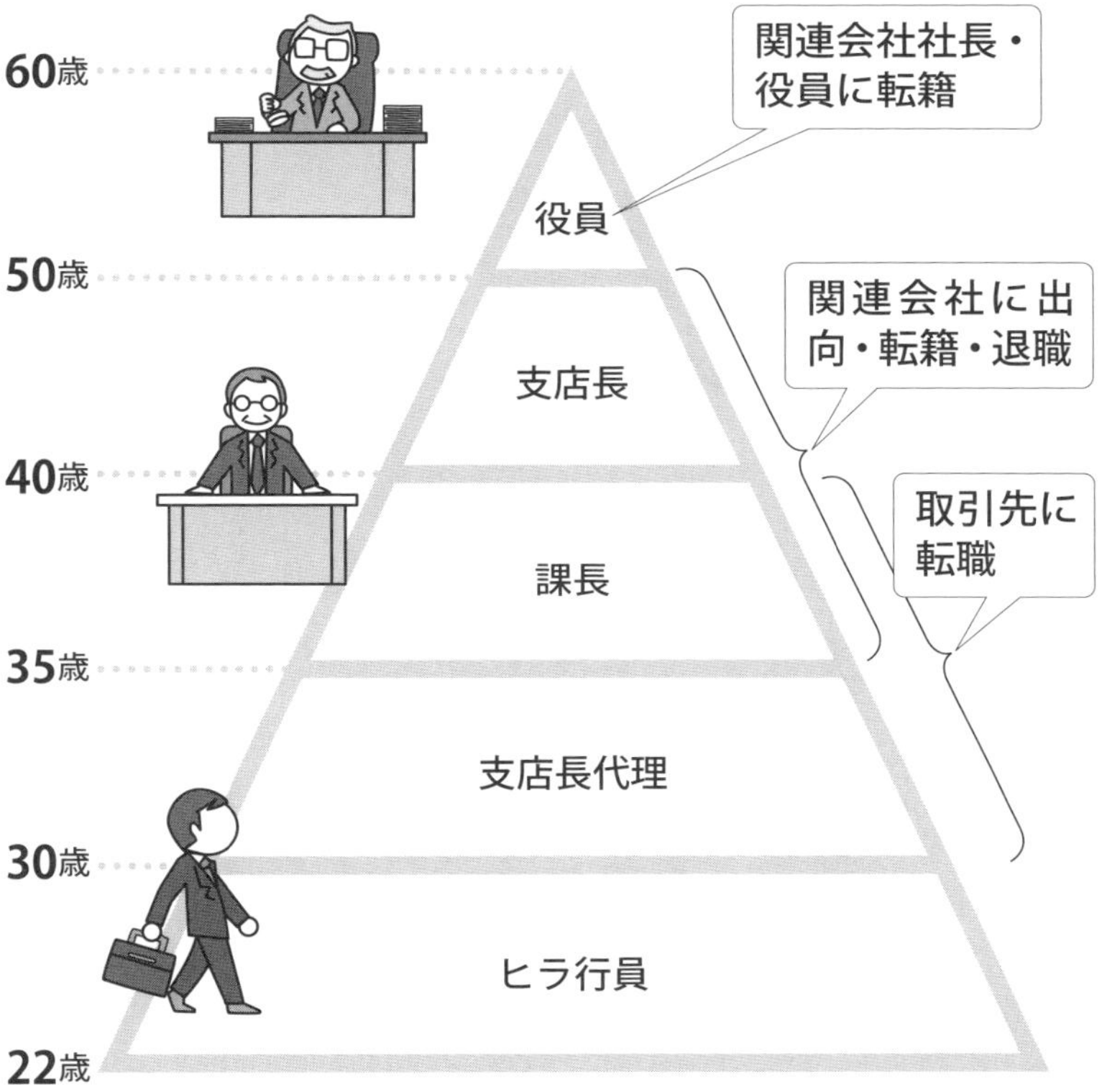

リートコースと考えられてきました。個人担当でも資産運用などは高いスキルが必要ですし、収益貢献も大きいのですが、こうしたカルチャーはあまり変わっていません。

課長は法人を担当する融資課や渉外課の課長であることが多く、次に支店長になる想定です。逆に、預金担当の課長で年齢が40代後半から50代の場合、それ以上の昇進はないと周囲も本人も考えています。

「支店長」の先は役員しかない

業績の高い課長が支店長になります。早ければ40歳くらいでしょう。支店長も初めは従業員10人ほどの小さな店から、だんだん大きな店に、さらには地域を統括する支店（母店）の支店長へと昇進していきます。

母店の支店長は本部でいうと部長と同等です。支店長の先は役員しかないので、役員になれない支店長は出向・転籍・退職するのが通常ですが、場合によっては退職した後に再雇用されることになります。

Section 5-4

ゼネラリストになるための転勤

銀行員は転勤の多い仕事。それは、不正防止とゼネラリスト養成のためです。

銀行員はゼネラリストを目指す

　これまで銀行のポストのゴールは支店長でした。支店長は支店の仕事全部をよくわかっていないと、支店をうまくマネジメントできません。そのためみんな、何でもできるゼネラリストを目指してきました。

　若い頃から、預金・為替業務、融資・外為業務、渉外業務など支店のさまざまな係を経験します。係だけでなく支店も、住宅地にある個人顧客中心の店や、大企業取引の多い都心部の大きな店など異なるタイプの店を経験したりします。IT部門など特別な部署は専門職として採用がありますが、大半の新入行員はこのジョブローテーションに従います。

　一方、メガバンクなどでは、新卒採用時から法人専門、海外部門専門といった担当決めがされ、専門的な育成がされる制度が最近始まりました。今後、定着するかどうか注目です。

銀行員の転勤事情

　2〜4年に1回、銀行員は転勤します。メガバンクでは転勤は全国にわたります。地方銀行でも県内全域に支店がある場合、転居を伴う転勤がどうしても多くなります。2〜4年ごとに家族も一緒に転居を繰り返すのは大変なので、単身赴任をする人も多くなります。

　転勤を嫌う人も多いので、転居を伴う転勤がない総合職をつくる銀行が増えました。

　仕事の内容は通常の総合職と同じだといわれていますが、女性がこの職種を選ぶことが多く、実質的には昇進スピードが遅かったり、仕事内容が補助的なものだったりして、以前の一般職と変わらないという批判もあります。

　支店の規模や立地、支店が設立された経緯などによって銀行内部で支店のランクが付いている場合があります。頭取や取締役などの役員が出る支店など、出世する人が配属される支店と、そうでない支店の暗黙の認識があり、自分がどこに配属されたかで将来どのようなコースを歩むのかが何となくわかってしまうこともあります。

転勤のメリット・デメリット

長く同じ支店に在籍する行員が、横領や、経営状態の悪い企業への馴れ合い融資を行なって問題になることが稀にあります。このようなことを防ぐために、一定期間以上同じ店に在籍しないように金融庁は銀行を指導しています。銀行は3年、信用金庫は5年を超えないというのが一つの目安です。

2〜4年に一度、支店や部署を移り、新しい環境で新しく出会う同僚や顧客に囲まれて仕事をするので、新鮮で緊張感があるといえるでしょう。人脈も広がります。

ただ、転勤があるのが当たり前と考えるようになると、気に入らない支店に配属になったとき、「数年で転勤する」と考えてやる気をなくし、早くも次の転勤を待ち始める銀行員も出てきます。

また、顧客にとっても、やっと自分のことをわかってもらえたと思う頃に、担当者が転勤してしまうことになります。後任にまた一から自分のことや自社のことを説明し、関係を築かなければならなくなります。

担当者が変わると良くも悪くも銀行と顧客との関係に変化が生じます。新しい担当者と顧客の相性が良く、提案・セールスがうまくいけば預金や貸出のシェアアップのチャンスですが、担当者が変わって顧客と疎遠になってしまったりすると、他の金融機関にあっという間にシェアを奪われてしまいます。

銀行員の仕事のローテーション

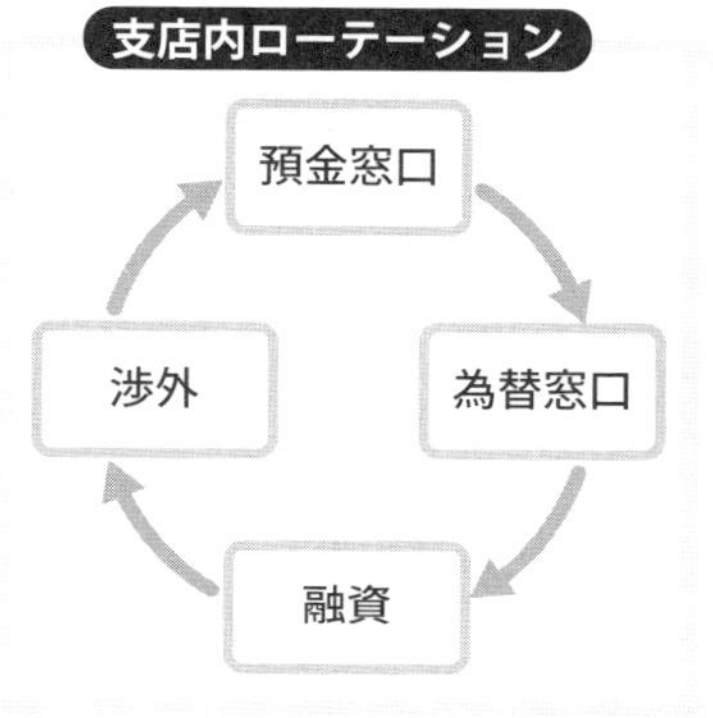

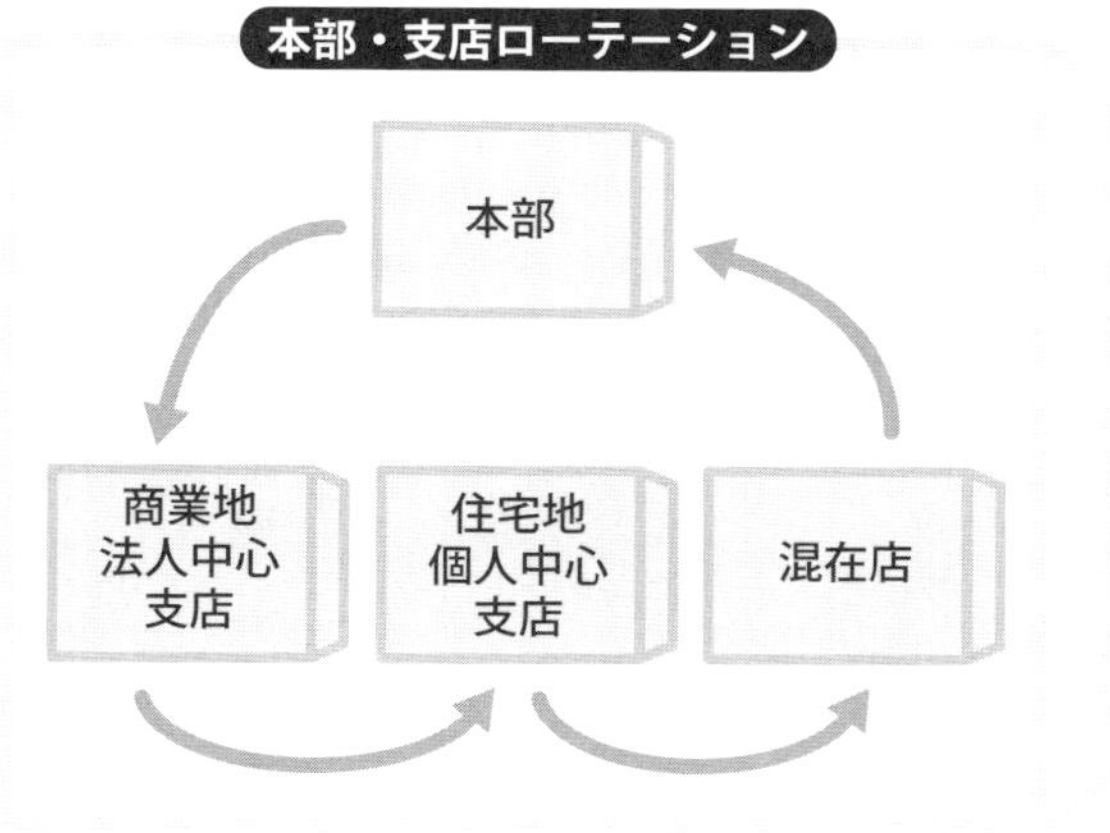

Section 5-5

銀行員の給料は？

銀行員の給料は緩やかながら下がってきています。また、銀行間・銀行内の格差が大きくなっています。

総合職の給料は役職次第!?

銀行員の初任給は、大卒・総合職で20万円程度です（２０２１年７月）。あるメガバンクでは、入社後5年目までは毎年2万～3万円ずつ上がっていきます。

銀行に入って6年目くらいまでは、他業界と比べても平均的な年収です。これは、経験を積まないと収益に貢献できるようにならないこと、入行して数年で辞めてしまう人が多いことが理由です。

30代になり、「支店長代理」などの役職が付くと給与・賞与は一気に上がります。支店長代理クラス・35歳時点での年収は、メガバンクで７００万～９００万円、地方銀行で５００万～７００万円くらいです。

さらに年次を重ね、課長・次長・副支店長と昇進していくと、それに伴って給料が上がっていきます。ただし、次長・副支店長以上になると「管理職」となり残業手当は付かなくなるので、課長時代に残業手当をたくさんもらっていた人は、出世したのに手取りが減る、ということも起こります。

次長・副支店長クラスの45歳時点での年収は、メガバンクで１０００万～１３００万円、地方銀行で６００万～９００万円くらい。支店長になるとメガバンクで１０００万～１６００万円程度の年収になります。支店長など役職が上がるほど、支店の業績によって賞与に大きな差が出るため、同じ役職でも年収の差は大きくなります。

ただし、40代半ばから出向になり年収がダウンすることが多いので、生涯年収はイメージほどよくありません。

一般職の昇給は少しずつ

銀行の窓口で応対をしてくれる女性行員のほとんどは一般職かパートです。一般職は支店長代理になる人も多くはなく、ほとんどが一生ヒラの行員のままです。年収は少しずつしか上がりません。

また、一般職個人の業績による賞与差も小さいため、入行年次が同じであれば年収に個人差はほとんど生じません。ベテランの一般職でも総合職の新人にすぐに年収が追い抜かれることになります。

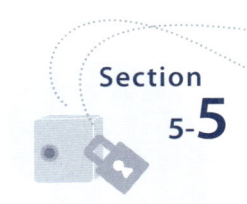

銀行員の昇給のイメージ

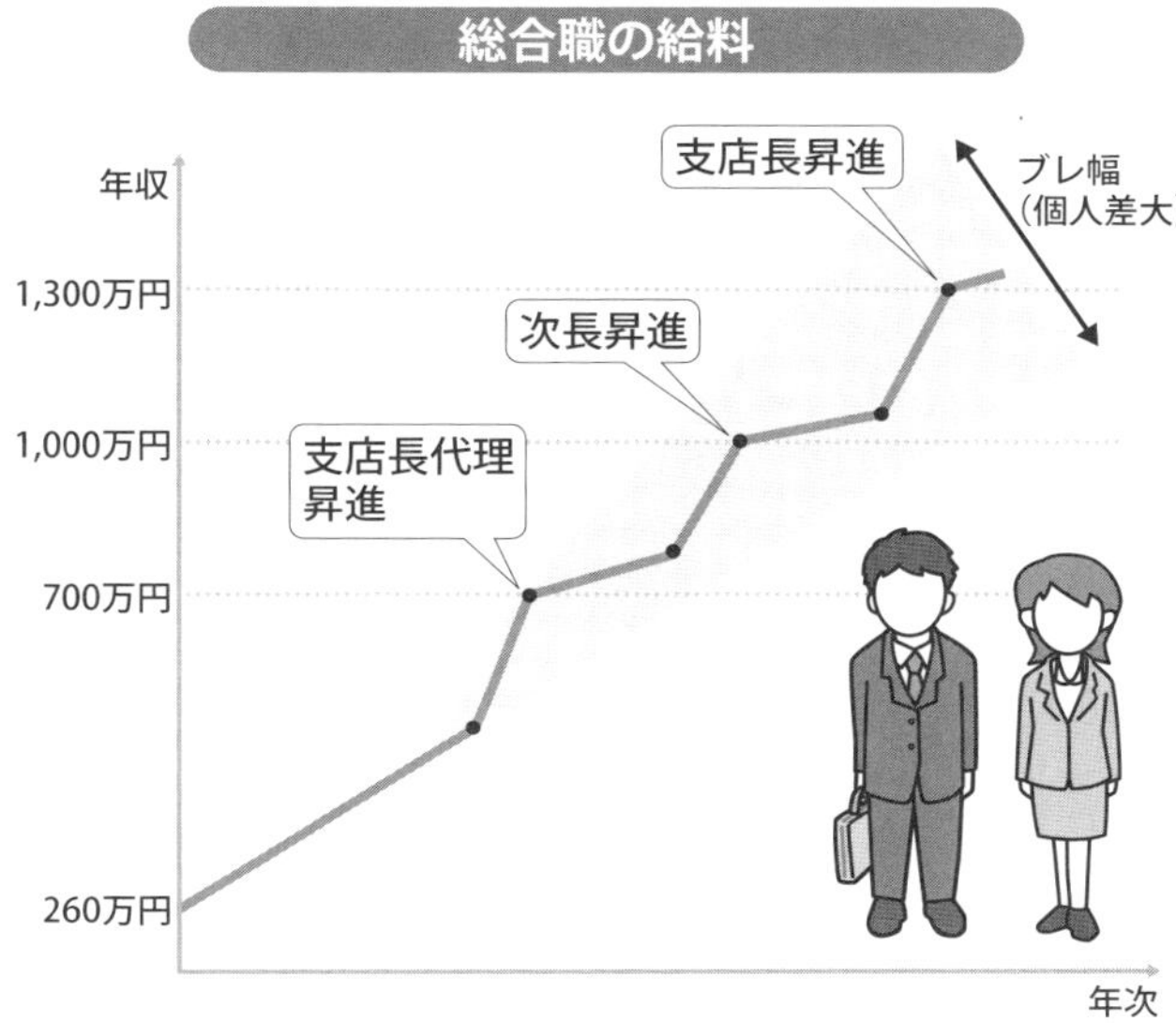

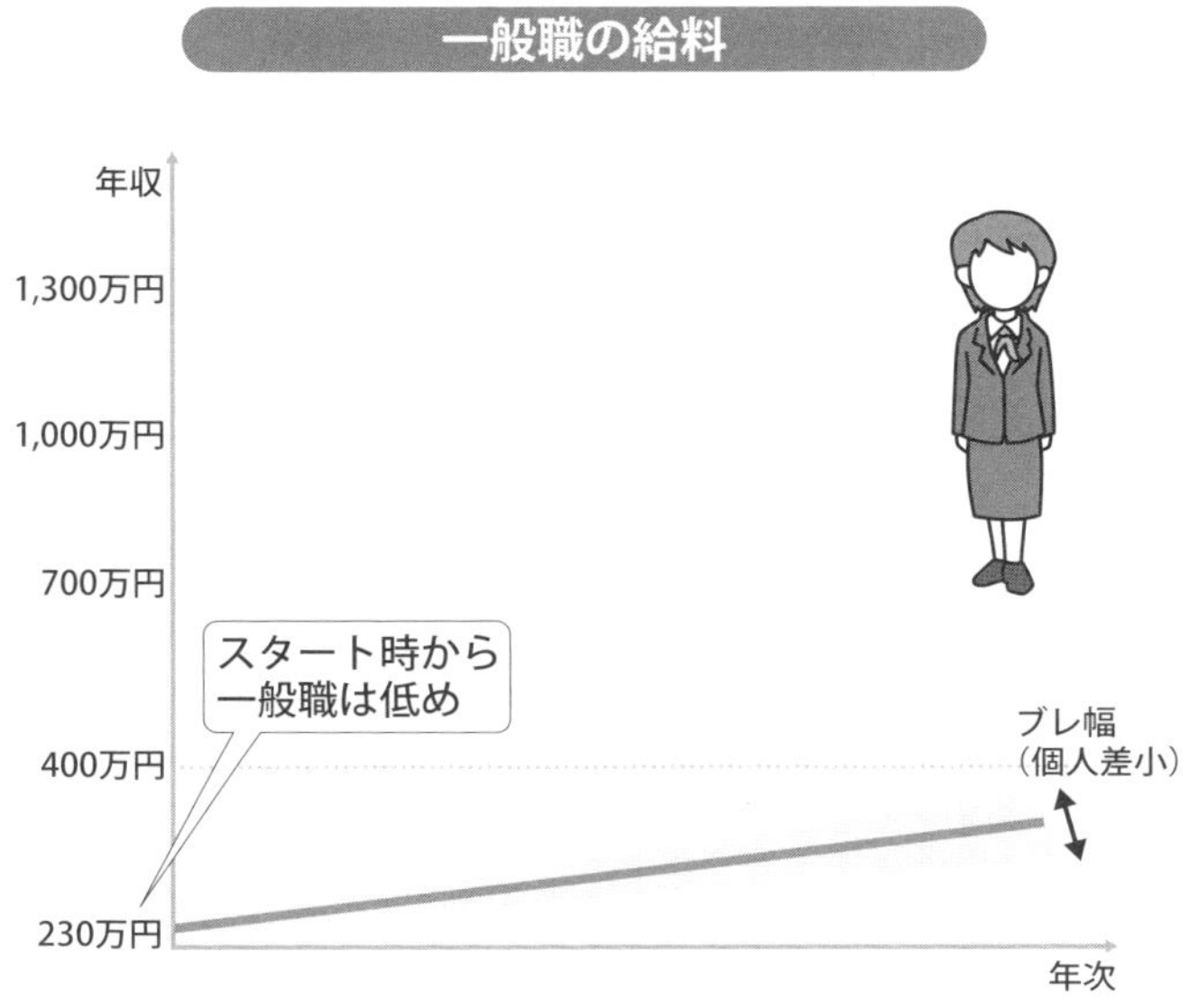

パート・派遣・契約社員

パート従業員の給料は時給で１０００円くらいの間です。以前は銀行ＯＧが多かったのですが、機械化が進んで誰でもできる仕事になったため、未経験者も採用されます。投資信託や保険を銀行窓口で販売するために必要な資格をもっているかどうかで時給に差が付くことがありますが、それでも50〜１００円程度の差です。

派遣社員は派遣元の会社によって給与は異なりますが、本人の手元に入るのは1時間あたり１２００〜１８００円程度です。

Section 5-6

女子行員のキャリアパスの変化

銀行の経営環境や働き方の変化などのため、女子行員のキャリアパスは現在変わりつつあります。

法人部門だけでなく個人部門も重要に

銀行は個人部門より法人部門が重視されてきた業界ですが、最近は個人部門の地位が上がってきています。

少し前まで銀行は収益源の大半を法人貸出に頼ってきました。しかしバブル経済が崩壊し、法人の貸倒れで大きな損失が生じたことから、リスクを分散できる小口のローンや投資信託などの手数料収入を見直すようになりました。その結果、個人顧客への販売活動を担当する女子行員の重要性が増してきました。一方で、窓口での預金・振込・税金関係の仕事は定型作業のため、ＡＩなどを使った機械処理への移行が進んでいます。ハイカウンターテラーという役割は、今後なくなる可能性が大きいです。

金融自由化の影響も

金融自由化によって、銀行が窓口で扱える資産運用商品の種類は格段に増えました。投資信託、生命保険、損害保険、株式などです。これは銀行が販売代理店となって手数料収入を稼ぐ機会が増えたことを意味します。資産運用商品を窓口で販売する対象は主に個人顧客なので、やはり窓口担当の女性行員の役割が重要です。

ＩＴ化による事務の変化

かつて、銀行の窓口はいつも混雑していました。これは振込などの処理を行なう行員が窓口で受け付けて伝票を手でコンピュータに打ち込み、また人がそれをチェックする、といった手作業の多さが原因でした。

最近はＩＴ技術が進歩し、イメージ処理といって伝票の数字をコンピュータが自動的に読み取ったり、現金の入出金も出納機が自動で行なったりできます。効率化が進んだ結果、これまで、訓練された正行員でなければできなかった窓口業務をパートや派遣社員でも行なえるようになりました。

そこで、事務処理は非正行員や、最近ではＩＴ技術を使った機械に任せ、人件費の高い正行員はもっと収益性の高い仕事、つまり資産運用やローンの相談・セールスに注力する方向にシフトしてきたのです。

女子行員を戦力化しようとする理由

女性の働き方の変化も

銀行でも男女雇用機会均等法施行に伴い、30年以上前から女性を総合職として採用していますが、戦力として育成活用する文化は定着せず、結局大半が数年で退職してしまう状況でした。ところが近年、男性総合職だけでは業績を維持できなくなり、また社会一般に女性の働き方が変わってきたことなどから、女性の活やくということを本気で考えるようになったのです。

銀行における女性の職種変化

一昔前までは一般職と総合職という分け方がほとんどでしたが、「一般職」の名称が差別的だという批判もあり、女性に限らず適正に合った仕事に就けるよう、職種が多様化しています。職務内容と転居を伴う転勤の有無の組合せや、派遣から正社員への転換、コース別というかたちでＩＴや法人取引専門職として採用するなど、さまざまです。

仕事と家庭のバランスや価値観に合わせた選択ができるようになってきたといえるでしょう。

Section 5-7

新卒採用

銀行の新卒採用人数は、年によって大きく変動します。

新卒採用の歴史

銀行の新卒採用人数は、経済や社会の流れとともに、大きく変動します。

バブル景気の１９８０年代後半から１９９０年代前半は、就職活動をする学生にとって売り手市場でした。銀行は他の業界や競合金融機関に優秀な学生をとられないように、早期に内定を出し、大学のＯＢに学生を接待させたりして、囲い込みをしていました。

バブルが崩壊し、銀行の破綻が相次いだ１９９８年頃から状況は変わります。どの銀行も新卒採用を減らすようになりました。これは、多額の不良債権で銀行の財務状態が著しく悪化していたこと、日本全体が不景気になり法人融資を中心とした銀行のビジネスが停滞していたことが要因です。

景気の回復、不良債権処理の完了に伴い、２００６年以降新卒採用を増やす銀行が多くなりましたが、２００９年、リーマンショックで再び減少し、その後は求人倍率は低水準です。２０２１年度は採用は減っている（前年比２%減）のですが、学生の金融人気が上がり、希望者が増えた（前年比31・２%増）ことから、求人倍率は低下しています。メガバンクが相次いでＡＩ・ロボット導入・人員削減を発表し、今後はさらに減少すると予想されます。

２０１７年には三井住友銀行が、２０１９年にはみずほ銀行が採用数を半減させましたが、２０２０年には三菱ＵＦＪ銀行が前年比６割程度まで減らしました。

メガバンク三行で２０１７年に約５０００人採用していたものが、２０２１年には１４４０人ですから、その減少幅は非常に大きいといえます。求人倍率を見ると、銀行の採用数減少に対して、学生の求職数は増加しており、倍率は近年は低下しています。

採用人数と離職率の関係

新卒学生にとって銀行はどう見えているのでしょうか。

銀行は大量採用の時期とそうでない時期を繰り返してきたため、大量採用の年次の新入行員は、仕事を教えてくれる年次の近い先輩がほとんどいない状態になりがちです。そのため十分な指導を受けられず、相談相手もできにくいのです。

さらに、年次が上がるとポスト争いも激しくなります。人数が多いからといって、その分役職が増えるわけではないので、なかなか出世できずに見切りをつけて辞めてしまう人もいます。

金融機関の求人倍率

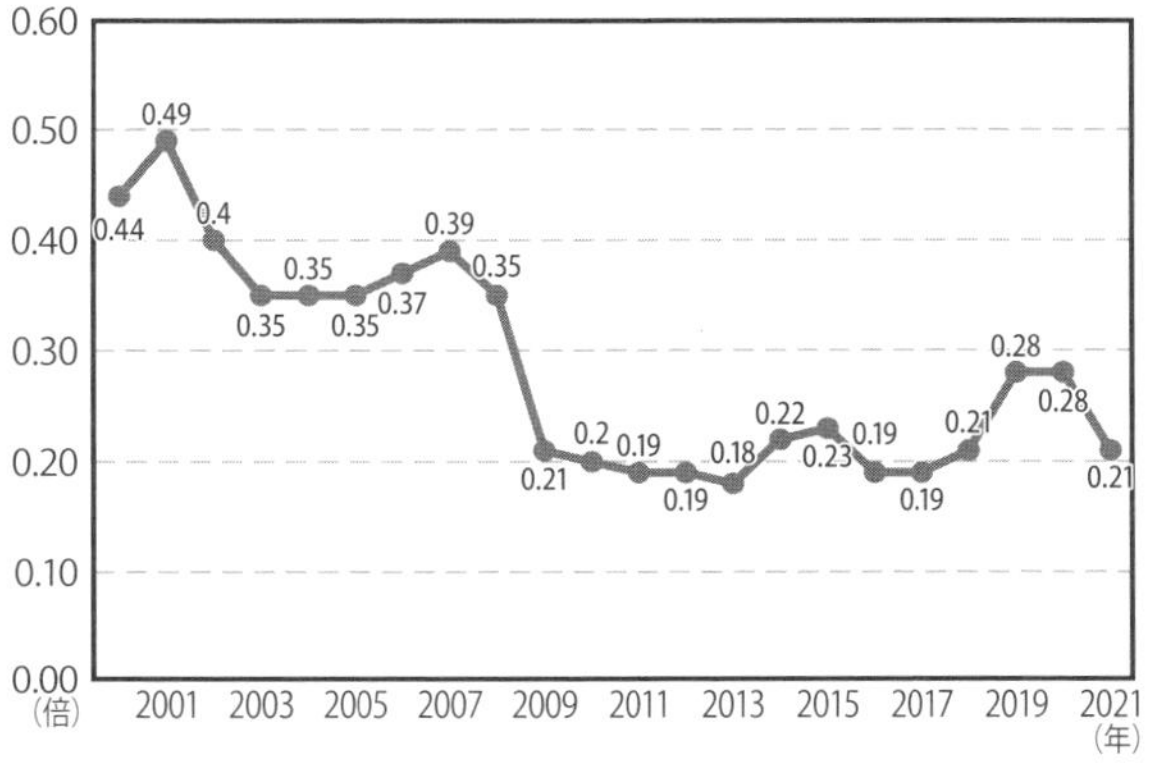

メガバンクの新卒採用数の推移（人）

銀行名	2017年度	2018年度	2019年度	2020年度	2021年度	2022年度
三菱UFJ	1,200	1,050	960	530	400	約400
みずほ	1,880	1,365	700	560	510	301以上
三井住友	1,916	803	667	622	530	301以上
合計（概算）	4,996	3,218	2,327	1,712	1,440	約1,000

銀行の離職事情

離職率については、どの銀行も明確な数字を開示していません。銀行や年次によりますが、一般にいわれている「入社3年で3割が辞める」という数字に近いかもしれません。銀行員は安定していて給料も高い職業だといわれています。それでもすぐに辞めてしまう人がいるのはなぜでしょうか。

銀行員の給料は、若いときは安いけれど年次が上がり肩書きが付くにつれ、どんどん上がる体系になっています。入社して数年間は、他の業界に就職して高い給料やボーナスをもらっている同世代と比べて給料が安いと感じるため、転職を考えやすい境遇です。

また、長い間規制されてきた業界なので、保守的なタテ社会の風土が現在も残っています。時代の流れに合わない習慣も多く、銀行の風土になじめないという理由で辞める人もいます。

30代、40代になってから辞める人には二つのタイプがあります。一つは営業のノルマなどの実績が上げられず、将来の出世が見込めず辞める人です。もう一つは、営業や本部の専門部署でスキルを磨き、もっと高い給料や働きやすい環境、さらにレベルの高い仕事を求めて転職していく人です。

column ❻ 投資銀行は銀行とどこが違う？

近年、投資銀行が金融業の花形としてマスコミに取り上げられることが多くなっています。外資系投資銀行では、若手でも年収数千万円、経営者になると数十億円の報酬であることなどはよく知られています。

通常の銀行（商業銀行）は、個人などから預金を集めて資金の足りない企業などに融資し、融資から得る利息と預金者へ支払う利息の差により収益を上げていきます。

これに対し、投資銀行は預金を集めません。投資銀行は、顧客である企業が株式や債券を発行して、投資家から資金を直接集められるようお手伝いすることを主たる業務にしています。このとき発行された証券を引き受け（買い取り）、投資家に再販することで得る手数料が主な収益源となっています。また、顧客企業の価値を高めるための合併買収（Ｍ＆Ａ）の提案、財務アドバイスも行なっています。さらに、顧客企業が必要以上に財務上のリスクを抱えないように、各種資産の証券化や金融派生商品（デリバティブ）を用いる提案をするなど、高度で複雑な金融手法を用います。

日本では従来、株式の上場基準が厳格であったり、社債発行の適債基準が厳しかったりと、企業からみたときに投資家から直接お金を集める方法（直接金融）が必ずしも便利な環境ではありませんでした。そのため、企業は銀行からの借入（間接金融）中心の資金調達を行なってきました。結果として、証券会社が本業である委託売買業務（すでに流通している株式・債券を売ったり、買ったりするお手伝い）と合わせて投資銀行業務を行なってきたのです。

しかし最近では、さまざまな金融規制が緩和・撤廃されるなかで、銀行からの借入よりも、投資家から直接お金を集めてきたほうが便利であると考える企業が増えており、日本でも投資銀行業務を主に行なう金融機関が出てきました。

ところで、投資銀行の社員が高額の報酬を得られる背景には、現在の投資銀行が投資銀行業務以外に、大口顧客からの資金や自己資金を用いた有価証券や、金融派生商品の取引（トレーディング業務）からも莫大な利益を得ていることがあるようです。金融派生商品の取引は元手が少額でも大きな収益を生む可能性がある反面、リスクも非常に高いのです。投資銀行の社員は業績連動型の報酬体系であるため、ハイリスク・ハイリターンを好みます。結果、蓄積した過剰なリスクがサブプライムローン問題をきっかけに表面化し、投資銀行を次々と経営破綻させる一因になったともいわれています。

第6章

銀行の本部の仕事

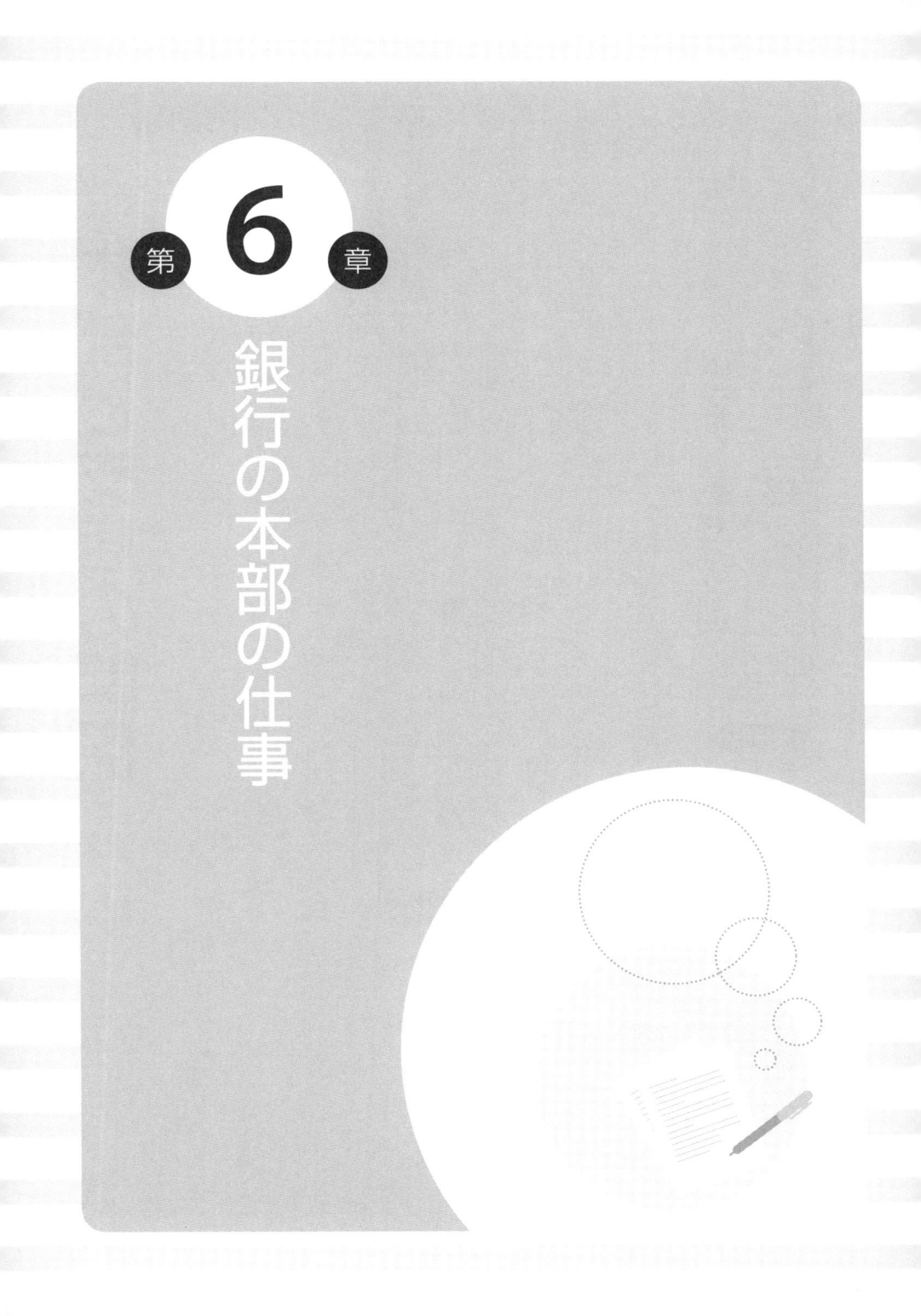

Section 6-1

本部と支店の関係

銀行の支店の窓口は行員と顧客の接点です。本部は裏方として支店を支えます。

本部は特定業務のプロ集団

本部は支店が業務を行なうための裏方として働きます。支店で扱う商品の設計、取引に使うシステムや機械・備品、提案・セールスに使うパンフレットなどのツールは本部の各部署が準備します。また、資産運用や融資、事務手続きなどのサポートも行ないます。

支店ではさまざまな商品やサービスを扱いますし、顧客のタイプもバラバラです。支店の銀行員がすべての分野を完璧に把握することはとても大変なのです。

そこで、図のように、支店の業務の

審査部

融資稟議書
支店の決裁権限を超える融資の稟議書は、本部の審査部に送って決裁を仰ぎます。

広報部

キャンペーンバッジ・ポスター
創立○十周年、○○キャンペーンなどイベントごとに、銀行員は名札にバッジをつけます。こういったキャンペーングッズやポスターは広報部がつくります。

総務部

机・椅子・制服
事務机・椅子や行員の制服、ロビー内の金利・為替ボードや一般文具などは総務部が準備をします。

電算センター

還元帳票
前日に行なわれた取引が、ホストコンピュータで処理され、支店ごとの一覧が電算センターで還元帳票として出力され、行内メールで届けられます。

マーケティング部

商品パンフレット
次々と出される新商品の顧客への説明用パンフレットやマニュアルがマーケティング部や事務部から届けられます。

さまざまな部分に特定分野のプロである本部がかかわっています。

システム部

オンライン端末、融資系情報端末

勘定系・情報系のホストコンピュータとつながる支店のオンライン端末や融資系情報端末の管理・メンテナンスはシステム部の仕事です。

事務部

伝票

入出金・振込・振替、口座開設、住所変更など、たくさんある伝票類は事務部が作成し、各支店に配布します。

資金証券部

外国為替レート表・マーケットレポート

外為窓口にはその日の為替レートを確認するためのレート表や、市場動向のレポートが資金証券部から毎日配信されます。

Section 6-2

企画部門の仕事

銀行の経営戦略をつくる中枢が企画部門です。エリート中のエリートが集まります。

企画部門は銀行のコントロールタワーです。「総合企画（経営企画）」のセクションと「主計セクション」、「広報・IRセクション」の3つに分かれます。また、「リスク管理セクション」が企画部門の中に置かれていることもあります。

銀行によってはリテール部門、法人部門を大きく分けて、その中にリテール企画、法人企画など企画を担当する部署を置いている場合もあります。

また、IT戦略が銀行にとってより重要になったことから、デジタル化関連部署が企画部門の中に置かれるケースが増えています。

総合企画セクション

総合企画は中期経営計画などの経営戦略をつくり、その進捗を管理します。

銀行全体を把握しているセクションなので、金融庁などの監督官庁の検査への対応や、経営の意思決定をする経営会議の準備なども行ないます。

組織を改編したり、業績目標を設定したり、人員数や給与体系の変更、大きなシステム投資なども、起案は担当部から出たとしても、最終的には、総合企画の承認が必要になります。つまり、経営に影響を与えるヒト、モノ、カネに関する大きな決定事項はすべて総合企画を通らないと進まないと考えればよいでしょう。

このような業務を担当するのですから、総合企画部門はもともと強い権限をもつはずですが、実態は銀行によって違います。経営戦略立案を総合企画部門の主導で行なうところもあれば、各部から出てくる企画を取りまとめるだけという役割になっているところもあります。

主計セクション

主計セクションは、一般企業の経理・財務部門にあたります。計数面、つまりカネの面から経営戦略の実施状況を管理するのが主計の役割です。銀行は多数の人からお金を預かって企業に貸す業務を行なっていますから、お金の出入りが精緻に管理されています。

主計は日々の資金の出入りを管理し、月次や四半期・半期ごとの決算を行ない、本決算時の財務諸表を作成しています。

Plan・Check・Actを担う企画部門

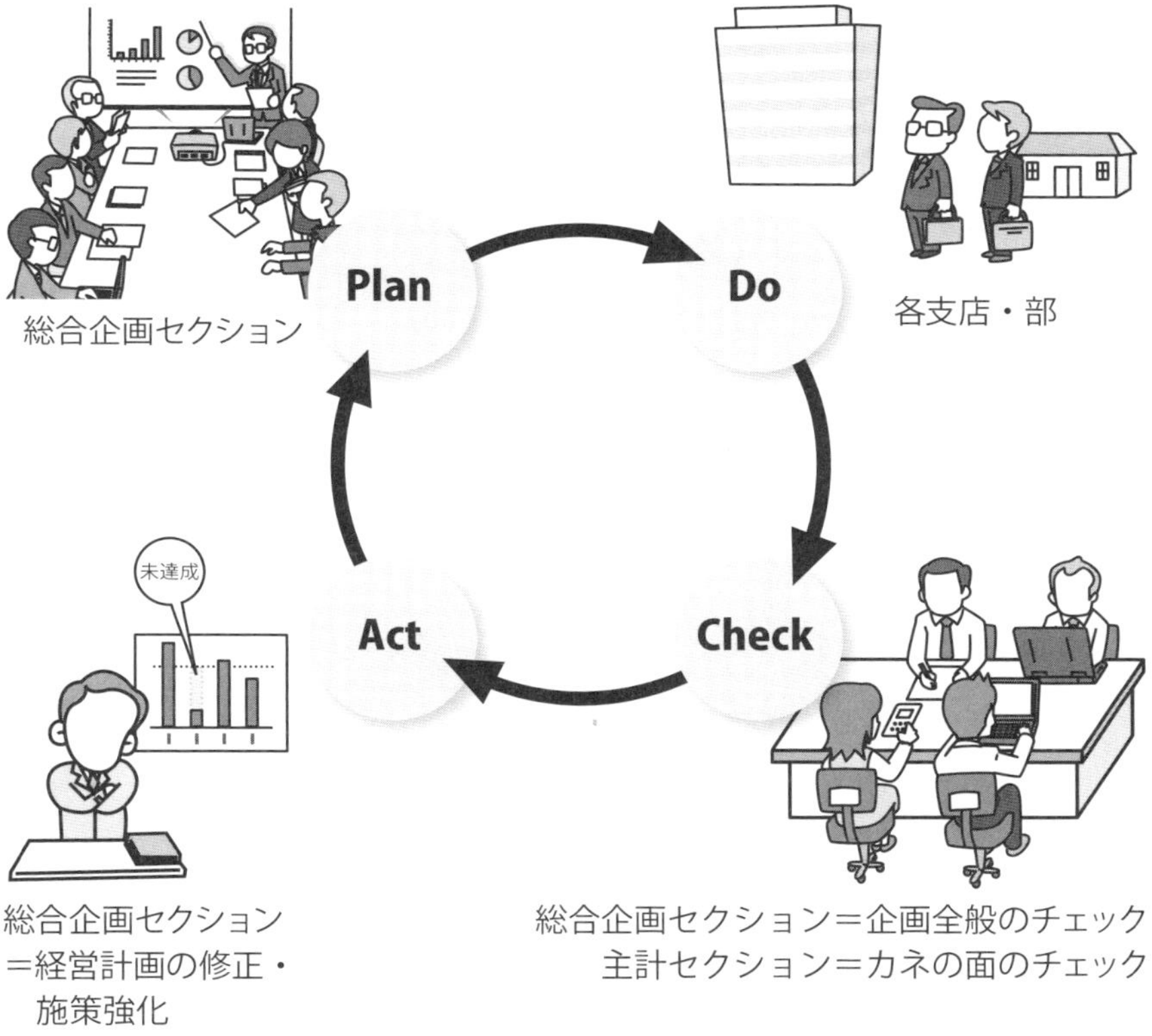

リスク管理セクション

リスク管理が部として独立していることもありますが、経営企画や主計と強い関連があるため、企画部門の中に置かれることが多いようです。主に資金・金利面でのリスクを管理するＡＬＭ（資産負債総合管理）やＢＩＳ基準対応なども企画部門が統括しています。

広報・ＩＲセクション

それ以外に企画部門には、広報・ＩＲ担当部門があります。株主総会の準備や、投資家説明会の開催、銀行全体のイメージ広告、マスコミへのニュースリリースなどを担当します。新聞・雑誌から取材申込みがあったときなどの窓口にもなります。

法令遵守などのコンプライアンス関連、企業の社会貢献活動に関するＣＳＲ（企業の社会的責任）などを統括するセクションが広報・ＩＲと並んで企画部門の中に置かれることもあります。

Section 6-3

市場部門の仕事

お金の需給を調節する独自の市場、〝マネーマーケット〟に参加して仕事をするのが市場部門です。

預金を預かったり、お金を貸したりするのは銀行の支店ですが、本部では両方の額のギャップを埋めたり、独自に市場で収益を稼ぐために、資金を動かしています。その業務を担当するのが市場部門です。

市場の種類

短期金融市場には、1年未満の短期の資金取引を金融機関同士が行なう「インターバンク市場」と、誰でも参加できる「オープン市場」の二つがあります。

長期金融市場には、株式や債券を扱う「証券市場」があります。短期金融市場をマネーマーケット、長期金融市場をキャピタルマーケットと呼ぶこともあります。

資金ギャップの調整

預金は日々満期になったり、新たに預け入れられたりしますし、貸出も毎日返済されたり新たに発生したりします。銀行は日々の資金が足りなければそれを埋めなければなりませんし、余っているともったいないので市場に出して誰かに借りてもらいます。

毎日の資金の過不足だけでなく、将来的にも資金の過不足は生じます。たとえば、期間20年の住宅ローンを貸せば、20年の間、貸出資金が必要です。資金を確保しようにも、20年の定期預金はないので、それを市場で調節することになります。このような場合、金利スワップ取引をしたり、債券先物やオプションなどを活用したりします。

銀行自身の投資

他方、資金ギャップの調節ではなく、銀行自身が運用収益を得るために投資するのもこの部門の担当です。運用対象は国内外の株式であったり債券であったり、通貨・金利の直物・先物、デリバティブなどさまざまです。ディーラーと呼ばれる人たちが担当します。

顧客の資金運用

個々の企業や個人のお客様がまとまった資金を運用するとき、金額が大きい場合は、一つひとつの取引ごとにレートを決めます。そのとき、顧客の取引と各市場をつなぐ役割を担うのがトレーダーです。

市場部門がかかわるマーケット

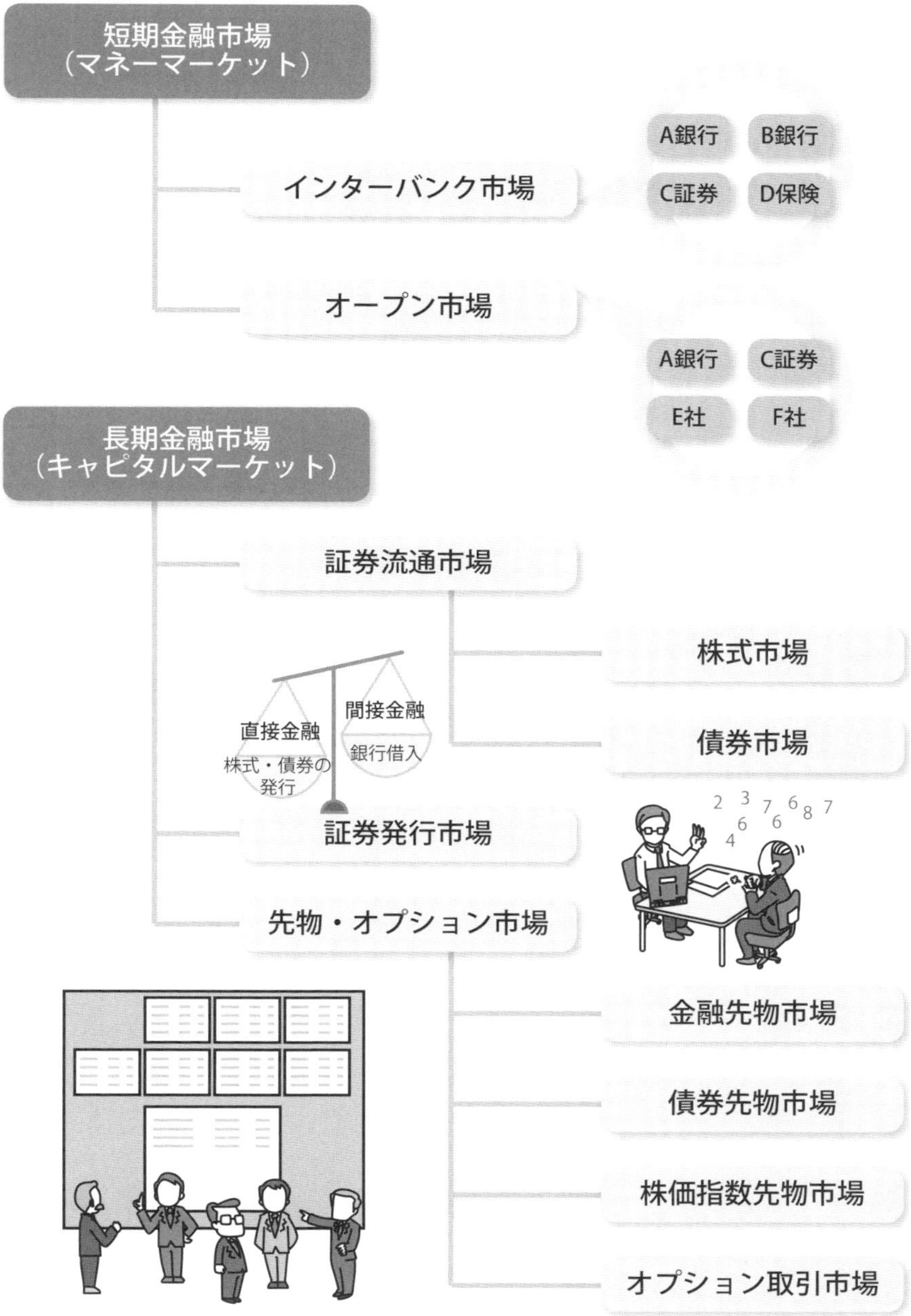
短期金融市場
（マネーマーケット）
インターバンク市場
A銀行
B銀行
C証券
D保険
オープン市場
A銀行
C証券
E社
F社
長期金融市場
（キャピタルマーケット）
証券流通市場
株式市場
債券市場
直接金融
株式・債券の
発行
間接金融
銀行借入
証券発行市場
先物・オプション市場
金融先物市場
債券先物市場
株価指数先物市場
オプション取引市場

Section 6-4

国際部門の仕事

銀行の国際部門は、
日本企業の海外ビジネスのサポートをします。

日本企業の海外取引をサポート

国内の企業が海外の企業に商品を販売する取引を行なう場合、また、その逆の場合、商品や代金のやりとりが発生します。銀行は、その間に入って、輸出入の取引がスムーズに進むように仲介したり、送金を代行したりしてサポートします。本部には、国内の各支店が行なっている、こういった外国為替業務を統括する部署があります。

輸出入にかかわる代金などのやりとりをするには、国内の銀行と海外の銀行の間に契約が必要になります。銀行同士がお金のやりとりをする場合、現金を物理的に送っているわけではありません。これが、国内であれば、「全国銀行データ通信システム（全銀システム）」を利用してデータだけをやりとりし、国内すべての銀行の貸し借りをそれぞれの銀行が日本銀行に開いている当座勘定で精算しています。

しかし、海外との間にはそういうしくみはありません。したがって、海外の銀行とお互いに「コルレス口座」という口座を開設し合い、その口座を使って資金を振り替えることによって決済しています。本部の国際部門は、このコルレス口座の契約を管理する仕事も行なっています。

日本企業の海外進出をサポート

日本の企業が海外に進出し、支店や工場をつくるとき、銀行は、現地の情報を収集して進出に関するアドバイスを行なったり、必要な資金を貸し出したりします。

国際部門には、情報収集や貸出を実行するための拠点をどの国のどこに、どんな形態でつくればよいかということを企画する部署があります。どの国にビジネスチャンスがあるかを見極める役割です。海外での貸出は、その国の政治・経済など、国内の貸出とは異なるリスクがあるため、専門に審査する「国際審査部」といった部署がある場合もあります。数多くの拠点を抱えているメガバンクでは、北米・欧州・アジアに、それぞれ企画・統括・審査を担当する部署を設けています。

海外の企業と取引する

企業の信用力とは別にプロジェクト

銀行と世界のつながり

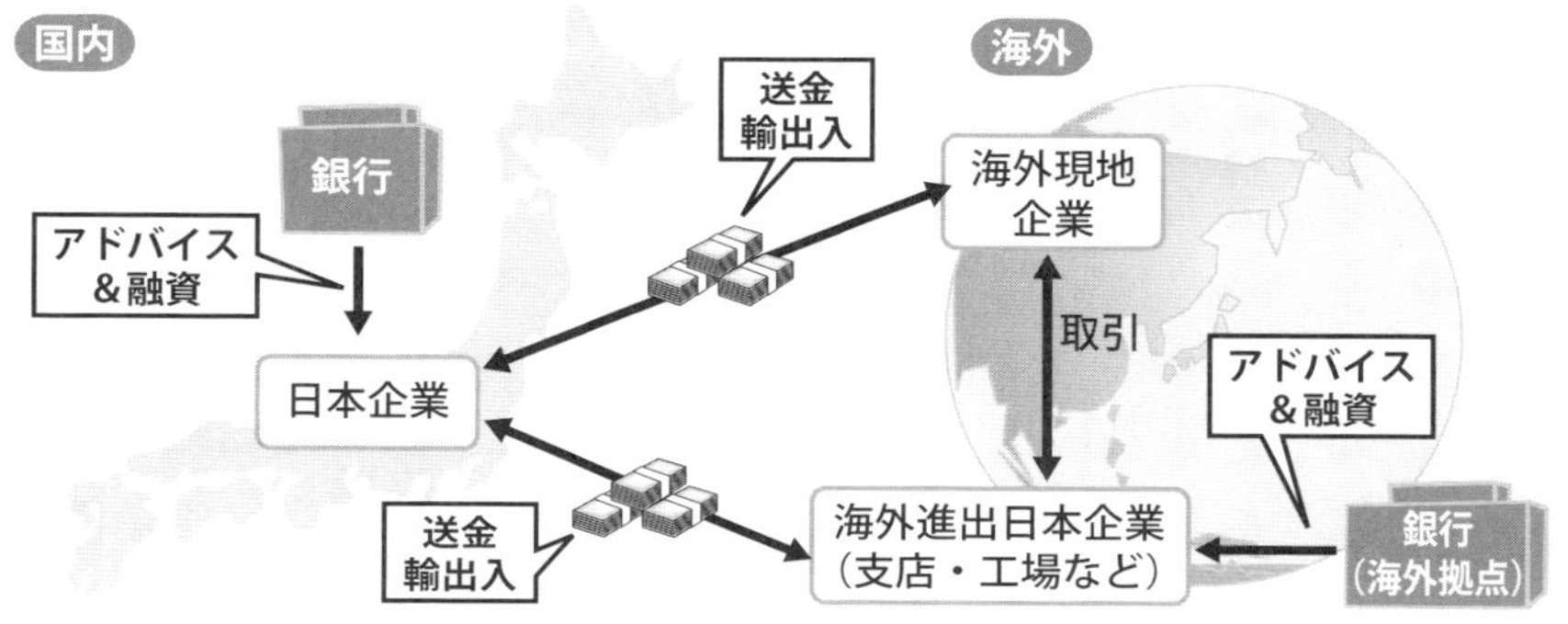

自体から生み出される収益をもとに融資を実行する「プロジェクト・ファイナンス」などの新しい融資手法は、米国などの金融先進国で開発されることがほとんどです。

したがって、国内で活用する前にまず、国際部門で活用することが多くなっています。新しい融資手法を専門的に取り扱う部署が国際部門の中にあるのはこういった理由が背景にあります。

この場合、顧客は日系企業とは限りません。海外の企業に融資することもよくあります。ただ、もちろん最初からそういった手法を主導的な立場で活用できるわけではなく、海外の銀行が組成した融資グループに参加して勉強することから始めるケースが多いようです。

海外拠点の数

海外に展開する拠点数は、日本企業の海外進出とともに増加、その後、バブルの崩壊で減少しました。2001年3月末には、メガバンク合計で14７支店、地方銀行合計で23支店が海外にありましたが、2008年3月末には、都市銀行合計で74支店、地方銀行合計で14支店に減りました。その後、国内の景気停滞から海外進出が再び見直され、2021年3月末には、メガバンク合計で101支店、地方銀行合計で15支店に増えています。

銀行が海外に拠点を設ける場合は、現地法人・支店・出張所といった銀行業務ができる形態以外に、「駐在員事務所」という形態があります。駐在員事務所は、貸出などの銀行業務は行なわず、現地での情報収集と、日本のお客様が現地を訪問したときの案内を主な仕事にしています。

支店への昇格を目指していない駐在員事務所は、バリバリ働きたくない銀行員にとって少し「美味しい」仕事ですが、銀行収益にかげりが見えると真っ先に引き揚げられるのが常です。

Section 6-5

システム部門の仕事

銀行は巨大な情報産業。複雑なＩＴ基盤をシステム部が支えています。

銀行の業務はＩＴ（情報技術）なしでは成立しません。毎日のさまざまな金融取引が瞬時に間違いなく処理されるのはＩＴの力によるものです。FinTechの台頭、ネットバンキングとキャッシュレス化が同時進行する中、ＩＴの重要性はますます高まっています。そのシステム基盤を企画し、保守運営するのがシステム部です。

システム部の構成

システム部は「企画」と「保守運営」の二つのセクションに分かれています。

銀行に新しいＩＴ技術を導入したり、既存のシステムの改良を提案したり、さらには実用化までもっていくのが企画セクションです。一方、システムを日々動かしたりメンテナンスしたりするのが保守運営セクションです。銀行のシステムに問題が生じると、経済の血液であるお金の流れに支障が出ます。保守運営は非常に重要です。かつては電子計算センターと呼ばれるシステムの保守運営セクションがどの銀行にもありましたが、最近ではコスト削減のために、この部門を切り離して子会社化するか、外部のシステム会社にアウトソースする銀行がほとんどです。

システム企画の実際

銀行の業務内容も、情報技術も日々進化しています。銀行業務が変われば必ずといってよいほどシステム対応が伴います。とはいえ、システム企画セクションが、実際にプログラムを書くことはあまりありません。ＩＴが高度に発展したため、それぞれの専門家でなければわからないことが多くなったからです。

業務プロセス変更ニーズは個人部、法人部といったユーザー部門から発生し、それに対応するプログラムや機器を納入するのは外部のＩＴベンダーです。システム部はユーザー部門とＩＴベンダーをつなぐ役目をするのです。

業務ニーズとシステム対応

業務の大幅変更に伴って発生するシステムの大規模な変更には、ユーザー部門・システム部門・開発ベンダーの三者で構成するプロジェクトチームが編成されます。

銀行間オンラインシステム変更（一

次オンから三次オン、さらにオープン系勘定系システムなど）に伴う作業、コンピュータの2000年問題、銀行同士の合併などはシステム部が総力をあげて取り組む巨大なプロジェクトです。ホストコンピュータ（メインフレーム）の巨大化と複雑化が進みすぎたことと、コンピュータの性能の向上から、最近では、勘定系システムをオープンシステムとして複数の銀行が共同開発するプロジェクト、ブロックチェーン技術を活用するプロジェクトなども進行しています。

　その他のプロジェクトの例としては、以下のようなものがあります。

【支店の事務変更関連】
- 融資稟議審査プロセスの電子化
- 融資審査の自動化
- 顧客届出印のイメージ化と電子照合
- 伝票のイメージ処理
- 営業店端末のインターフェイス更新

【チャネル関連】
- 店舗統廃合に伴うシステム対応
- コンビニとのＡＴＭ提携
- ネットバンキング整備
- モバイルバンキング整備
- ＡＴＭへの生体認証システム導入

【新商品関連】
- キャッシュカードのＩＣカード化
- 投資信託・保険の残高管理システムと勘定系の連動

【その他】
- 勘定系システムのオープン化
- 重要文書のＩＣタグ管理

システム企画の役割

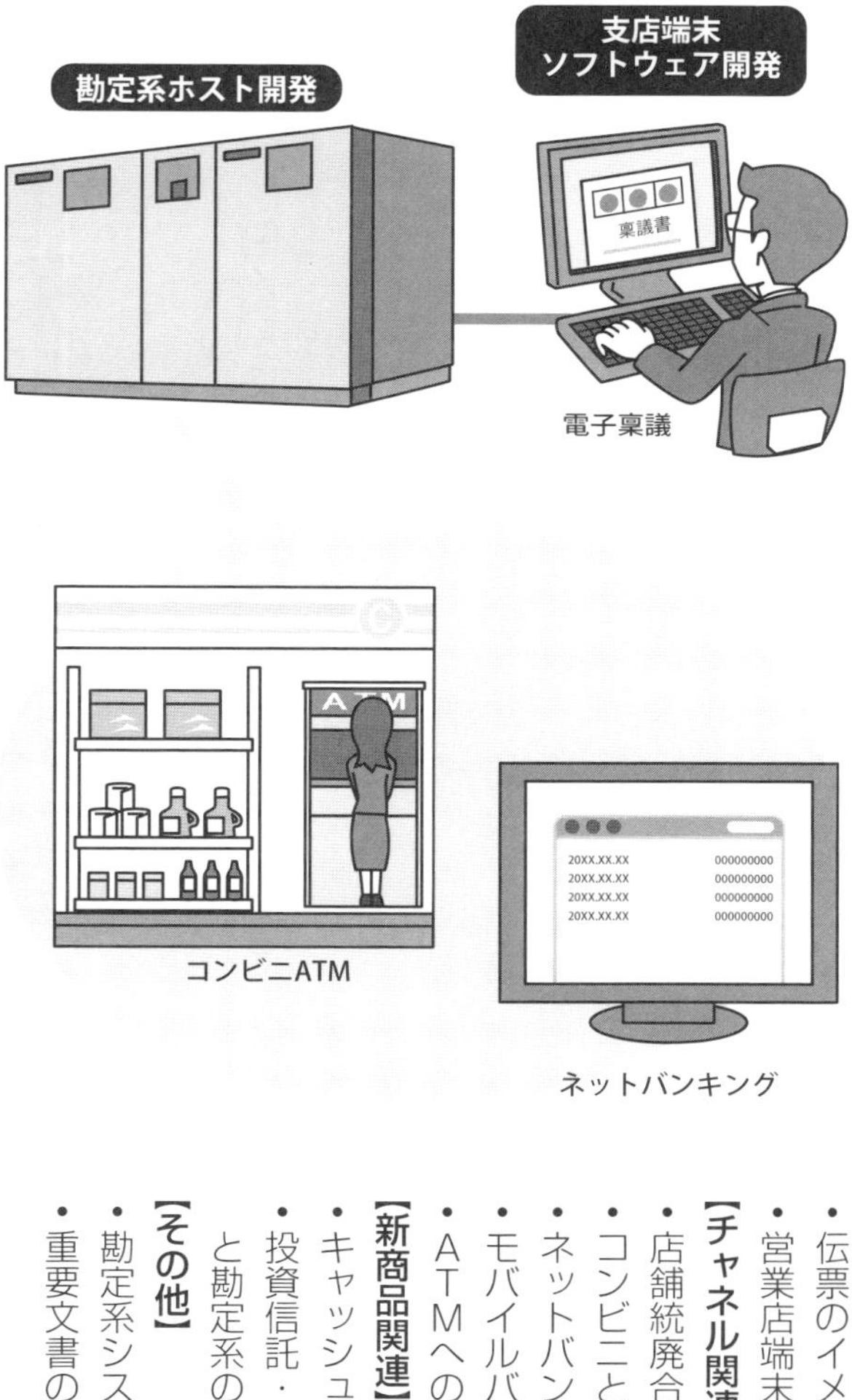

Section 6-6

事務部門の仕事

裏方として支店や本部の事務処理の堅確化と効率化を担うのが事務部門です。

事務部門には、銀行事務の規定を定め、それが守られているかをチェックする事務統括セクションと、支店や本部の定型的な事務を引き受ける事務センターの二つのセクションがあります。

事務統括セクションの仕事

銀行の事務手続きは細かいところまでルールで決められており（☞80頁）、事務規定集としてまとめられていますが、その分量は百科事典のような分厚いファイルで10～15冊にもなります。

たとえば新商品開発に伴って新たな事務手続きが必要になった場合、担当部から依頼を受けて、ミスが起こりにくく効率的な事務プロセスとなるように整備して、規定集に追加し、同時に必要な帳票、申込書、伝票類の形式を決めたりするのが事務統括の仕事です。

さらにそれらの運用が正しく行なわれるように支店に行って指導したりチェックをしたりすることもあります。

支店では稀にしか起こらない事案が発生すると、オペレーションがわからないことがよくあります。担当者は規定集を調べますが、それでもわからないときは、事務部に電話して聞きます。

事務センターの役割

もう一つの事務部門の重要な役割は、支店や本部の定型的な事務をまとめて処理する「事務センター」の運営です。いくつかの支店の事務をまとめるため、地域ごとに設置されています。

事務センターには小切手・手形交換センターや外為、振込、メールセンター、コールセンターなどがあります。センターは書類の開封、内容チェック、仕分け、専用端末への入力、支店とのやりとり、ファイリングなどの仕事をしています。

事務センターは単純作業を一か所で集中して効率的に行ない、支店の負担を減らそうという狙いで設置されています。それらの仕事を実際に行なうのは現在ではほとんどが派遣やパートなどの非正行員です。センター長など監督業務のみを正行員が行なっています。

業務別の事務センターの仕事

事務センターは業務別に分かれています。

手形交換センターでは、各支店から

メールカーと事務センターが銀行の事務を支える

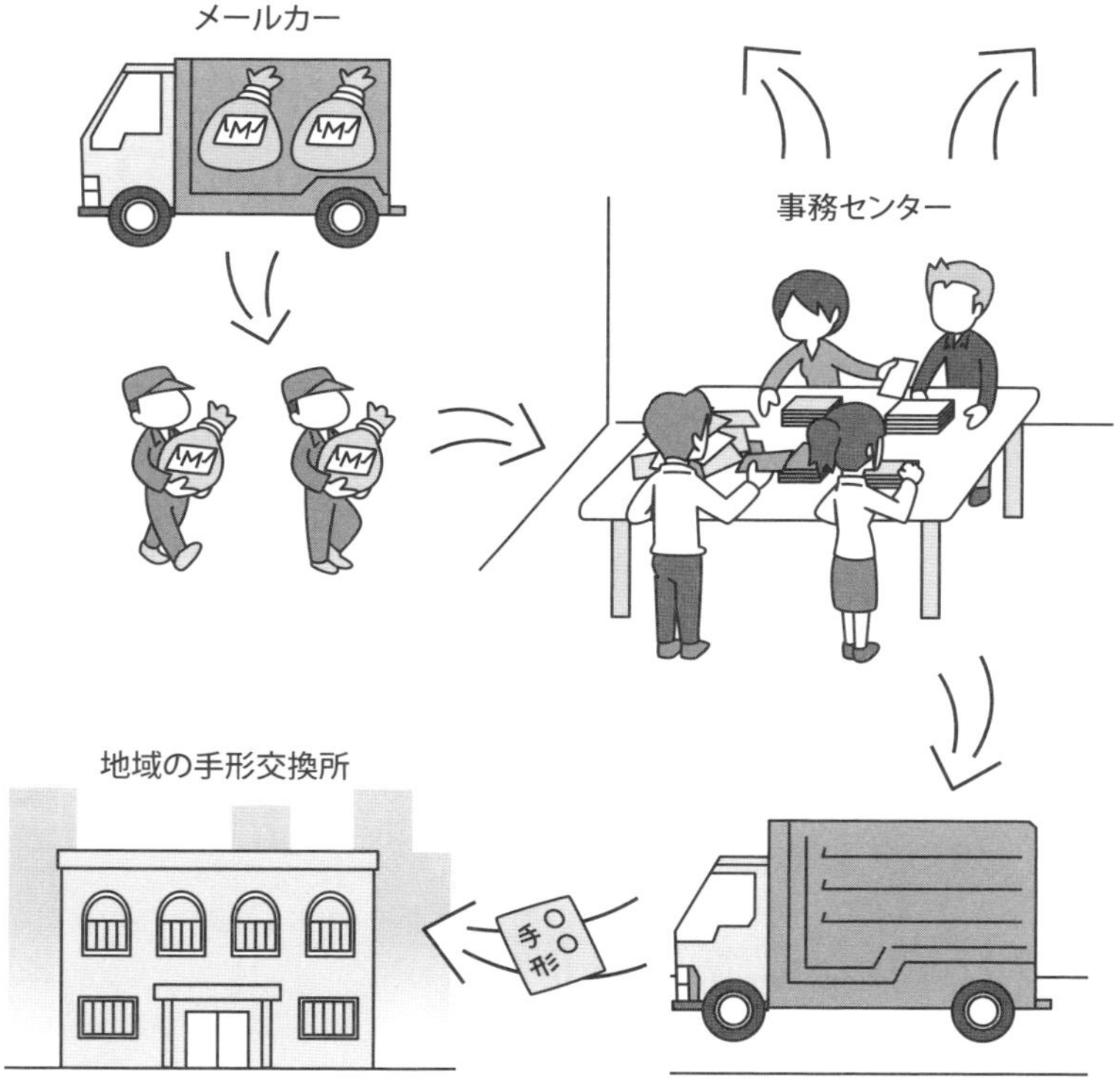

その日集まった手形や小切手を種類別に分類して集計し、手形交換所にもち込みます。いまのところ紙の手形が交換所に運ばれていますが、電子手形（でんさい）に移行中で、2026年には全面的な電子化を予定しているので今後はこの業務はなくなります。

振込センターでは、企業や個人から依頼のあった振込を専用端末で入力します。口座番号や金額のチェック、記入ミスなどの問題があった場合の連絡などを担当します。

メールカーが支店と本部をつなぐ

専用のメールカーが定期的に巡回して支店や本部の書類のやりとりを行ないます。やりとりをするのは、支店からセンターへの手形・小切手などの重要書類、支店から本部への稟議書や報告書類、本部から支店への通達や帳票類などさまざまです。

支店には朝夕必ずメール便が来ます。朝は当日ATMや窓口で必要な現金を届け、夕方には残った現金と、当日中にセンターにもち込まなければならない事務処理の書類を引き取っていきます。

Section 6-7

リスク管理部門の仕事

銀行はさまざまなリスクを一定範囲内に抑えなければ、営業が許されない業種です。

銀行は社会経済に影響が大きい業種です。ＡＴＭが止まったり、銀行の経営状態が悪くなったりすると、多くの人が迷惑します。そのため銀行は、金融業務に関するさまざまなリスクを管理する部門をもっています。

銀行業務に関するリスクの種類

銀行が抱える主なリスクは、市場リスク、信用リスク、オペレーショナルリスクの３つです。これらのリスク管理では、「自己資本比率規制」（通称「ＢＩＳ規制」または「バーゼルⅢ」）と呼ばれる外部基準を満たすことが国際的に求められています。

バーゼルⅢとは？

バーゼルⅢとは２０１０年に国際決済銀行の中にあるバーゼル銀行監督委員会から出された銀行の自己資本比率の国際基準のことで、世界的な金融危機の再発を防ぐために設定されたものです。これをクリアしないと銀行は国際業務が行なえず、実質的に銀行として営業できません。簡単にいえば、銀行はリスク量に見合った自己資本（返済義務のない資本）をもたなければならないということです。

ＢＩＳ規制では３つのリスクを精緻な計算で数値化する方法が定められています。一般にいう貸し渋りなどが起きるのは、この基準によるリスク量を抑えるため、という側面もあります。

また、銀行がリスクを自己管理するだけではなく、各国の監督官庁がきっちりそれを監督すること、リスク管理について情報を公開することも求められています。

市場リスク

金利・為替・株式などの相場が変動することで、銀行が損をする可能性を「市場リスク」といいます。銀行にとっては中でも金利リスクの影響が大きく、リスクが一定量を超えないように預金・貸金の量や期間を調整したり、オプションやスワップなどの新しい金融技術を使ったデリバティブ（金融派生商品）を利用してリスクを減らしたりします。

各銀行に、これを専門的に行なうＡＬＭ（資産負債総合管理）部門が置かれています。

銀行のリスクを規制するバーゼルⅢ

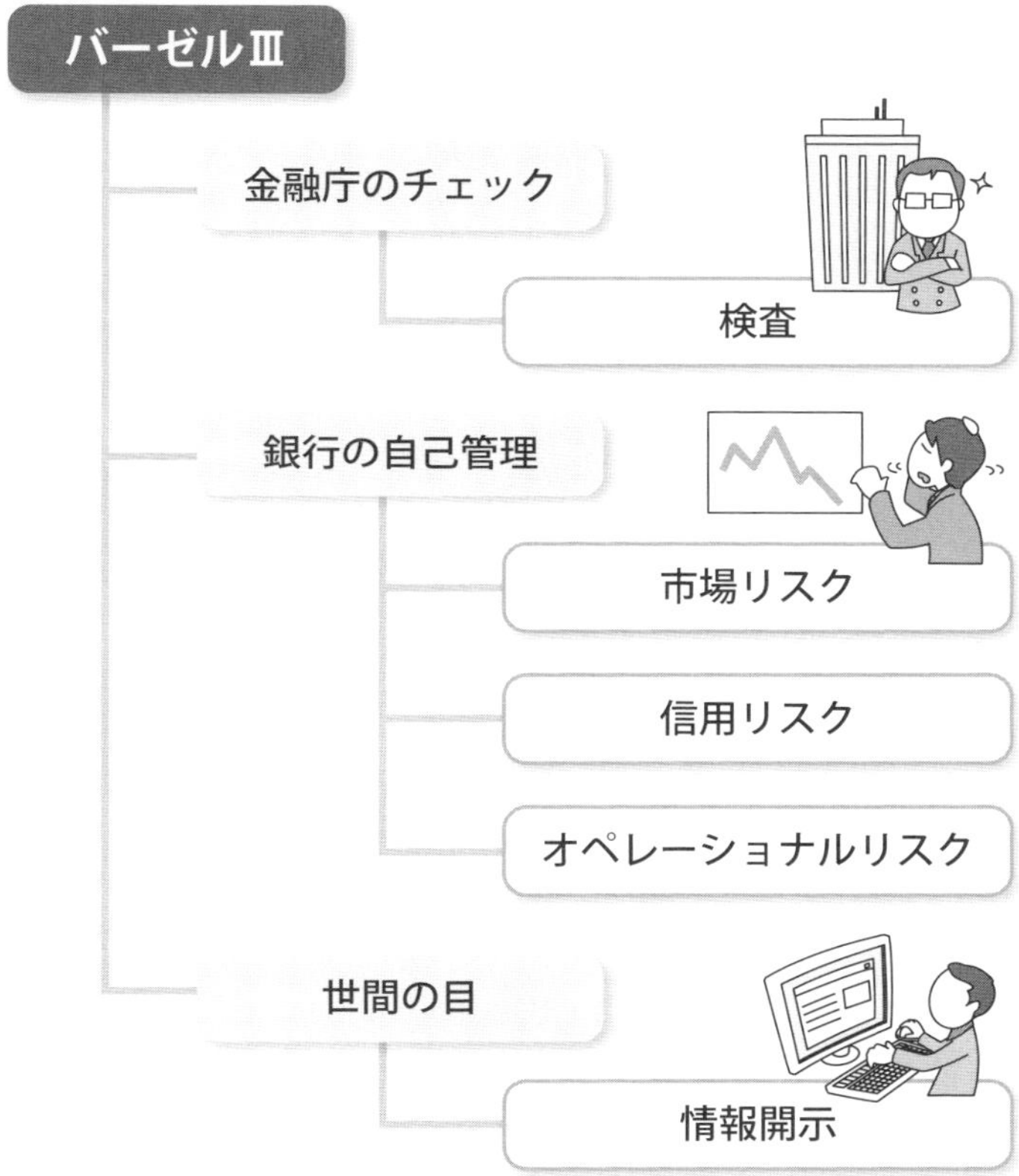

信用リスク

貸出先の企業や個人が倒産などで返済不能になり、銀行が貸倒れによる損失を被る可能性を「信用リスク」といいます。銀行は、貸出先を返済不能になる可能性によって定期的にランク分けしています。自己査定と呼ばれるものです。

このランクによって信用リスクのウェイトが決まり、貸出額とウェイトをかけて信用リスクの量を計算します。これがＢＩＳ規制の基準を満たさなかった場合、信用リスクを減らすために銀行は「クレジットデリバティブ」という金融派生商品を売り買いしたり、保証をとったり、いざというときに相殺できる安全な資産を積み増したりしなければなりません。

オペレーショナルリスク

「オペレーショナルリスク」は事務に伴うリスクで、銀行に限ったリスクではありません。システムが障害を起こしたり、人的なミスや不正が発生したり、法的に訴えられる、風評被害にあうといった幅広いリスクを指します。

他のリスクと同様に計算によってリスクの量を数値で算出します。プロセスや人やシステムを適切に管理していくことで対処することになります。

Section
6-8

審査部門の仕事

審査部門では、企業や個人に対する貸出をしてよいかどうかの審査をしています。

審査部にはどんな人がいくの?

審査は、支店から上がってくる難しい融資案件の可否を判断しなければならない重要な仕事です。判断を誤って貸倒れが起こると、銀行に大きな損失が生じます。そのため審査部には貸出審査のプロが配属されます。支店で融資課の課長職に長くついて経験が十分ある人や支店長経験者が多いようです。

審査の手順

顧客から借入の申込みを受けると、支店の渉外係や融資係が融資稟議書を作成します。融資額や期間や金利水準、企業の信用力などが一定の条件を満たしていれば支店長が決裁できます。これを「支店長専決稟議」と呼びます。

一定条件から外れるもので、それでも支店側が貸出をしたいと思う案件については、本部の審査部の判断を仰ぐことになります。本部に上げるものを「本部稟議」と呼びます。

審査部は、支店から送付されてきた稟議書と決算書や担保物件などの付属書類をみて、支店とやりとりしながら最終的に貸出をする、しない、また貸出をする場合の金額・期間・金利・担保や保証人の条件などを判断します。

支店は、難しそうな案件だと思ったら事前に審査部に相談することもあります。審査部は、その企業のキャッシュフローなどをみて返済可能なスケジュールを組むなど、貸出のアドバイスをすることもあります。

審査部で扱う貸出案件とは?

支店長専決稟議と本部稟議を分ける基準は、各銀行独自のものがあり、支店の規模によって異なります。たとえば、ある信用金庫では、５００万円以上の貸出はすべて本部稟議になります。ある地方銀行では、中規模の支店であれば５０００万円以上、大規模支店であれば1億円以上といった具合です。

審査でみるもの

審査で審査部がみるのは、その企業や個人が借入の元金・利息を返済していく能力があるかどうかです。すでに銀行貸出を行なっている企業に対して銀行が付けている格付や最近の業況、財務状態はもとより、業種、過去の取引状況などを参考にして慎重に検討します。

同時に、借入目的に嘘がないかどう

銀行における審査の流れ

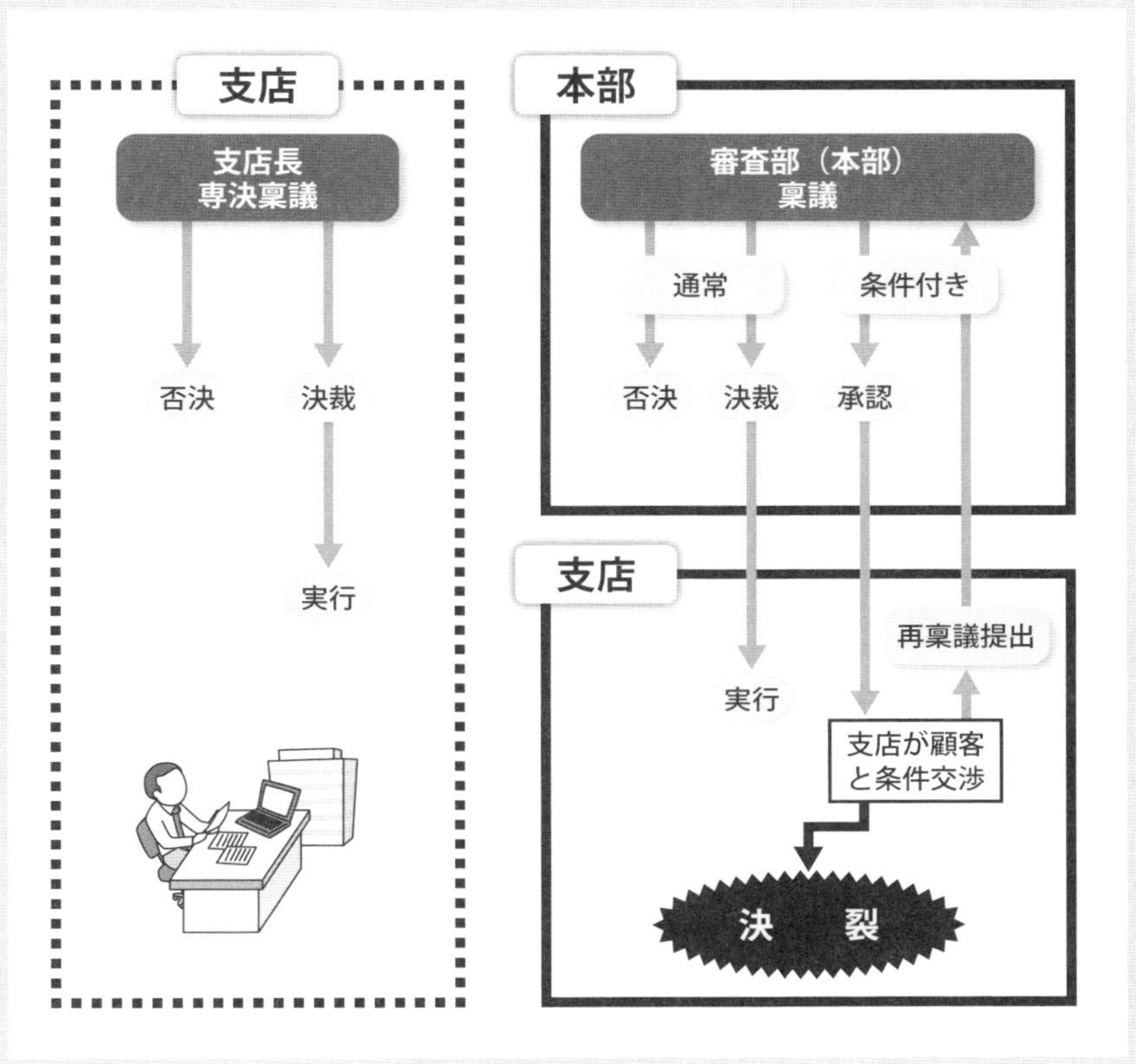

かも重視します。たとえば、経営上必要で健全な運転資金のようにみせているけれど、実は他の銀行からの借入の返済にあてているといったケースは、返済が滞る可能性が大きいので、見抜かなければなりません。

さらに、万一返済不能になったとき、元金・利息がカバーできる担保があることは大きなポイントでしたが、最近はあまりに担保を重視しすぎないように、金融庁から指導されています。スタートアップ企業への融資ができなくなるなど弊害が大きいからです。

審査部と支店の関係

稟議が条件付承認となった場合には、支店の渉外係は条件をクリアするために顧客と交渉して、再度稟議を上げることになります。成績を上げたい支店側と、貸倒れを極力防ぎたい審査部とは、利害が相反することもあり、微妙な関係ともいえます。

Section 6-9

マーケティング部門の仕事

ほとんどの銀行には、いまだに、マーケティング部門がありません。

金融庁がマーケティングを指示！

２００５年８月、金融庁が金融機関に対し、利用者満足度調査を実施し、利用者保護およびマーケティングを行なうように指示しました。他の業界からみれば信じられないような話ですが、お上《かみ》が民間企業に、「競争に生き残るためにマーケティングをしなさい」と指示したのです。

それぐらい、銀行はずっとマーケティングとは無縁の業種でした。ひと昔前まで、いや、いまでもかなりの部分で、銀行はその規模を問わず、メガバンクから地方銀行・信用金庫・農協に至るまで、渉外係の訪問販売に頼った営業を続けてきています。規制に縛られ、護られていた時代は、商品やサービスで差別化することは難しく、外回りをする銀行員たちの熱心さと人柄だけが、唯一、差別化できる要素だったのです。したがって、本部の主な仕事は、支店の目標を立てることと、その目標を達成するように支店の尻を叩くことでした。営業統括部といった名称の部署で、いまだにこういう仕事をしているところもないとはいえません。

金融庁が利用者満足度調査の実施状況を報告するようにと指示したので、ほとんどすべての銀行が顧客調査を実施しました。しかし、その大半が「報告のためのアリバイづくりのための調査」であり、それをきっかけに、本気でマーケティングに取り組もうとしたところは、ほんのわずかでした。その結果、まだ、ほとんどの銀行に経営戦略と対応して売れるしくみづくりをする、本来の意味でのマーケティング部門はありません。現在ある銀行のマーケティング部はデータの分析をしてプロモーションをかける顧客リストをつくったり、業界共通の商品を販売できる状態にするような仕事をしています。

マーケティング部門が担う多くの仕事

本来、マーケティング部門が真っ先にしなくてはならないのは、自分たちの顧客像を理解することです。たとえば、どんなお客様が自分たちのどんな強みをどう評価してくれているから、この先、取引を増やそうと思ってくれているのか。こういった、銀行としての経営戦略を立てるのに必要な材料を経営企画部門に提供することが、まず最も大切な役割になります。

戦略が明確になれば、具体的な施策を考える段階に入ります。お客様が求めている商品やサービスを理解し創りあげるために、商品企画部署と共同で開発をします。

お客様が求めているものが完成すれば、「いいモノがある」ということをお客様に伝える必要があります。この段階では、広告・宣伝を担当する部門と一緒に仕事をします。「いいモノがある」ということが伝わっても、平日の9時から15時までしかお店が開いていなければ、買いに来られる人は限られているかもしれません。営業時間を延長しようと思えば、システム部門にシステムの稼動時間を延ばしてもらい、事務部門に事務プロセスやメール便の時間を変更してもらい、人事部門に人の手当をしてもらう必要があります。それだけの人たちを動かすためには、顧客調査結果などのきちんとした裏付けが必要になります。

せっかくお客様が買いに来てくれても、応対する銀行員のスキルややる気が足りなかったら、それで終わりです。

銀行員がお客様からどうみえているのか、どうすればお客様が喜んでくれるのかを把握するのも、マーケティング部門の役割です。

これだけやるべきことがいっぱいあるのですから、今後銀行にマーケティング部門ができるのは時間の問題です。この本の読者の方、「私がやりたい」って手を挙げてみてはいかがですか？

マーケティング部門がすべきこと

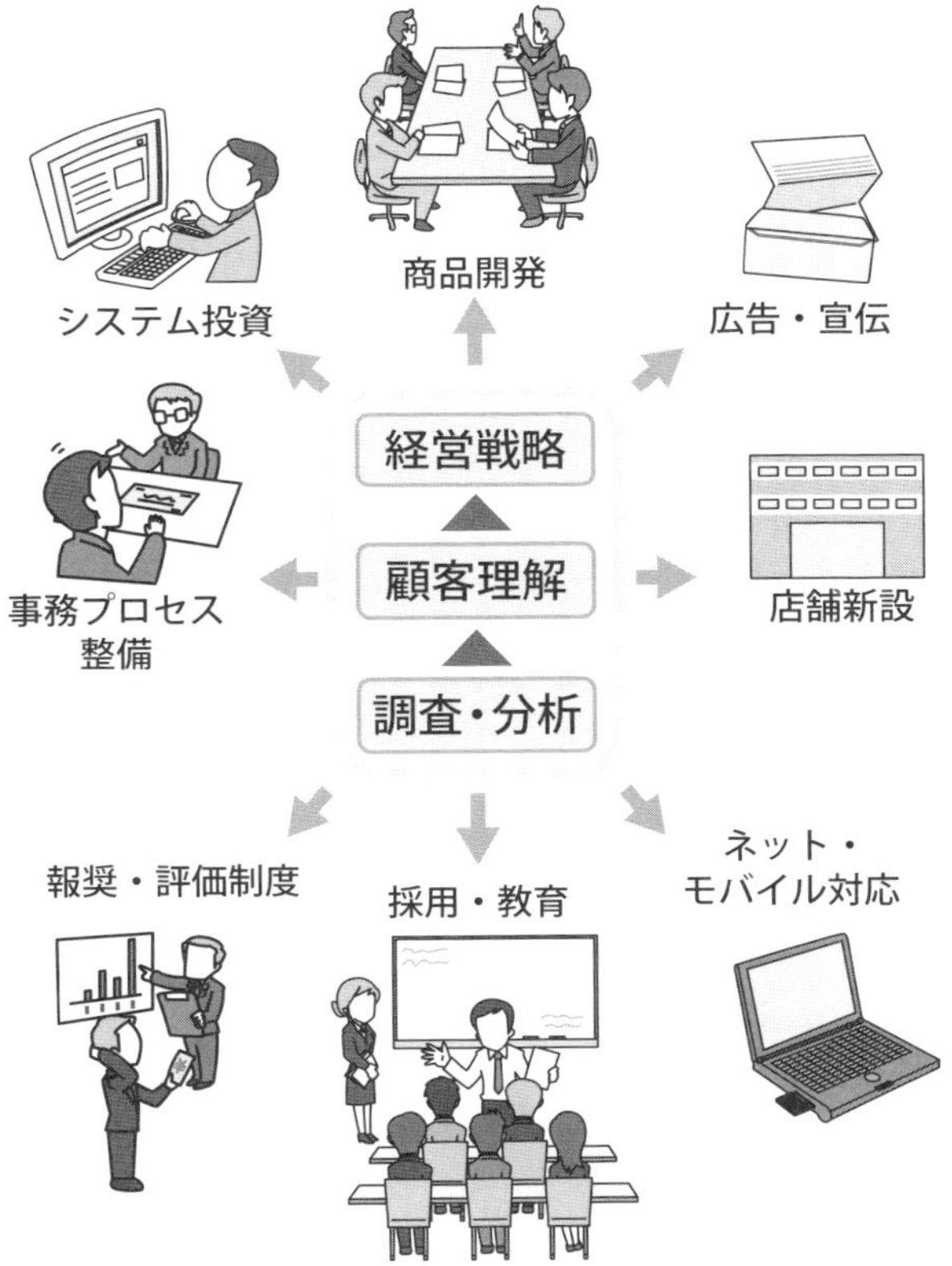

column ❼ いつの間にか借入が……
自動融資にご注意！

借りたおぼえがまったくないのに、カードローンの明細が送られてきてびっくりした！　そんな話を聞いたことはありませんか？

住宅ローンの返済に残高が足りなかったとき、あとから気付いたらカードローンで借入して返済していることになっていた──。

家電量販店で買い物をして、デビットカードで支払をしたら、普通預金の残高がマイナスになっていた──。

このように身におぼえのない借入が発生する可能性は２パターンあります。

１つは普通預金（総合口座）の貸越機能です。普通預金の残高が足りないとき、一定の金額まで（定期預金があれば、定期預金額の９割まで。同時に金額に上限がある場合もある）自動的に貸越で引落しを完了させる機能です。

ＡＴＭで現金を引き出す、公共料金やクレジットカードの自動引落し、店でデビットカードを利用して支払をする場合などで残高が不足していたら、普通預金がいったんマイナスになり、預金者が入金すれば借入を自動的に返済し、借入期間の利息をあとでとられるというしくみです。

もう１つのパターンはカードローンに付いてくる自動融資です。

カードローンを申し込む際、返済用の口座を指定します。返済用に指定した普通預金口座が残高不足になったときに、自動的にカードローン借入が発生するというものです。

カードローンの自動融資機能は、対象が金融機関によって異なります。ほぼ共通しているのは、クレジットカードと公共料金の支払は対象になり、自行カードローン返済は対象にならないことです。デビットカード支払に適用されるかどうかは金融機関によって違っています。こちらは、希望する人が申し込む方式と、カードローンに最初からセットされているものがあり、申し入れてセットからはずすこともできます。

残高が足りなくなったときに便利だからと、積極的に使われているケースも多くあります。しかし、あとから「そんなはずはない」という利用者が多数出てくるということは、銀行側から十分に説明がされていないのかもしれません。

どちらも契約上は問題ありません。「貯める・借りる」両方できるのが総合口座のメリットで、自動的に貸越になることが「便利」で「安心」なのだ、という意識が銀行の説明からは感じられます。しかし、ある顧客には「便利なサービス」でも、ある顧客にとっては、「余計なお世話」になっているケースもずいぶんあるのではないでしょうか。

第7章 部署別の銀行員の1日

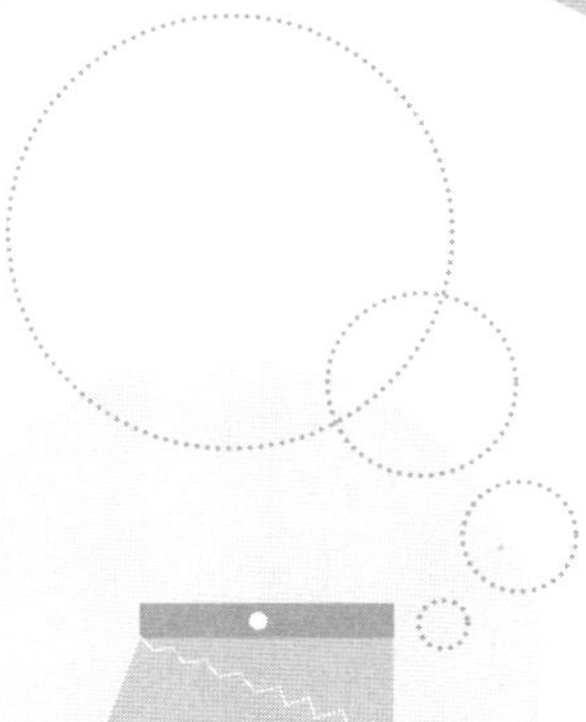

Section 7-1

頭取の1か月（地方銀行頭取の場合）

銀行の頭取は行内外の行事や会議、取引先との面談など、多忙を極めます。

第1週目

週前半は地元のIR（Investors Relations）ミーティングでアナリストや地元株主向けに経営戦略を発表します。地銀は営業地域が県内全域で、取引先に自行の株を保有してもらっていることが多いため、本店だけではなく、県内数箇所でIRミーティングを開催します。

週の後半は機関投資家の多い東京、大阪で同じくIRミーティングを行ないます。

第2週目

毎月第2週目の火曜日は、地方銀行協会の頭取例会が東京で行なわれます。例会は地銀64行の頭取が集まる重要な情報収集の場なので、必ず出席します。地方銀行全体で意見を統一して監督官庁に要望を出したり、全員の会合後に各小委員会に分かれて個別テーマを話し合ったりします。

例会に合わせて東京でのアポイントメントはまとめてその週に入れます。支店の取引先への表敬訪問、会食、金融系の雑誌の取材を受け、地元企業の東京支店開設のお祝いイベントに出席するなど、この1週間は東京滞在です。頭取社宅が東京にある場合もありますが、特定のホテルを定宿としている頭取もいます。

第3週目

週明け、定例の取締役会、さらに部長・支店長全員が集まる経営会議が行なわれます。今回は議題が多いため、朝から昼食をはさんで夕方までかかります。

頭取のある1か月

第1週目	第2週目	第3週目	第4週目	月末
IRミーティング（東京・大阪） IRミーティング（地元）	イベント出席 会食、取材 地方銀行協会の頭取例会 東京滞在	ゴルフコンペ 大口取引先訪問 一般行員との座談会 支店の視察 取締役会・経営会議	社内外の人から情報収集 大型案件のプレゼンに出席 中期経営計画ミーティング	会合に出席 セミナーでスピーチ

その後、地元有力企業の社長と会食します。営業推進という意味でも、頭取は取引先企業の経営者と会う機会を多くしています。

翌日からは各エリアを統括する大規模支店を視察に回ります。今期の経営方針を徹底するため、支店長・次長と面談後、業務終了後は座談会形式で一般行員とミーティングをします。空いた時間には、その支店の大口取引先を訪問します。週末は地元企業の社長たちとゴルフコンペです。

第4週目

来期スタートの中期経営計画に関して各担当取締役とミーティング。その後、総合企画部の中期経営計画を策定する担当者とディスカッションです。

大規模なシステム投資案件が出ているため、翌日はコンピュータ・ベンダー選定のための最終プレゼンテーションに出席します。午後には、東京から来た識者との面談があります。最近の競合他社の動向も知りたいので、こういう面談は積極的に受けています。時間が空くと社外取締役や監査役から意見を聞いたり、本部内の他の階をのぞきに行ったり、企画部や人事部の行員たちと話をしたりします。

翌日は地元の商工会議所主催のセミナーの冒頭スピーチをしたあと、銀行のグループ企業であるカード会社、保証会社、経済研究所などの社長の集まりに出席します。

Section 7-2

支店長の1日

支店という一国一城の主である支店長。ノルマに追われつつ、地元の名士扱いされることも。

　支店長ともなると、1日の過ごし方は人によってさまざまです。支店の中では誰かの指図を受けることはないので、ある程度自由に行動することができます。

8時台 出社

　出社して、支店の行員の出社状況を確認します。また、メールや本部から出される通達をパソコンでチェックします。新聞をよく読んで、取引先の情報が載っていないかみておくことも大切です。死亡欄も必ずチェックします。取引先の先代社長の葬儀などには必ず参列するからです。

　開店前に毎日全員で朝礼をする支店長もいます。

9時～

　支店長を訪問してくる取引先への応対をします。来るのは富裕層の個人顧客や大口貸出先の企業の社長や役員などです。支店長だからこそ聞き出せる重要な話やニーズを話してもらわなければなりません。

　来客がない時間は、本部からの通達を読んで方針を理解したり、支店の稟議の承認決裁をします。渉外係から出された稟議書が、課長や副支店長の承認を経て支店長のもとに上がってきます。

　疑問があれば、担当者を呼んで説明を求めます。支店の取引先は何百もあるので、内容を把握しきれていないことがあるからです。案件内容や取引先の実態を確認したら「支店として実行すべき案件かどうか」という視点で判断します。

昼休み

　社員食堂で昼食をとります。支店長といっても、食べるものは他の行員と同じです。

支店長のタイムスケジュール

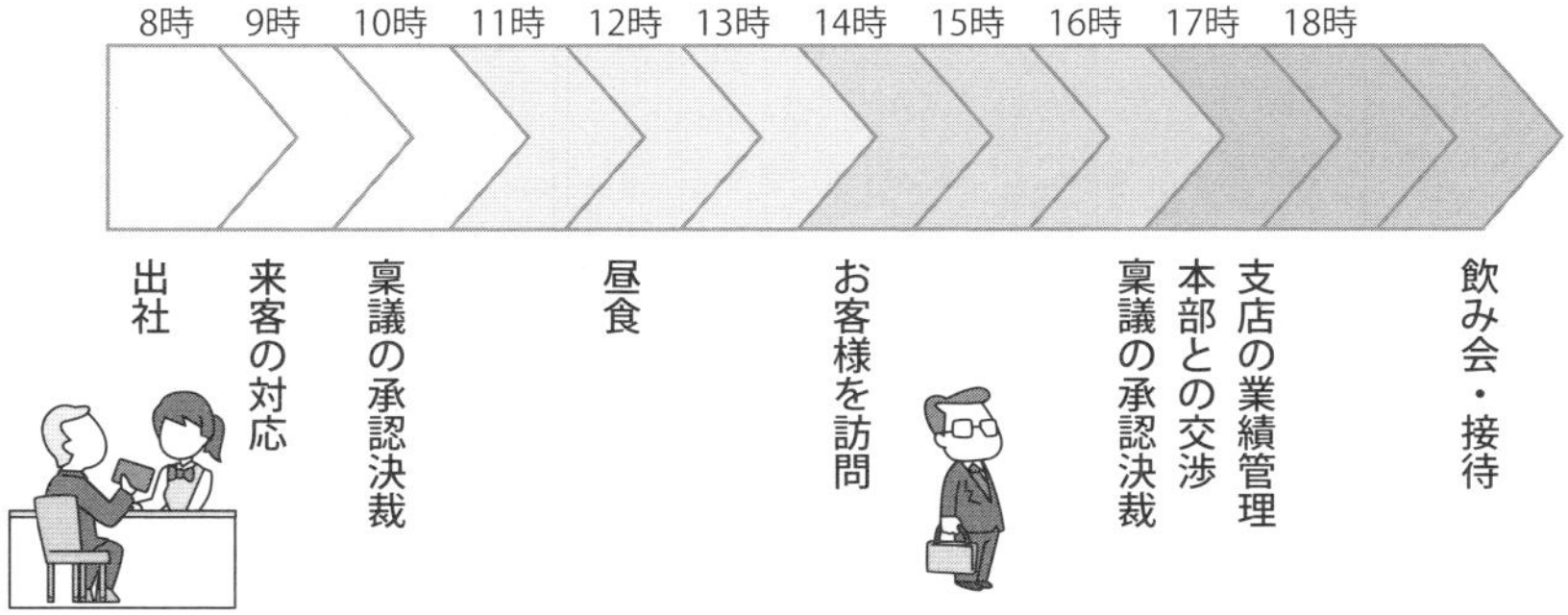

午後～

取引先を訪問します。一人で行くこともあれば渉外係と一緒のこともあります。情報収集や、案件が成約したあとのお礼のごあいさつ、決まりそうな案件の最後のひと押しなどが目的です。ハイヤーや支店長車で送り迎えをすることが多いですが、経費削減で支店長専用車をやめた銀行もあります。

訪問が終わったら、また稟議書の検討です。すべての稟議が最終的には支店長に上げられるので、どんどん承認するかどうかを決めなければ間に合いません。案件をスムーズに進めるために、本部（特に審査部）と交渉もします。

支店の業績を管理するのも重要な仕事です。貸出金の残高、投資信託残高、事務レベルの向上などの目標達成状況をチェックします。数字がよくない項目については推進担当者や課長などに説明を求めます。

18時～

部下と飲みに行ったり、取引先との接待に行ったりします。

土日・祝日

取引先とのゴルフ接待に出かけます。地元のお祭りや商工会議所のイベント、冠婚葬祭などにも参加するのでかなり忙しいです。これらの行事にはいろいろと費用がかかりますが、経費として請求できないものが多く、自腹で負担することになります。

Section 7-3

融資・渉外係の1日

お客様を訪問して、銀行の商品・サービスを販売するセールス担当が渉外係です。

融資・渉外係は、いわゆるセールスパーソンです。企業を訪問して貸出の商談をまとめる仕事がメインです。顧客との交渉を担当する渉外係と、融資稟議の書類を作成し、貸出し事務処理を行なう融資係が分かれている場合と、両方を同じ人が行なう場合があります。融資・渉外係は、貯蓄運用商品や住宅ローン、カードローンなども同時に担当することもあります。

8時前後 出社

出社するとすぐにパソコンを開いてメールや本部からの通達をチェックします。前日顧客から預かったものを金庫から出してきます。訪問予定を確認して、9時前までに仕事の準備は完了です。

9時

本題の仕事に入ります。

すでに融資申込みをもらった案件に対しては審査にかけるための稟議書を作成します。上司と案件について相談したり、融資審査をする本部の審査部に電話をしてその案件について話し合ったりもします。

まだ申込みに至っていない担当企業に対しては、決算書やこれまでの取引経緯をみて提案書を作成します。それから、訪問する企業を選んでアポイントメントをとるための電話をします。

10時

取引先訪問に出かけます。提案の手がかりを得るための訪問の場合もあれば、貸出・デリバティブ・資産運用商品などの具体的な提案をもって行く場合もあり、内容は相手によってさまざまです。

その後、昼食のためいったん支店に帰ります。午前中の訪問で、お客様から預かった振込依頼書

融資・渉外係のタイムスケジュール

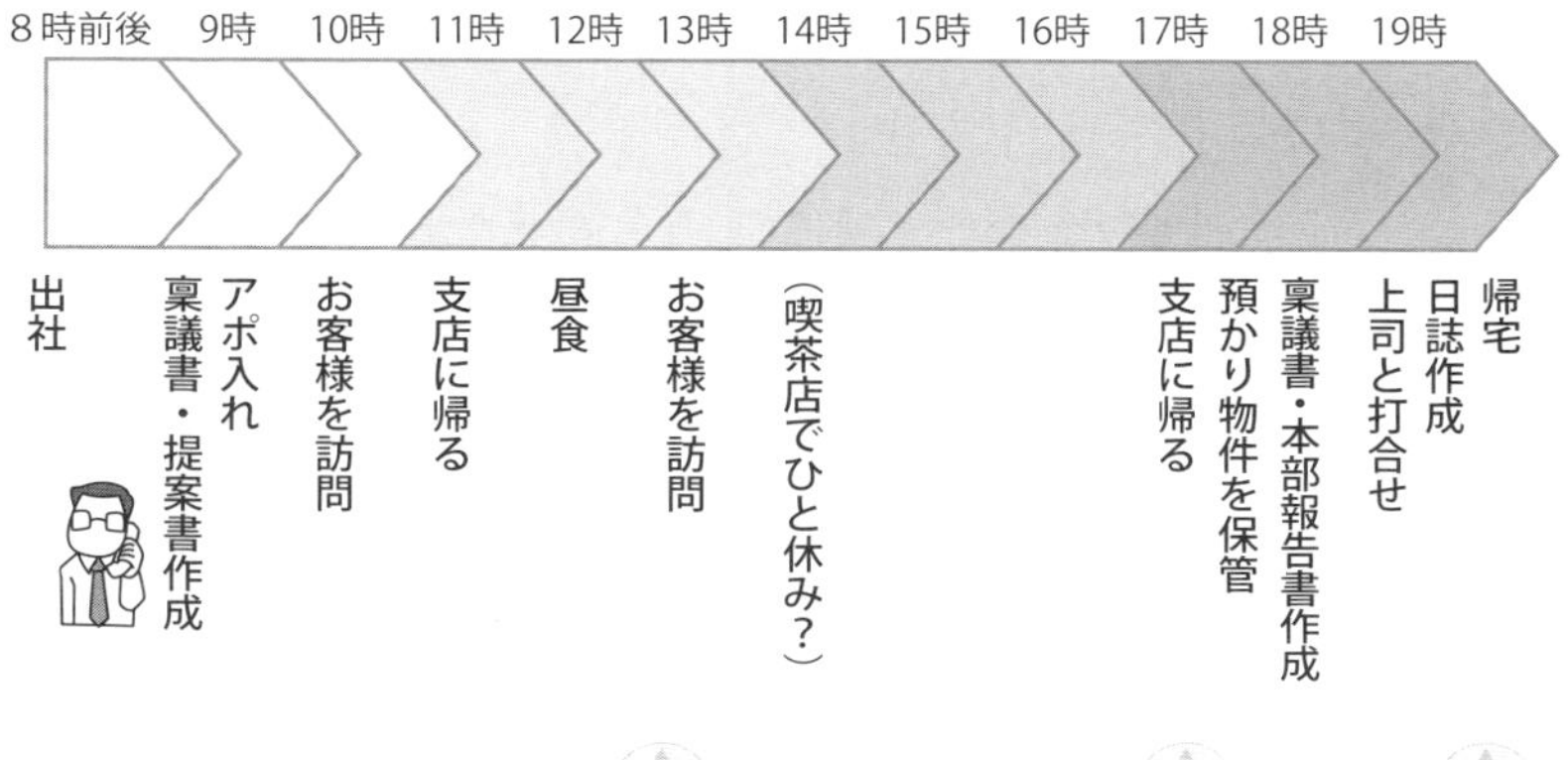

や手形や契約書などを事務担当者に渡したり、自分で処理したりします。

昼休み

渉外係は早食いです。昼休みはだいたい20分程度でしょう。

午後の取引先訪問

食事のあとは再び訪問に出かけます。時には取引先が来店することもあります。客先訪問と称して喫茶店でひと休みすることがあるのは、他の業種のセールスパーソンと同じです。

18時頃 帰社

その日の訪問を終えて18時頃までには支店に戻ります。昼の帰社と同じく、預かってきた書類の処理をします。顧客の印鑑のある伝票や契約書類などは重要預かり物件として保管帳簿に記録し、金庫にしまいます。

再び稟議書を書いたり、融資のオペレーション（担保の査定や融資実行項目の事前登録）を行なったり、本部への報告資料を作成したり、営業日誌をつけたりします。

帰宅

机の上は綺麗に整理して、ファイルなどを鍵付きの棚にしまうなど帰宅準備をします。

営業日誌を提出し、通常の日であれば、19時頃には退社します。期末や監督官庁の検査前など、特別なことがあるときはもっと遅くなることもあります。

Section 7-4

窓口担当者の1日

銀行の支店にある、カウンターの向こうに座っているのが窓口担当者です。

窓口担当者（テラー）は店で常に顧客と接する接客業です。銀行の支店にはカウンターが2種類あります。ハイカウンターと呼ばれる高い窓口と、ローカウンターと呼ばれる低い窓口です。

ハイカウンターは主に税金の払込、振込、入出金などの受付・処理をします。ローカウンターは新規預金口座の開設や住所変更手続き、資産運用商品の販売など、時間のかかる取引を担当します。

8時30分頃 出社

出社後、まず更衣室で制服に着替えます。店に入るのは開店15分くらい前です。

朝礼で当日の予定などを確認します。それから現金や伝票類をセットしたり、粗品を準備したりして、開店の準備をします。

渉外係が前日預かってきた伝票などは開店前に処理してしまいます。

9時

9時の開店と同時に顧客が来店します。

ハイカウンターには次から次へと顧客が来ます。顧客が途切れないので、手を休めることができません。ローカウンターの顧客数はそれほど多くありませんが、一人ひとりに時間がかかるため、あまり休めないのは同じです。

昼食

11時～14時くらいの間に、交代で食堂に食事に行きます。食事のあとは歯磨きや化粧直し、休憩室でお茶を飲んだり。月末など忙しい日は食事もそこそこで、すぐカウンターに戻ります。

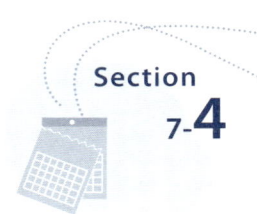

窓口担当者のタイムスケジュール

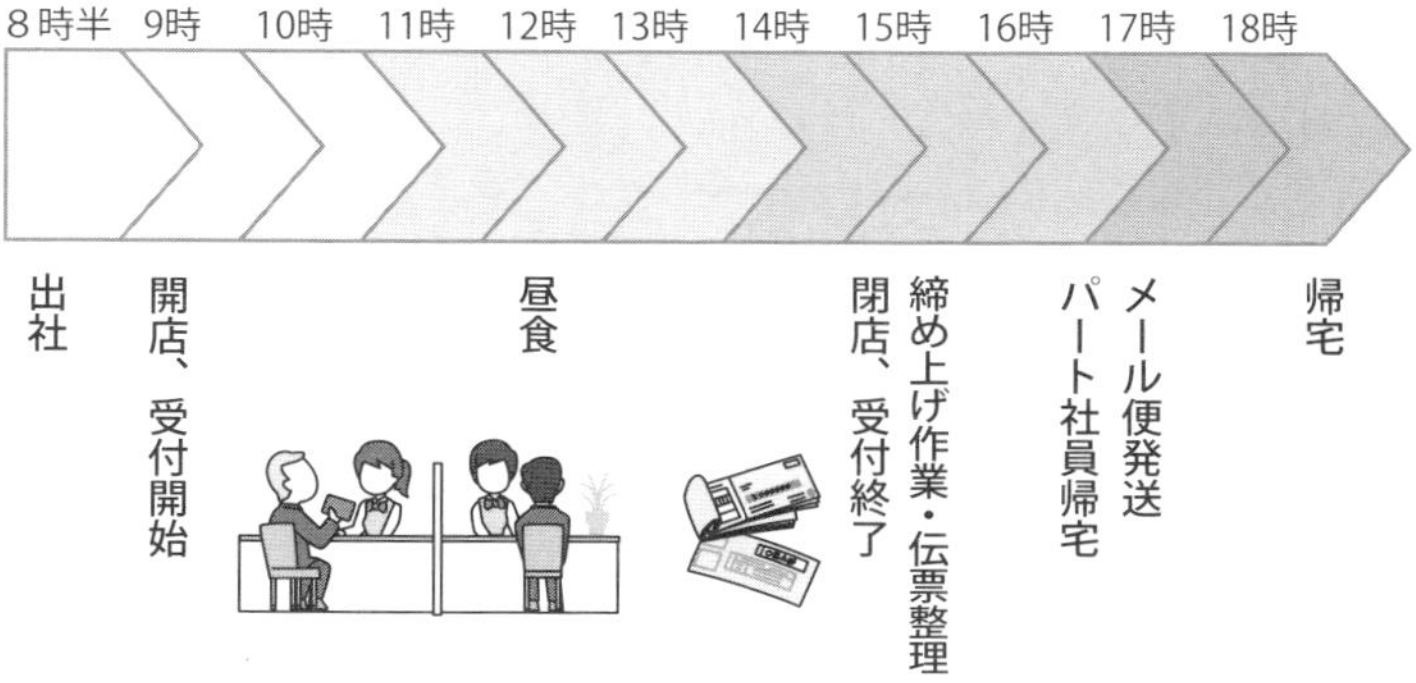

15時

閉店です。店が閉まると、「締め上げ」と呼ばれる作業が始まります。

今日1日に処理したお金の出入りに間違いがないかをオンラインシステムで照合します。間違いがなければ、ここでひと息。顧客の印鑑のある伝票や契約書類などを重要預かり物件として保管帳簿に記録するのはもちろん、未発行の通帳やキャッシュカードの在庫数もすべて数が合っているか確認します。また、今日1日オペレーションした伝票もすべて種類別に分類して毎日ファイルにつづります。

銀行内で本部と支店を行き来するメール便で発送するものを準備します。本部の各部署宛ての書類、事務処理専門のセンターに送る手形や伝票類、外部への郵便物などです。

16時半

パート社員は、だいたいこの時間に退社します。

17時前

メールカーが到着、メール便を発送します。

帰宅

更衣室で制服から私服に着替えて退社します。業務後に新商品や新しい法律の勉強会、顧客サービス改善のためのミーティングなどをすることもありますが、通常は18時までに退社します。

Section 7-5

本部行員の1日①
市場部門

銀行はさまざまな金融市場で取引を行なっています。市場部門のディーラーやトレーダーがその担当です。

8時 出社

昨日から今朝にかけての海外の金融市場の動向について、新聞やQuick（日本株を中心に株式市況や株価情報を提供する会社）やブルムバーグ（Bloomberg：世界各国の株・金利・債券・為替などの最新情報を提供する会社。本社はニューヨーク）などの情報端末でチェックします。

9時

日本の金融市場、東京・大阪など各株式市場や為替市場、短期金融市場などがスタートします。ポジション（自分で動かしてよい金額枠）をもっているディーラーは取引（ディール）を開始します。トレーダーは、法人顧客などから注文が入ったときにそれを執行します（外国為替取引の場合、ディーラーとトレーダーの区別はありません）。

10時

外為市場の担当は、各支店で外貨の両替をするときの本日のレートを支店に通知します。一定金額まではすべて朝決められたレートで固定されますが、市場レートが大幅に変動しているときは日中に変更されることもあります。

また、円換算で5千万円以上など多額の外貨の売買は個別レートになるので、支店から市場部門に、レートの問合せが入ります。その時点の外為

市場部門の行員のタイムスケジュール

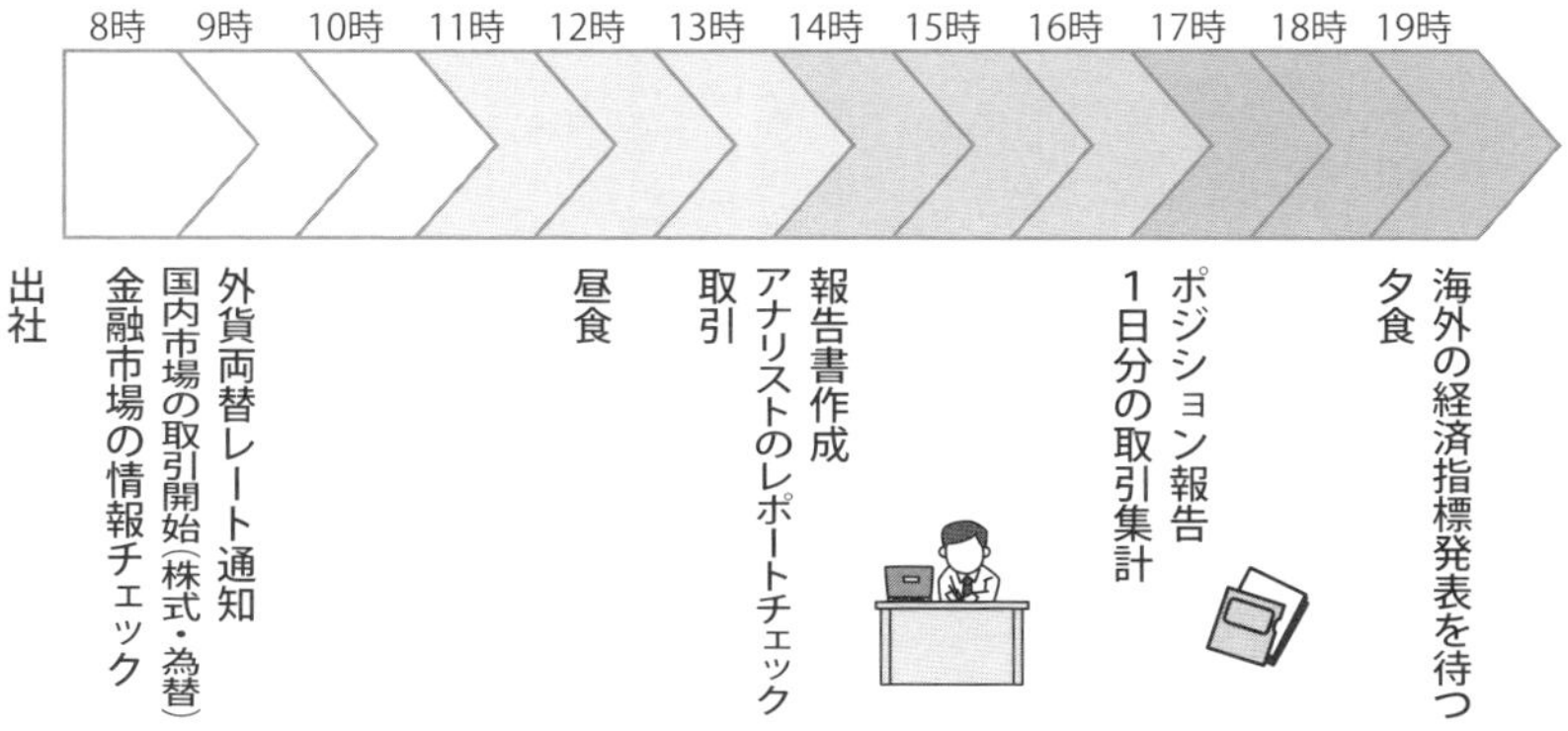

市場の相場をチェックし、必要に応じて、取引を受けてくれる相手を探してレートを決め、支店に連絡します。

12時

市場が昼休みに入る株式市場の担当者は昼食に出ますが、ずっと開いている市場の担当者は自分の席でサンドイッチなどで食事をすませます。市場が大きく動いているときは、食事どころではないこともあります。

13～16時

午後も同様の取引を行ないます。この間に時間が空けば、アナリストの市場分析レポートなどを読んだり、監督官庁への報告書を作成したりします。

16時

今日1日の取引の伝票をオペレーション係に渡します。オペレーション担当は伝票を処理して1日の取引の集計を行ない、ポジションを報告します。ディーラーは、大きな金額の取引を自分で判断し、その損益がはっきりわかってしまうので、緊張感のある仕事です。取引中に集中力を使い果たしてしまうので、あまり残業はしません。逆に他社のディーラーと情報交換のために飲みに行くことは多いようです。

19時

1日の業務が終了したあとに、海外で重要な経済指標が発表されることもあります。発表と同時に海外支店と連絡をとって動きを起こさなければならないケースでは、オフィスに残る必要があります。米国雇用統計のように発表が夜遅いときは、それまでの時間潰しにみんなで夕食に出かけたりします。

Section 7-6

本部行員の1日②
企画部門

企画部門は重要な施策のほとんどに関係します。

8時30分 出社

出社後、まず役員のスケジュールを確認し、システム投資案件の検討結果の報告会の日程をおさえます。

8時50分

明日の地元新聞の記者による、頭取への取材で話題に上りそうなもののデータを頭取に説明をしておきます。取材にも同席する予定です。

9時

来年度から始まる3年間の中期経営計画の準備のため、関係各部からよせられた部門別事業計画書をチェックします。記入されている内容のつめが甘いものや、数字の整合性、他部門との調整が必要なものなどを書き出していきます。午後からは関連する会議を渡り歩くので、まとまった時間がとれるのは午前中だけです。

12時 昼休み

13時

中期経営計画策定の続きです。複数の部で調整が必要なものに関してミーティングを設定するため、候補日を各部担当者にメールしておきます。

13時半

人事部の中期経営計画会議に出席します。採用計画・研修計画などを検討します。

14時半

システム部の中期経営計画会議に出席します。勘定系ホストコンピュータシステムの更改について検討します。

15時半

事務部の中期経営計画会議に出席し

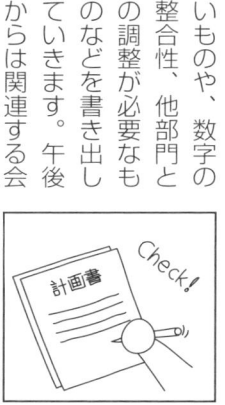

企画部門の行員のタイムスケジュール

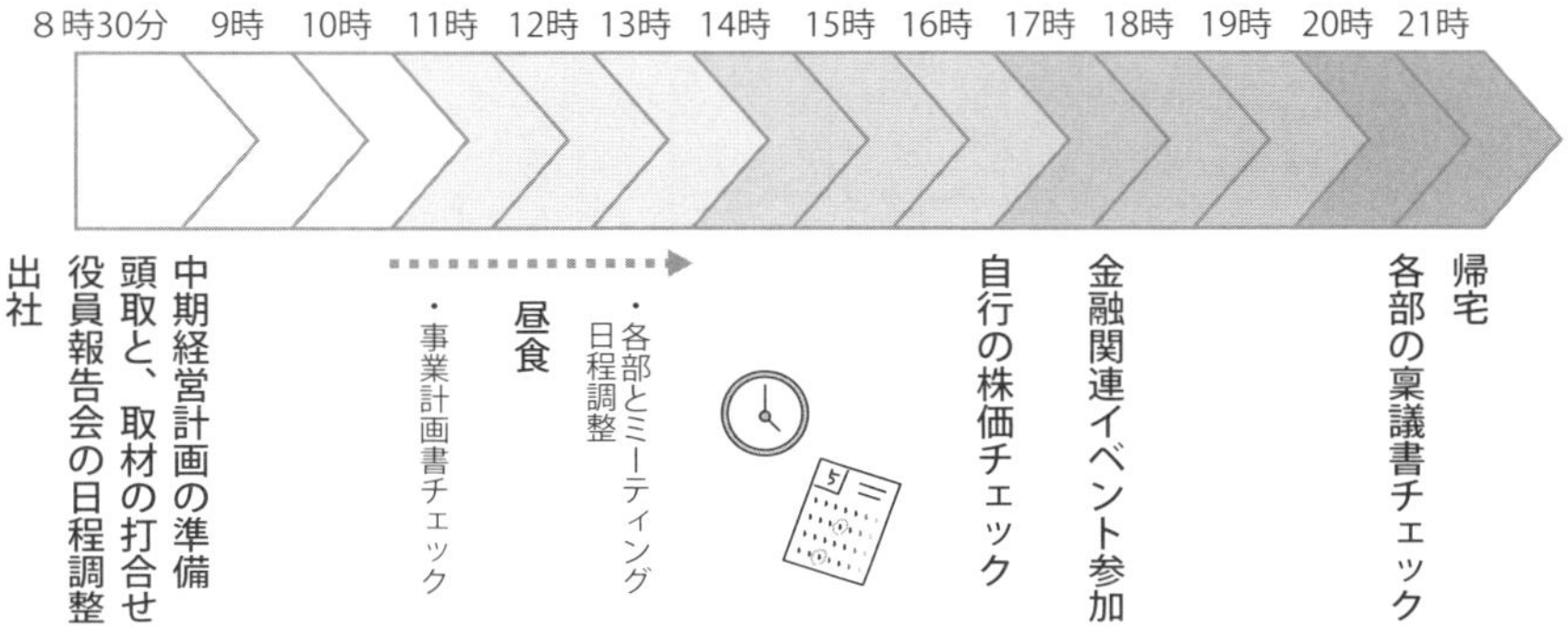

ます。支店統合後の事務処理の定型化について検討します。

16時半

営業統括部の中期経営計画会議に出席します。各業務別の残高・収益増強計画について検討します。

17時

東証の自行の株価の終り値を確認します。ここのところ銀行の株価の変動が激しいのでチェックが欠かせません。

銀行は多くの地元取引先企業にも株を保有してもらっているので、株価の下落は取引先からの不満のもとになるのです。銀行の決算にも大きな影響が出ます。対策としてIRの強化を考えなければなりません。

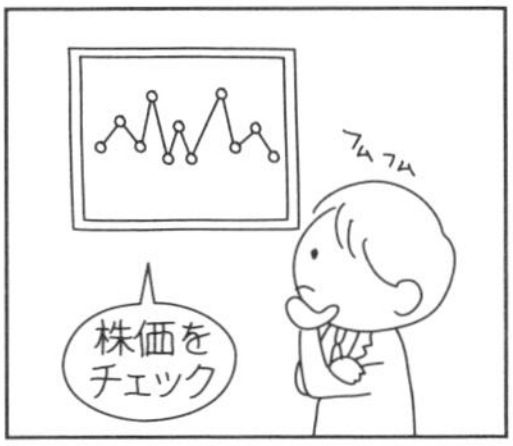

17時半

FinTechベンチャーのイベントに参加します。金融関連の新しい動向は常にウォッチしておかなければなりません。

20時

銀行に戻って各部門から回ってきた稟議書をチェックします。システム投資案件、関連会社の移転案件、コンプライアンス対応で預金の事務手続きを変更する案件など、種類はさまざまです。自分が承認の印鑑を押したあと、部長に回します。

21時 帰宅

働き方改革で早帰りを推進する部でありながら、いつも残業しています。

Section 7-7

本部行員の１日③ 審査部門

銀行にとって融資ノウハウは貴重な財産です。審査部門は支店の判断を超える融資案件の審査を行ないます。

8時30分 出社

支店から上がってきた法人の融資稟議をチェックするのが審査部門の基本的な仕事です。銀行によって、担当支店が決まっている場合と、不動産・建設など業種で担当が決まっている場合があります。

簡単なものは午前中に決着をつけてしまい、システムで承認決裁を入力します。融資承認のポイントは、基本は返済できるかどうかと、返済できなくなっても資金が回収できるかどうかです。創業資金や赤字企業など、難しい案件については時間をかけて慎重にみていきます。添付されている財務指標やキャッシュフローから返済計画に無理がないか、再度計算したり、追加資料を支店に依頼します。

12時

審査役は食堂で食事をするときも、一人か審査役同士のことが多いようです。倒産しそうな会社や倒産してしまった会社の話題などは、行内といえども他部署の人と話をするのがはばかられるためかもしれません。

13時

支店に電話。金利を上げたり、保証人を追加でとるなど、条件付で承認する案件については、条件交渉をするよう伝えます。

14時

承認が難しい案件について、支店長と電話で協議します。

支店サイドとしてはノルマもあるし、交渉の末とってきた案件なので、どうしても通してほしいと

審査部門の行員のタイムスケジュール

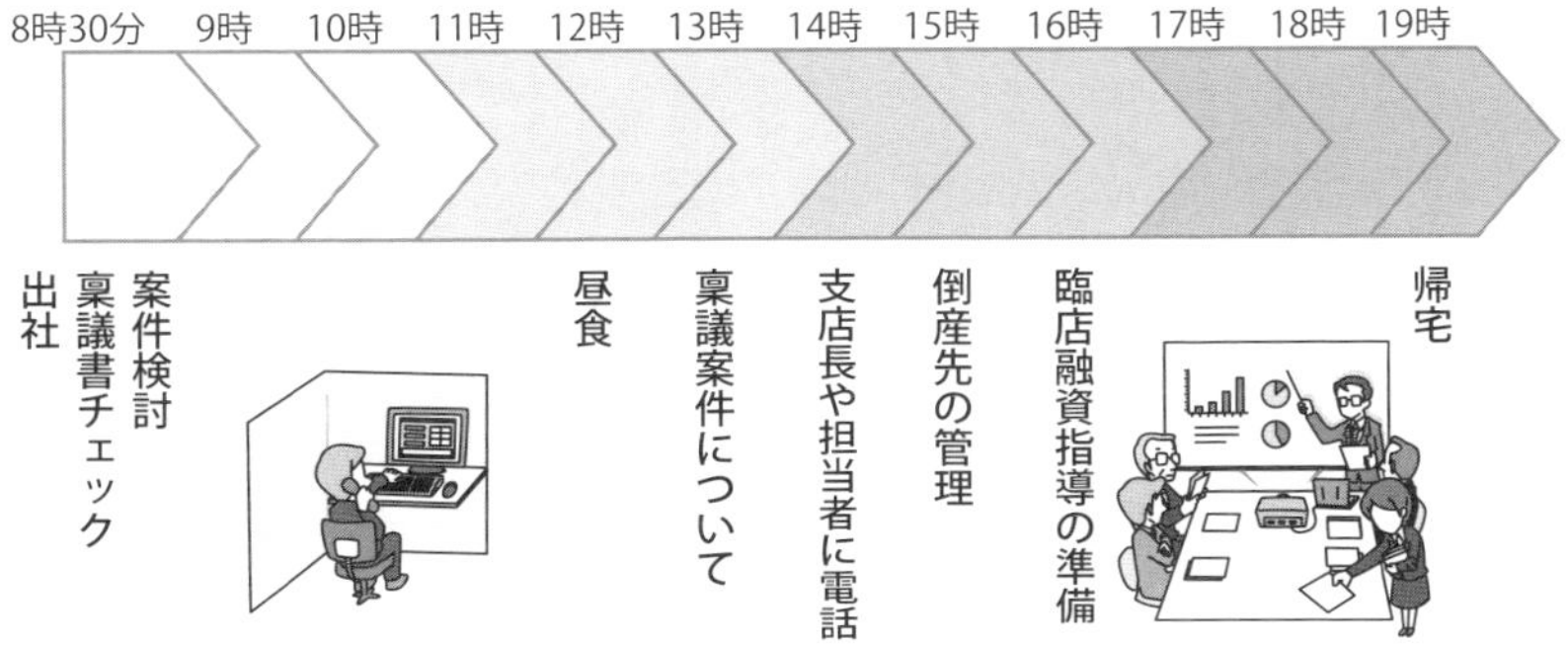

思います。一方、審査部門としては貸倒れを1件も出したくないので、対立することも少なくありません。審査役はベテラン行員ばかりなので、支店もそういうときは支店長が電話をしてきます。

15時

貸付額の大きい企業が倒産した場合、支店で回収が難しいものは審査部門で直接管理をします。そういう案件を何件か抱えている審査役は、担保にとった不動産の競売手続きをしに裁判所に行ったり、司法書士に必要な法定書類の作成を依頼したり、破産管財人との打合せをするなど、忙しくしています。

16時

明日からの臨店融資指導のために対象支店の融資先一覧をみて準備。特に信用格付の低い法人の資料は入念に読んでおきます。

融資審査もシステム化し、その企業の経営状態を示す指標がコンピュータで自動的に出てくるため、最近の若い行員は財務諸表が読めない、というのがベテラン審査役の共通の不満です。

19時 帰宅

審査中の稟議書はすべてキャビネットに入れ、鍵をしっかりかけて帰宅します。

column 8

地銀再編

高齢化による労働人口の減少、日銀の低金利政策による銀行の業績低下は、2019年末から始まったコロナ禍で、さらに厳しくなりそうです。2020年9月にスタートした菅政権は、地銀再編に何度か言及しています。2020年には『地銀』同士の統合・合併を独占禁止法の適用除外とする「合併特例法」も成立しました。

地銀再編の動きは活発化していますが、方法は様々です。合併したり、持ち株会社型にしたり、資本提携のみの場合もあり、業務の一部を譲渡することもあります。

持ち株会社型は、いくつかの地銀が持ち株会社（ホールディングス）傘下に入り、本部機能を共有してコストを削減しつつ、元の銀行名で営業を続けるものです。福岡FG（フィナンシャルグループ）は福岡・熊本（旧熊本ファミリー）・十八親和（旧親和・旧十八）銀行からなるFGです。コンコルディアFGは横浜・東日本銀行からなるFGです。東京きらぼしFGは東京都民、八千代、新銀行東京が統合し、九州FGは鹿児島、肥後がホールディングス化したものです。この他にも、山口FG、三十三FG、第四北越FG、池田泉州FG、じもとHD、西日本FHDなど、多数の持ち株会社ができています。多くは隣接する地銀が同地域での店舗やATMのダブりを解消したり、地域全体でシェアを獲得して、競合他行に対抗しようという目的です。

少し毛色が異なるのが、ネット銀行最大手の住信SBIネット銀行を傘下にもち、ネット証券ももっているSBIホールディングスの動きです。島根・福島・筑邦・清水・東和銀行など計８行（2021年５月時点）、地理的には離れた地方銀行と資本業務提携を結んでいます。これらの銀行を傘下に置くSBI地銀ホールディングスも設立し、SBIの持つITノウハウを活用し、低コストシステムを導入するなどして展開しています。これらの地銀は地盤となる地域経済自体が弱く、限界地銀（限界集落をもじった呼び方）と揶揄されるようなところです。SBIはそれに対して、地方の経済活動を活性化するための地方創生パートナーズ株式会社を立ち上げています。同時に、金融機関ではないパートナー企業に部分的に銀行機能を提供することも始めており（その１つが、日本航空グループの「JAL NEOBANK」）、既存の地銀同士の再編とは異なる戦略をとっています。

JALとSBIの取り組み

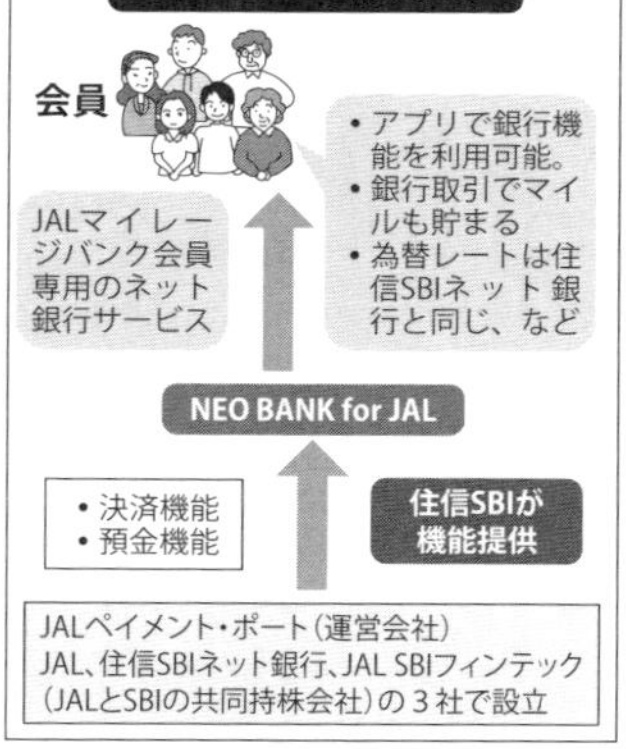

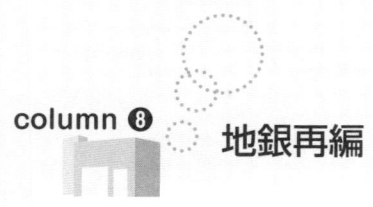

第8章

融資のしくみ

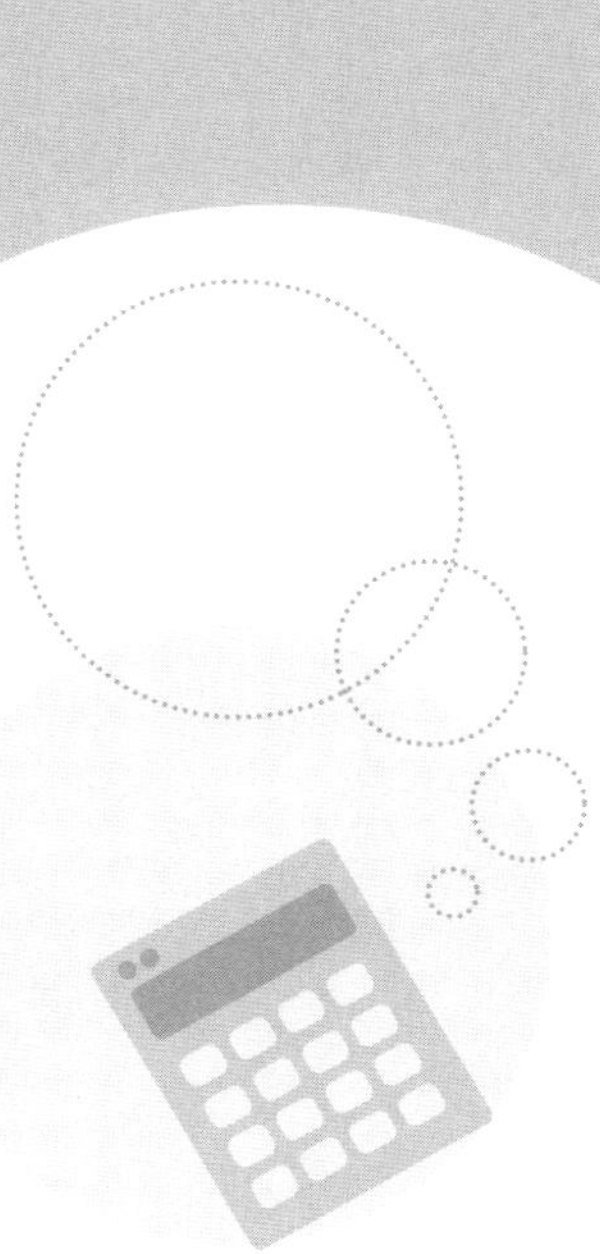

Section 8-1

住宅ローンのしくみ

住宅ローンは、文字どおり自分の家をもつために資金が必要な人に貸し出すローンです。

住宅ローンは土地の購買代金、家の建設費用、マンションや建売住宅の購買代金など、家をもつために必要な資金専用のローンです。住宅ローンは金額が大きいので、銀行は確実に返済してもらえるように万全を期します。

返済が可能かどうかを審査するポイントは他の借入と同じです。返済できなかったときのために、これから買う土地や建物を担保にとります。「抵当権」を設定し、返済できなくなったとき、銀行が土地や建物を処分して回収にあてるのです。

また、住宅ローン専門の保証会社が保証をします。保証料は借りる人が負担します。最近では保証料ゼロ円という商品も出てきています。

さらに、借入した人が急に事故や病気で亡くなったときのために、生命保険への加入が求められます。返済途中で家が火災でなくなってしまっても返済ができるように火災保険にも加入してもらいます。保険に入るか入らないかは借りる人の自由という建前ですが、実際には入らなければ借入はできません。

変動金利型と固定金利型

住宅ローンは借入期間が10年、20年、35年といった長期のものが多く、親子リレーローンといって、2世代にわたって返済をすることを前提としたローンには70年などの設定もあります。

住宅ローンの種類には大きく分けて「変動金利型」と「固定金利型」があります。借入期間中に市場金利が変われば、金利が変わるのが変動金利型です。固定金利型は、借入期間の最後まで金利が固定されている「長期固定金利型」と、5年固定や10年固定など一定期間固定の後に再び固定か変動を選ぶ「固定金利期間選択型」があります。

借りる側にすれば金利が今後下がりそうなときは変動金利型、金利が上がりそうなときは固定金利型が有利です。ただし、通常は固定金利型のほうが変動金利型より高い金利がつけられているので、短期で返済してしまうつもりなら変動金利型がよいでしょう。

元利均等型と元金均等型

住宅ローンの返済方法に「元利均等」と「元金均等」があります。

借入期間中の住宅ローンの金利の推移

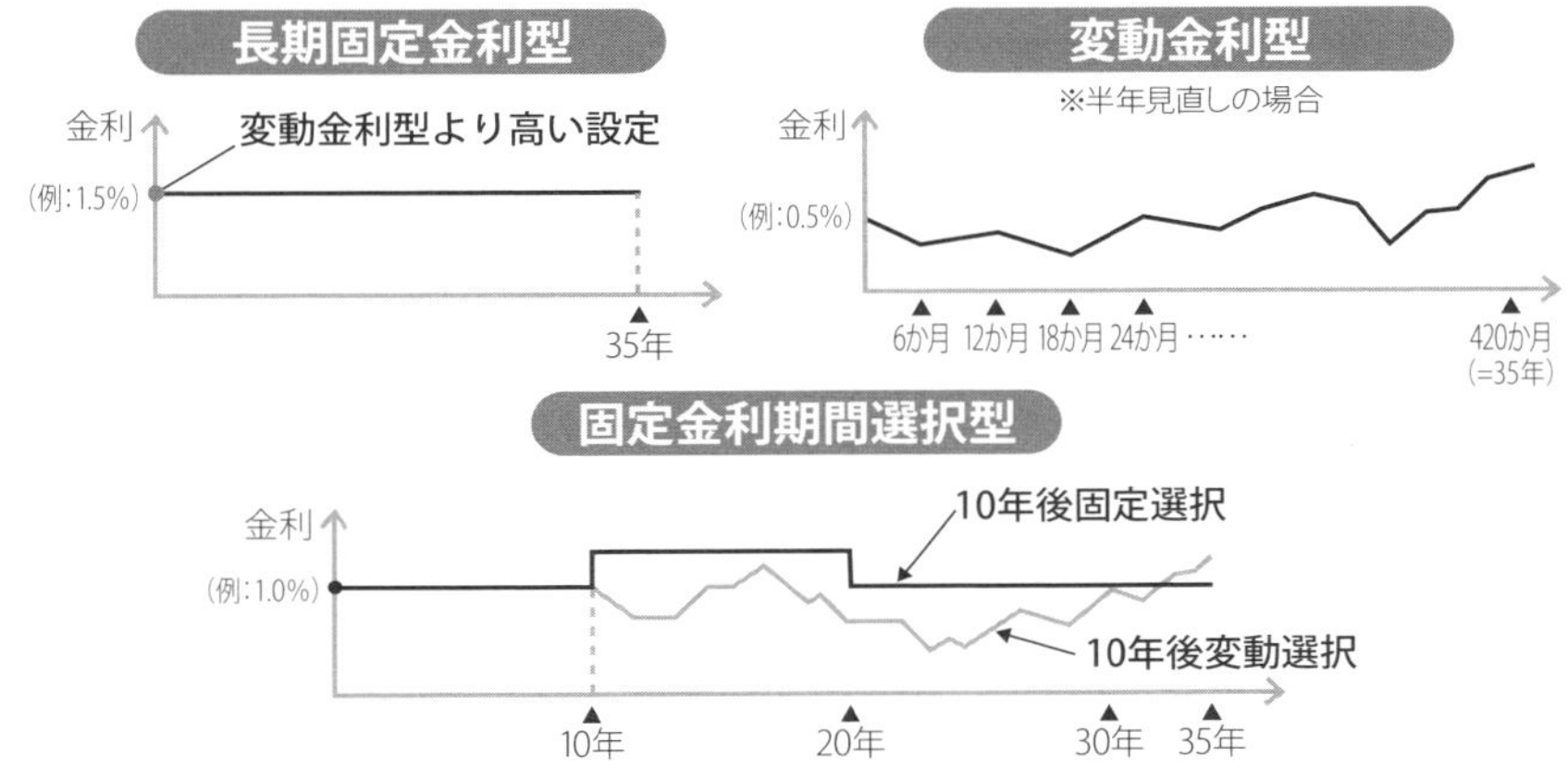

住宅ローンの返済方法（毎月返済額の内訳）

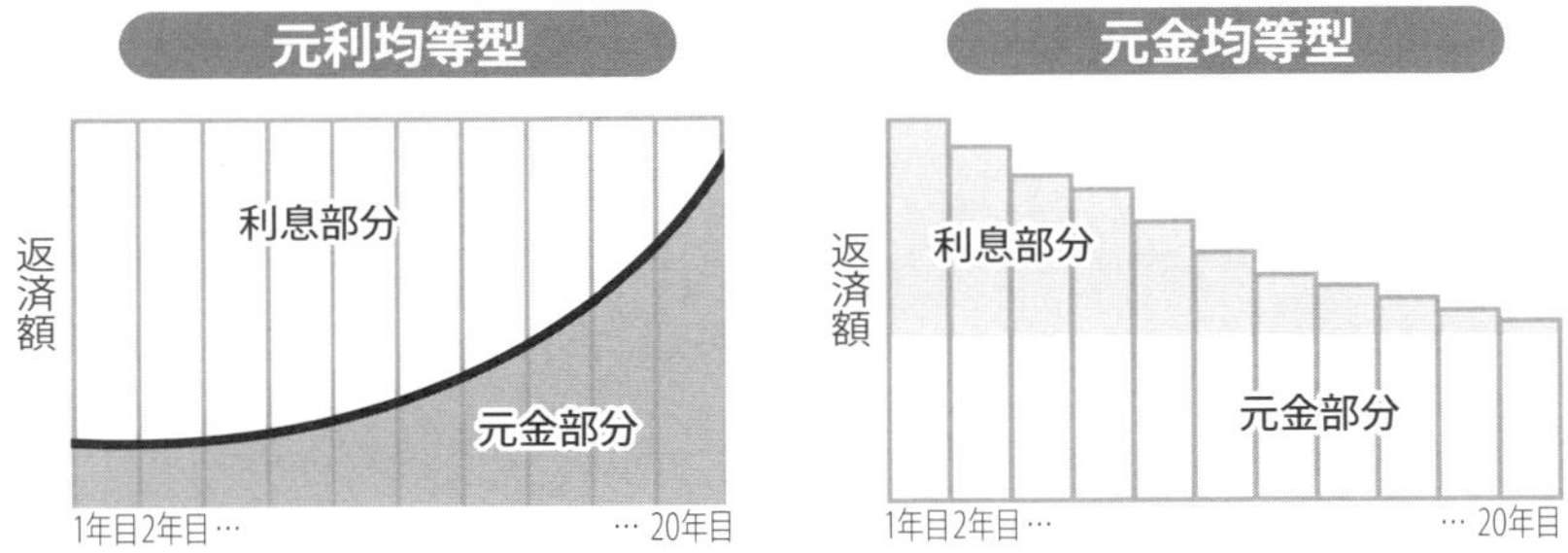

「元利均等」は、元金プラス利息の毎月返済額が借入期間中一定になるように調整されたものです。借入当初の返済は利息が大半を占めることになります。「元金均等」は、元金を借入期間中均等に毎月返済するので、当初は元金が減っていないため利息額が大きく、だんだん返済額が減ってくるというものです。

住宅金融公庫から住宅金融支援機構へ

住宅ローンは金額が大きいので、利息の支払も大きくなります。以前は国民の住宅取得の支援として金利を低く抑えた公的融資を「住宅金融公庫」が行なっていましたが、２００７年に「住宅金融支援機構」という独立行政法人になり民営化されました。「フラット35」という35年間固定金利の住宅ローンはこの機構の主力商品で、銀行が代理販売しています。

Section 8-2

カードローンのしくみ

審査によってあらかじめ決められた貸出枠の範囲内で、繰り返し借入と返済を行なえるのがカードローンです。

カードローンの種類

カードローンは一定枠内であれば何度でも借入ができる当座貸越の一つです。総合口座のキャッシュカードと一体になったカードやローン専用カードを使い、ＡＴＭで入出金をするように借入・返済ができることから、カードローンと呼ばれています。

抵当権などの担保をとる「有担保型」と、担保をとらない「無担保型」があり、無担保型の場合、銀行は担保の代わりに保証会社に保証をしてもらいます。

返済ができなくなったときは、担保を売却して元利金を回収するか、保証会社に代わりに返済してもらいます（これを「代位弁済」といいます）。無担保型では、代位弁済後に保証会社が借り手から回収を行ないます。

返済方法は毎月一定額を返済する設定と、好きな金額を随時返済する設定があります。

申込みから審査までの流れ

カードローンを申し込むには、以前は顧客が窓口やＡＴＭコーナーなどでカードローンの申込用紙を手に入れ、必要事項を記入したあと、それを支店の窓口にもって行くしかありませんでした。しかし最近は申込手段が増え、ＦＡＸ・インターネット・携帯電話はもとより、ＡＴＭの画面操作でその場で申込みができるものもあります。

申込みがあると、銀行のローン担当部署で記入漏れや添付書類などのチェックが行なわれ、個人信用情報機関に申込者が過去にローンの返済ができなくなったことがないかチェック（信用情報照会）したあと、保証会社の審査にかけられます。

審査は保証会社が行なう

無担保型での審査は保証会社（銀行のグループ会社や信販会社、消費者金融会社）が行なうことになります。保証の対価として銀行から保証料を払います。

審査は、申込者の情報を入力すると一定の計算をして貸出可否を判定する「自動審査システム」によって行なわれます。入力する情報は申込書に記載される年齢・性別・勤め先、勤続年数、

主な個人信用情報機関

	主な会員
日本信用情報機構（JICC）	銀行、その他金融機関、信用保証協会、消費者金融会社、ローン／リース会社、銀行系カード会社、流通系カード会社など
株式会社シー・アイ・シー（CIC）	クレジットカード発行会社、信用保証会社、ローン／リース会社、小売、大手消費者金融会社など
全国信用情報センター連合会	消費者金融専業会社、商工ローン会社、中小金融会社（街金）など

カードローンの流れ

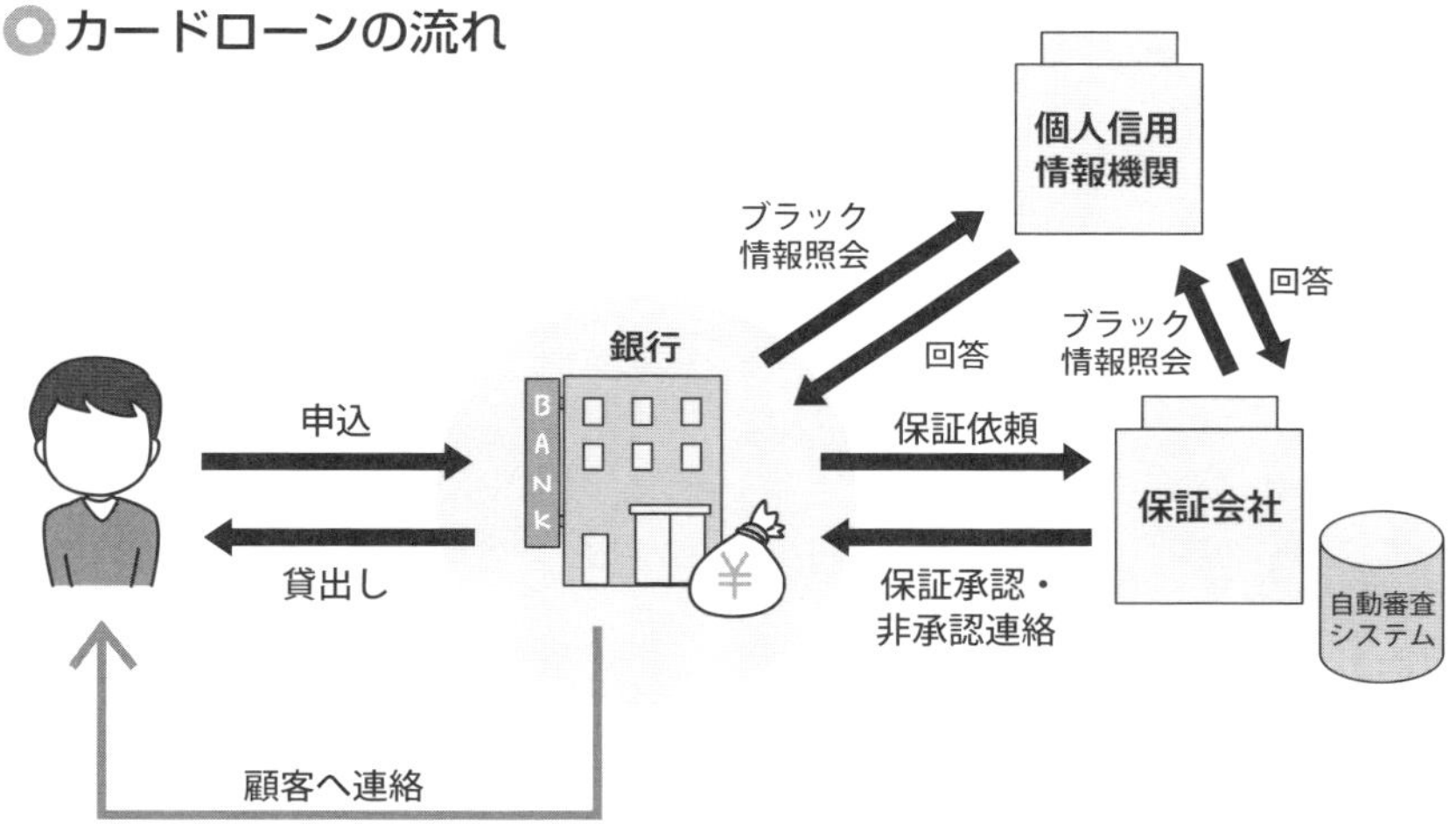

年収、家族構成といった項目です。

自動審査システムには、過去の貸出の事例からつくられた貸倒れが起こりそうな人を判別するモデルが組み込まれています。自動審査のスピードは非常に速く、顧客は早ければ申込みから30分程度で結果がわかり、当日に借入ができます。

個人信用情報機関の役割

カードローンの審査で重要なのは「個人信用情報のチェック」です。金融機関が貸倒れの可能性の高い申込者を特定するため、自己破産していたり、他社での借入返済を延滞したりしている顧客の取引歴（＝ブラック情報）を共有する機関をつくっています（日本信用情報機構、全国信用情報センター連合会など）。

その機関に申込者について照会を行ない、ブラック情報があれば、非承認となり借入はできません。

Section
8-3

融資のプロセス

銀行の仕事の中で最も重視されるのが法人融資です。融資から得られる利子は、大きな収益源です。

銀行は個人顧客から集めたお金を一定期間企業に貸し出し、利子を払ってもらい、期限に元金を返済してもらいます。これが法人融資の基本的なモデルです。ここでは、法人融資がどのようなプロセスで行なわれるのかをみてみましょう。

取引のきっかけ

通常の法人融資取引のきっかけの多くは渉外係の訪問です。預金口座をもっている既存の法人を訪問したり、受けもちエリアのまだ取引のない事業所を訪問したりして融資のニーズを聞き出します。

返済が滞らないような企業をみつけるために、帝国データバンクなどの情報提供会社が出している法人の信用スコアの点数が一定以上の企業をピックアップして訪問することもあります。

融資案件発見

訪問して経営者や財務・経理担当者と親しくなり、会話の中から融資案件を発見するのが渉外係の重要な仕事になります。近々工場を建増ししようとしている（設備投資資金のニーズあり）とか、新規の販売先ができたが手形支払になる（商業手形割引のニーズあり）とか、融資につながるような情報を聞き出し、融資案件としてまとめていくのです。

案件の組み立て

融資案件は、顧客企業の状況に合わせて融資の金額・期間・利率・返済スケジュール・担保や保証人条件を決めていきます。そのためには、その企業の売上や買掛金・売掛金の状況、現在の借入先と借入残高など、さまざまな情報を聞き取ります。

それと同時に、貸借対照表や損益計算書などの財務諸表をもらって財務面の分析をします。

このように案件の組み立てをしていくのと同時に、渉外係や融資係（兼務しているケースも多い）は行内の根回しを行ないます。つまり、支店内で渉外課の上司や融資課に打診をし、支店長の意見や、審査部の意見を事前に聞いて貸出条件を整えるなど調整を行なっておくのです。

法人融資の流れ

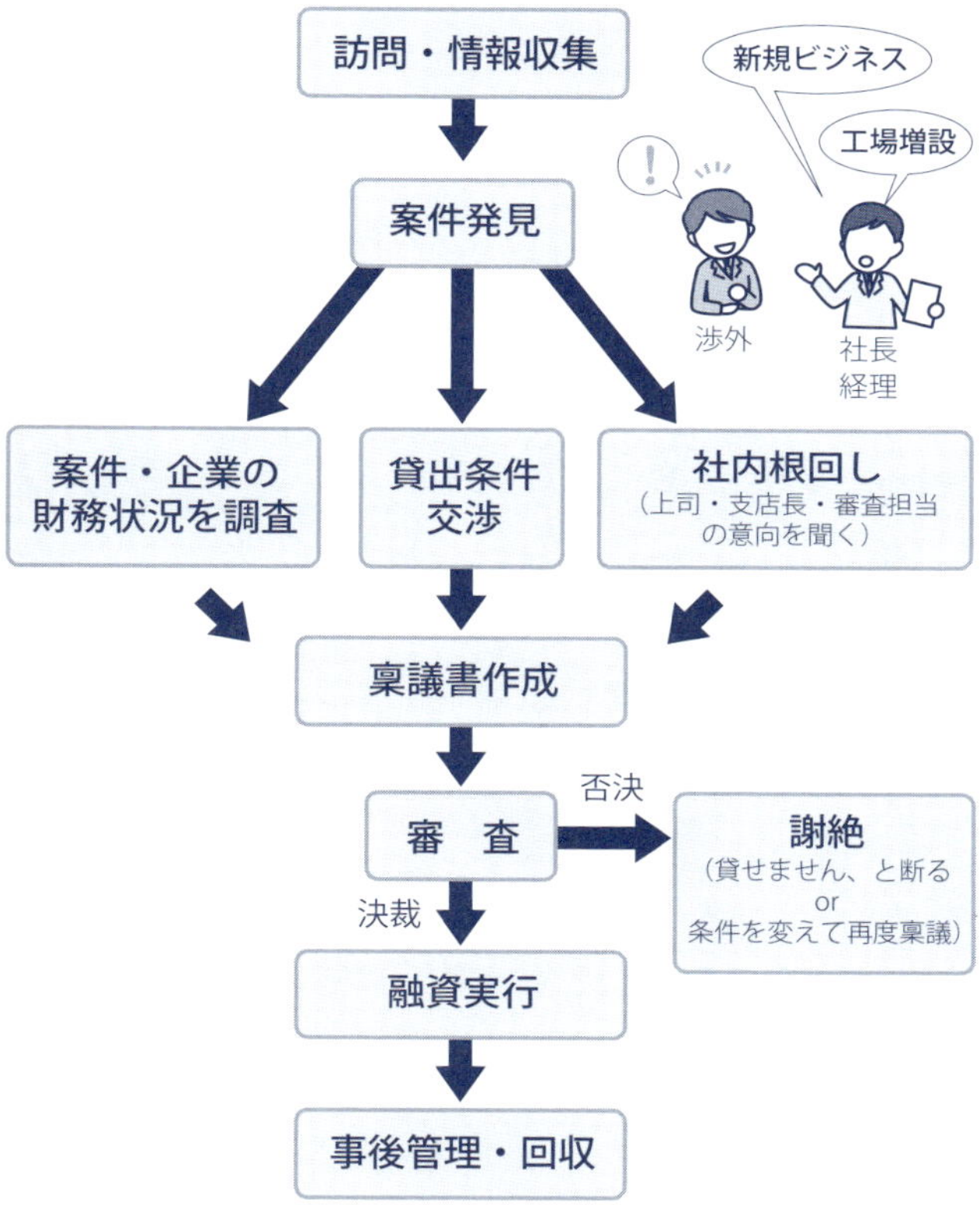

稟議書作成

条件が決まったら融資稟議書を作成します。融資・渉外の場合、自ら稟議書を書きますし、渉外係のもってきた案件を融資係が稟議書に書き起こす場合もあります。

稟議は支店長の決裁でOKというものと、支店長から本部の審査部に上げてOKをもらうものがあります。前者は支店長の権限内で決めることができる「(支店長)専決稟議」、後者は「本部稟議」です。

専決稟議の範囲は支店の規模で異なり、融資金額や金利・担保などの条件が定められています。金額が大きいものや、担保が不足している場合、支店の権限以上に金利を優遇する場合などは本部稟議になります(☞118頁)。

融資実行

稟議が決裁されると、融資を実行します。商業手形割引や当座貸越の場合は、あらかじめ決めた条件で貸出と返済が何度も繰り返されることになります。

融資実行後も渉外係は企業を定期的に訪問して業績をフォローし、確実に利払いがされているか、元金が返済されそうかをチェックするとともに、次の融資案件を探します。

Section 8-4

融資の種類

法人融資にはさまざまな種類があります。資金使途や、借入・返済方法によって形態が異なります。

法人融資には、「証書貸付」「手形貸付」「当座貸越」「(商業) 手形割引」の4つの基本的な種類があります。どの種類の貸付を行なうかは資金の使われ方によります。

証書貸付

主に設備投資など、全部返済するまでに1年以上かかる長期の案件に使われます。

お金を借りるときに「金銭消費貸借契約証書」という書類に、金額・金利・期間・返済方法などを記載し、会社の署名捺印をして契約を結びます。

契約書に、担保や保証人など細かい条件まですべて記載され、その通りに実行します。

手形貸付

主に1年以内の運転資金に使われます。

借入をする企業が銀行に対して約束手形を差し入れてお金を借ります。

手形に明記されていない金利・返済方法などの貸付条件を記載した別紙を用意することもあります。

証書貸付よりも印紙代が安くなるので、印紙代節約のために手形貸付を選ぶ企業もあります。

当座貸越

企業の信用力・財務内容に応じて「ここまでなら借りてよい」という「極度額」（貸出限度額）を設定し、その極度額まで自由に借りたり返したりできるのが当座貸越です。

当座貸越には大きく分けて2種類のかたちがあります。「一般当座貸越」と「専用（特別）当座貸越」です。

一般当座貸越は、当座預金と連動していて、支払や手形の決済などで当座預金の残高が不足したときに、極度額までマイナスになることを許容する方式です。

専用（特別）当座貸越は当座預金口座がなくても使えます。同じように極度額を設定しますが、お金を借りたいと思ったら、そのつど専用の伝票を銀行に渡します。決まった極度額までは特段の審査なく使えるので、時間がかからないという利点があります。専用キャッシュカードで利用できる場合もあります。

どちらの方式にしても、当座貸越は極度額の範囲内で機動的に資金を動かせるので、顧客にとって大変便利です。その反面、この制度を利用する大前提として資金を自由に入払いしても返済できる信用力が必要になるため、銀行の審査は他の貸付形態のときよりも厳しくなります。

商業手形割引

企業が商取引によって受け取った手形を、支払期日より前に銀行にもち込んで、割引料（金利）を差し引いて買い取ってもらうかたちの融資です。

もし、手形の支払人（主に当該企業の商取引の相手）が期日に支払ができない場合には、銀行に買取りを依頼した企業は銀行から手形を買い戻さなければなりません。手形の支払人の信用力がないと、不渡りになる可能性が高くなります。そこで銀行は、直接の貸出先企業がいざというときに買戻しができるかどうかの審査だけでなく、手形の支払人の業況のチェックもしたうえで、手形を買い取ります。

２００９年11月から電子手形がスタートし、将来的には紙の手形はなくなります。紙の手形を管理するコストが削減でき、分割可能、１円から買取り可能な便利な手段なので、利用が拡大すると考えられています。

その他の分類

法人融資を形態の違いから説明してきましたが、他の切り口での分類もあります。信用保証協会などの公的機関からの保証がある「保証付融資」と、「プロパー融資」（保証機関の保証がなく銀行が全リスクをとる融資）、担保の有無で、「有担保融資」と「無担保融資」に分けたり、それ以外にも中小企業向けのパッケージ商品であるスモールビジネスローン、複数の銀行が協調融資するシンジケートローンなどがあります。

いろいろな融資

証書貸付

…… 毎月返済

当座貸越

…… 枠内で借入・返済の繰返し

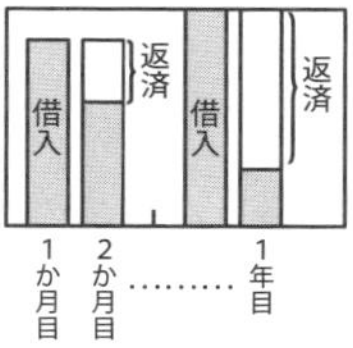

手形貸付

…… 毎月返済または期日一括返済

商業手形割引

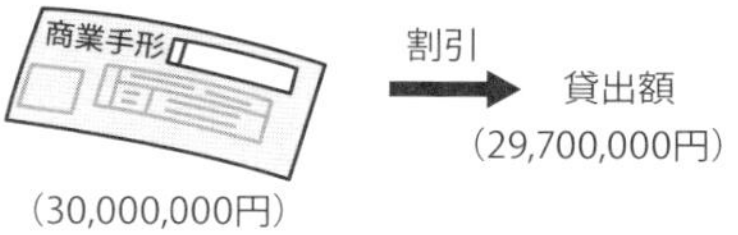

Section 8-5

信用保証協会融資（マル保）

中小企業が銀行から融資を受ける際、信用保証協会が債務保証をしてくれる制度があります。

マル保とは？

中小企業は一般的には大企業より信用力が劣るので、銀行は融資をしにくくなります。そこで、銀行が中小企業に融資をする際に、「信用保証協会」という公的機関が債務保証をする制度があります。これが「信用保証協会保証付き融資」です。一般に、「マル保」「信保」などと呼ばれています。

マル保のしくみ

全国には51の信用保証協会があり（各県のほか、横浜市・川崎市・岐阜市・名古屋市にある）、各地域で保証業務を行なっています。制度を利用できる中小企業は業種別に資本金と従業員数で決められています。

融資額には限度額があり、無担保では8千万円まで、普通保証と合わせて2億8千万円までが限度になります。

企業が保証協会に直接または銀行を介して保証を依頼し、審査を経て保証されます。保証が下りたら、銀行は融資を実行します。その際、貸出金利に保証協会への保証料を一定の料率（無担保の場合、0・45％～1・90％）で上乗せします。万一、企業が返済できなくなったら、その企業に代わって保証協会が銀行に返済してくれます（これを「代位弁済」といいます）。その後、保証協会は独自にその企業から資金を回収します。

銀行は「マル保」を好む

銀行は初めて融資をする中小企業に対しては、「まずマル保融資で」という意識をもっています。初めてでよく業況がわからない会社でもリスクがほとんどなく融資できるからです。

既存の融資がある中小企業で、本当はきちんと財務分析をして稟議を書けば保証なしの融資が通るような先でもマル保を勧めることはよくあります。それは、マル保が支店の業績表彰の対象になっていたり、マル保であれば稟議が非常に通りやすかったりするからです。銀行によっては、マル保融資は関連会社に稟議から手続きまですべて任せているところもあります。

銀行と信用保証協会の関係

銀行が企業にマル保融資を提案する

ときは、あらかじめ保証協会にその企業の融資枠がいくら残っているかを調べ、場合によっては審査が通るかどうか、事前審査をしてもらうこともあります。過去にマル保融資を受けたことがある企業なら、直近の決算書を保証協会にもっていけば事前審査をして、使える枠を教えてくれます。

マル保制度の変化

保証が付くことで銀行側の融資審査がおろそかになっていたことも一因と考えられますが、代位弁済が増え、協会自体の財政状態が悪化してきました。そこで、平成19年から保証を融資額の100％ではなく、80％とし、貸倒れが発生した際には、銀行も一定の負担をする『責任共有制度』が取り入れられました。銀行が負担する方法には、部分保証方式・負担金方式の二つがあります。

この制度導入後は、マル保融資といえども、銀行も十分な審査をするようになっています。

◎マル保のしくみと手順

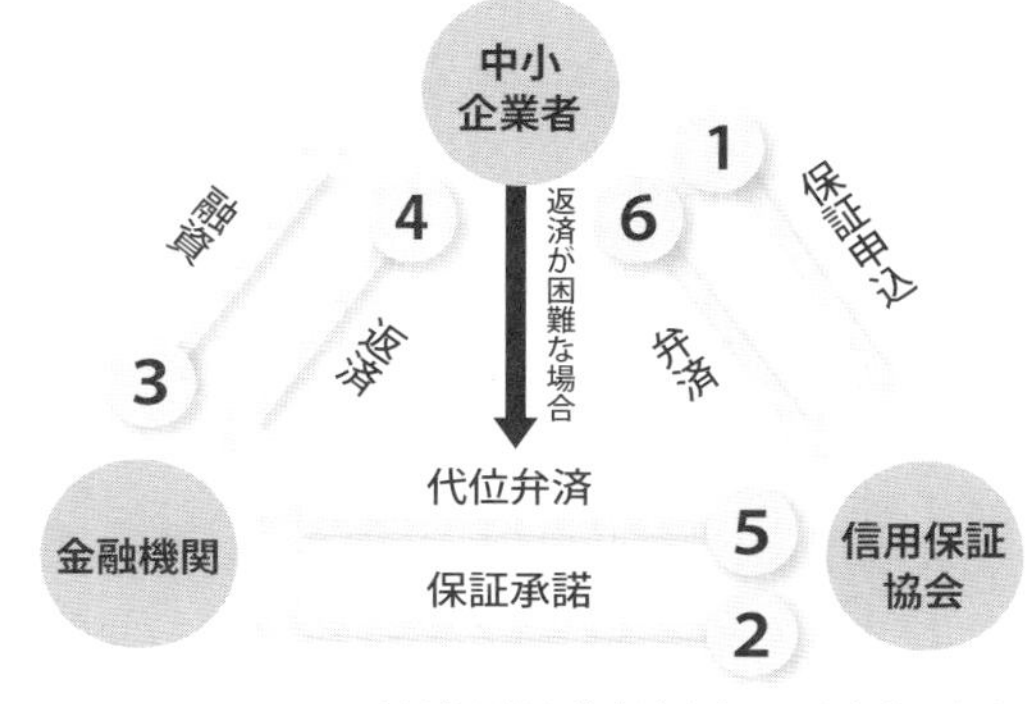

※全国信用保証協会連合会HPを参考に作成

◎マル保を利用できる企業

業種	資本金		従業員数
製造業等	3億円以下	または	300人以下
卸売業	1億円以下	または	100人以下
小売業	5,000万円以下	または	50人以下
サービス業	5,000万円以下	または	100人以下

◎マル保における銀行の負担方法

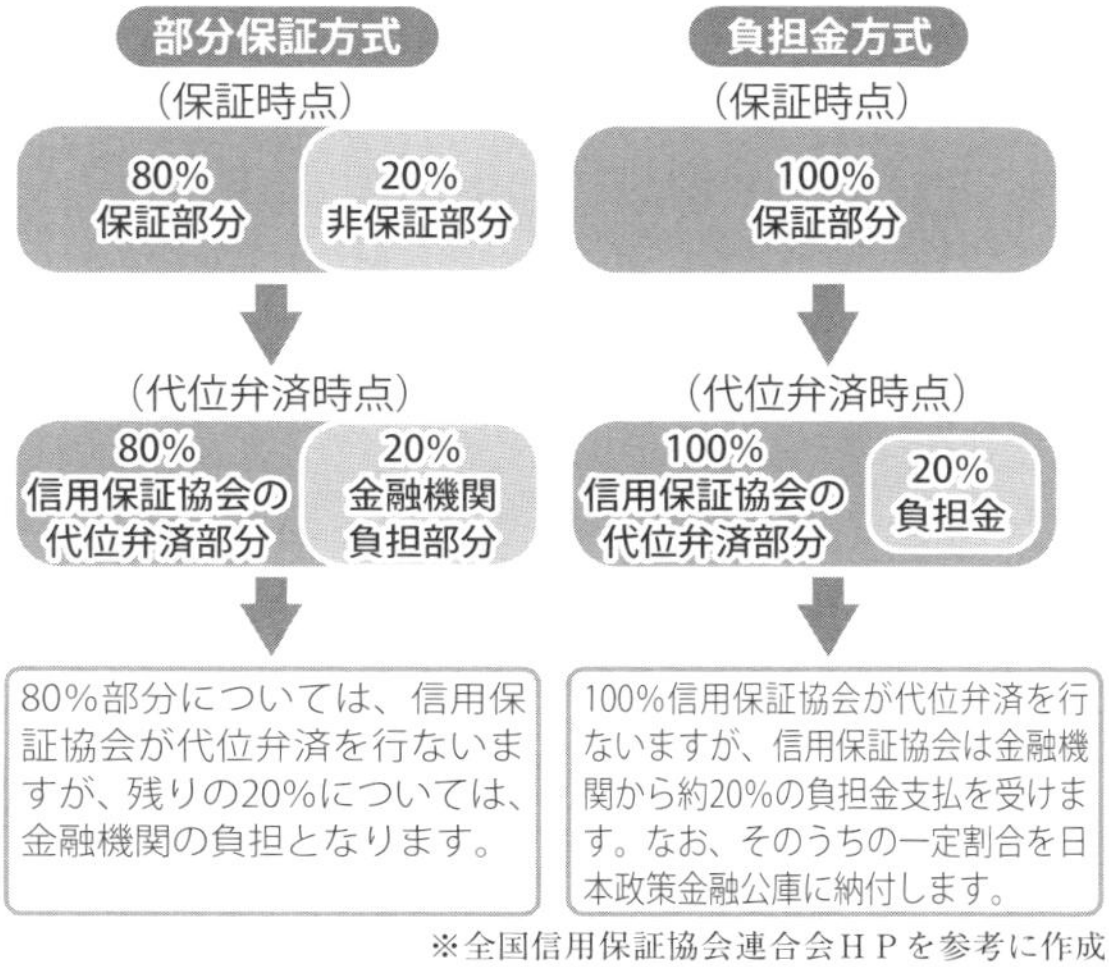

※全国信用保証協会連合会HPを参考に作成

Section 8-6

法人への経営支援

銀行は融資先を、元利金回収見込みに応じた信用格付で管理してきましたが、経営的なサポートに移行していく必要があります。

銀行と企業の付き合いはお金を貸すとき（与信審査）だけではありません。「途上審査」といって、貸出中の審査や助言も重要になります。当初は安定していた企業でも、将来までよい経営状態が続くかどうかのチェックをし、必要なサポートをしていかなければなりません。

銀行の役割として企業の財務状態の健全性だけでなく、経営内容や成長性などをモニタリングすることが重要になります。

債務者区分と銀行の信用格付の関係

銀行は、独自に「信用格付」というものを分類していますが、債務者区分と信用格付は整合性がとれている必要があります。

信用格付はより企業の実態に合うよう、左下の表のように10～20段階に細かく分かれています。

信用格付の付け方

まず渉外係が取引先から決算書をもらいます。数値を銀行のシステムに入力すると、経営状態を示すＲＯＡ・ＲＯＥなどの指標が出力されます。その他にも、現金・預金・借入金額の推移、利益や内部留保……など、さまざまな指標をチェックします。

また、資産の科目明細にある不動産や株式などの時価を調べて、時価と決算書の額に差異があれば、その分を加減します。

事業性評価

さらに、財務数値だけではわからないことも合わせて検討します。経営者の資質、特許の有無・従業員のモチベーションの高さ、後継者の有無、業界全体の動向とその中での当該企業の将来性なども考慮します。

金融庁は２０１４年から、重点施策として財務数値や担保ばかりでなく、企業の事業内容や将来への可能性を評価する「事業性評価」を行なうよう銀行を指導しています。

これを行なうためには、経営戦略に関する知識が必須です。銀行員の知識は財務面に偏っているので、各銀行とも専門チームをつくったりしてこれに対応しています。

A銀行の信用格付体系と債務者区分との関係

債権者格付	定義	自己査定債務者区分	金融再生法開示債権区分
1	債務履行の確実性は極めて高い水準にある	正常先	正常債権
2	債務履行の確実性は高い水準にある		
3	債務履行の確実性は十分にある		
4	債務履行の確実性は認められるが、将来景気動向、業界環境等が大きく変化した場合、その影響を受ける可能性がある		
5	債務履行の確実性は当面問題ないが、先行き十分とはいえず、景気動向、業界環境等が変化した場合、その影響を受ける可能性がある		
6	債務履行は現在のところ問題ないが、業況、財務内容に不安な要素があり、将来債務履行に問題が発生する懸念がある		
7	貸出条件、履行状況に問題、業況低調ないしは不安定、財務内容に問題等、今後の管理に注意を要する	要注意先	
	要注意先のうち要管理債権を有する先	要管理先	要管理債権
8	現状、経営破綻の状況にはないが、経営難の状態にあり、経営改善計画等の進捗状況が芳しくなく、今後、経営破綻に陥る可能性が大きいと認められる	破綻懸念先	危険債権
9	法的・形式的な経営破綻の事実は発生していないものの、深刻な経営難の状態にあり、再建の見通しがない状況にあると認められる等、実質的に経営破綻に陥っている	実質破綻先	破産更生債権およびこれらに準ずる債権
10	法的・形式的な経営破綻の事実が発生している	破綻先	

信用格付はどう使われる？

銀行は、格付によるリスク分を金利に上乗せします。つまり、信用格付が落ちると、それまでより借入の金利が高くなるのです。

また、銀行全体で抱えるリスクの大きさによって、必要な自己資本量も異なる（BIS規制→☞116頁）ため、信用格付は経営上、非常に重要な要素となります。

債務者がどの区分に当てはまるかで、貸し倒れた場合の引当金を銀行がいくら見積もっておくかが異なってきます。

審査の際も格付を基準に考えるので、企業と銀行との付き合いに大きな影響を与えます。

Section 8-7

消費者ローンのしくみ

銀行は消費者金融会社と提携したり、資本関係を結んで小口の消費者ローンを貸し出しています。

銀行と消費者金融会社の関係

消費者金融会社は、業務として貸出のみができ、預金を集めることができないノンバンクです。お金を貸すためには資金が必要なので、銀行や生命保険など資金のあるところから融資を受けたり、マネー市場で調達をしたりしてきました。言い換えれば、消費者金融会社は借り手、銀行は貸し手という関係にあったのです。

銀行にとっての提携メリット

1990年代の後半、バブル経済の崩壊後、銀行では法人融資に頼るだけでなく、リスクを分散できる個人融資を増やしたいというニーズが高まりました。

個人融資では、返済確実層とそうでない層の中間、いわゆる「グレー層」が、最も高収益な顧客層です。高い金利がとれる一方、ブラック層のように貸し倒れリスクが極端に高くないからです。しかし、銀行は法人融資は得意ですが、そういった顧客層への貸出は従来行なっておらず、審査・回収ノウハウが不十分です。そこで、その分野が得意な消費者金融会社と提携して、自行で新しい消費者ローン商品をつくり、審査・保証部分を消費者金融会社に引き受けてもらったり、両者で新会社を設立したりすることにしました。

消費者金融会社にとってのメリット

一方、貸出のための資金の調達にずっと苦労してきた消費者金融会社にとっては、銀行が資金を提供してくれて、既存の審査ノウハウを使うことで保証料が入ってくるのは嬉しいことです。また、銀行のブランド名を使えるので消費者金融のイメージをよくし、これまでよりも貸倒れリスクの低い銀行顧客まで市場を拡げることができるというメリットもあったわけです。

上限金利の影響

消費者ローンの上限金利は、「出資の受入れ、預り金及び金利等の取締りに関する法律」(出資法)で20%に、また、「利息制限法」で10万円未満=20%、10万~100万円未満=18%、それ以上は15%と決まっています。

上限を超える金利をとるのは法律違

反です。

大手消費者金融会社の（脅迫などの違法手段による）過度な取立が社会問題となり、2006年12月に「貸金業の規制等に関する法律等の一部を改正する法律」が成立し、2010年に上限金利は年率29・2%から年率20%に引き下げられ、二つの法律の上限金利の差であるグレーゾーン金利は廃止されました。さらに、借入残高が、その人の年収の3分の1を超えてはいけないという「総量規制」が設定されました。

◎銀行と消費者金融会社の資本関係

（2021年3月時点）

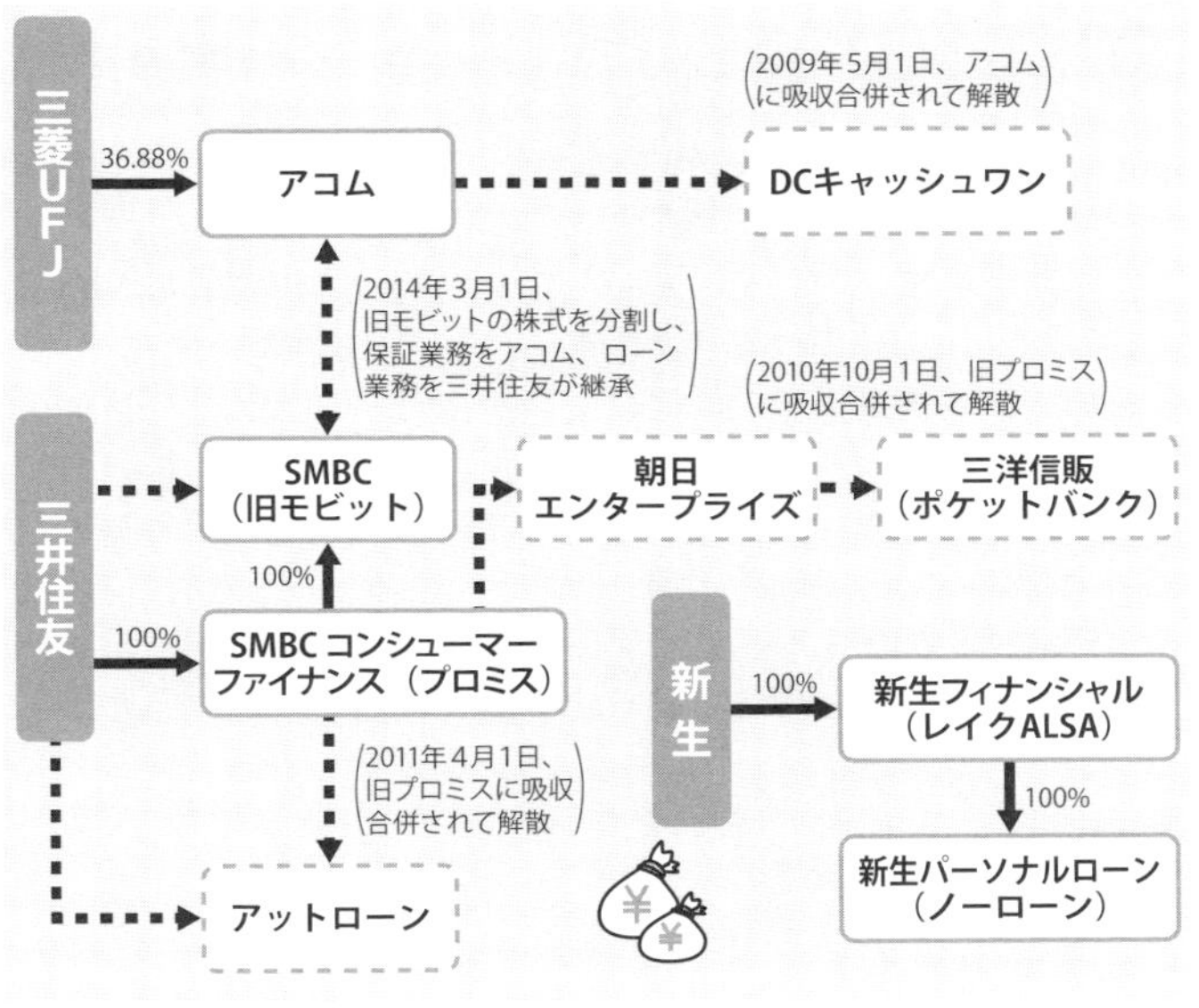

◎利息制限法の上限金利

借入元金	金利
10万円未満	年20%まで
10万～100万円未満	年18%まで
100万円以上	年15%まで

提携・資本関係の状況

利鞘の縮小、融資残高減少、過払い金返還請求（法律で定められた以上の金利をつけていた場合、借り手が払った利子の返還を請求できる）などで、消費者金融会社は赤字に陥り、経営基盤が弱くなっています。

消費者金融事業は信用力を下げるとして撤退する銀行もある一方で、出資比率を逆に上げて提携関係を強化する銀行もあります。また提携をやめて、これまで消費者金融の対象顧客だった層を総量規制が適用されない銀行ローンで直接取り込む動きが活発化してきています。

column ❾

会計ルールが「貸し渋り」「貸しはがし」を生み出す⁉

お金を借りたいと望んでいる顧客にお金を貸さないのが「貸し渋り」、すでに貸しているお金を顧客の意向に反して無理やり返させるのが「貸しはがし」です。特に中小企業・零細企業に対して、銀行がこの貸し渋りと貸しはがしをしていると批判されることがよくあります。

常に一定の借入をしている企業は世の中にたくさんあり、予定していた借入ができなくなったり急に返済を迫られたりすると、たちまち資金繰りに行き詰まってしまいます。資金の準備が代金支払や手形の決済の日に間に合わなければ、取引先からの信用を失ったり手形の不渡りが出たり、最悪の場合には倒産してしまいます。たくさん利益が出ている企業でも、手元の資金が足りなくなって倒産してしまうというケースは少なくありません。これを「黒字倒産」といいます。

企業にとって運転資金は、常にめぐり続けている血液のような存在で、生きていくのに不可欠なものです。銀行は当然そのことをよくわかっています。それでも貸し渋りや貸しはがしが起こるのは、なぜでしょうか？

これには、銀行会計上のルールが深く関係しています。実際に貸したお金が回収できなくなる「貸倒れ」まで至らなくても、格付のよくない企業に融資をすると、そのリスクの大きさに応じて「貸倒引当金」を貸借対照表上に示さなければなりません。そうすると、貸倒引当金を計上→自己資本の減少→自己資本比率の低下→銀行業務のために維持しなければならない自己資本比率８%（国際業務）・４%（国内業務）の基準を下回ってしまう、という可能性も出てくるというわけです。

銀行の自己資本比率がこの水準に近付いてくると、リスクのある企業への貸出額を抑えたり減らしたりするようになります。これ以上の貸倒引当金で自己資本比率が下がると、銀行業務ができなくなってしまうからです。企業を支援してあげたいけれど貸せない、身動きがとれない、というのが実状です。

こうして、景気がよいときは借入を返済しようとすると「ずっと借りていてください！」といっていた銀行員が手のひらを返したように「審査が通りませんでした」「保証が下りませんでした」「もう貸せません」「早く返してください」というようになるのです。

「銀行は、晴れているときに傘を貸して雨が降ると傘を取り上げる」――残念ですが、これが銀行の融資姿勢についてよくいわれる言葉です。

第9章

さまざまな金融サービスのしくみ

Section 9-1

定期預金の種類と金利

最もなじみのある金融商品の１つ、定期預金にはさまざまな種類や期間があります。

定期預金の種類

定期預金の期間は一般的には1か月～10年までですが、最近では銀行によって1週間などの短期のものも、10年を超えるものも出ています。基本的には期間が長くなるほど金利は高くなりますが、１９９９年の日銀のゼロ金利、２０１６年のマイナス金利政策で極端な低金利が続いており、長短の差は現在ほとんどありません。定期預金は中途解約もできますが、その場合に受け取る金利は普通預金と同レベルになります。

通常の定期預金以外には、遺族年金・障害年金などの受給者向けの「福祉定期」や、要介護認定者の家族向けの「介護定期」などがあり、普通の定期預金よりも金利が上乗せされます。このような商品を取り扱っているのは、ゆうちょ銀行や一部の信用金庫です。

環境保全に対する意識の高まりから「環境定期預金」を積極的に販売する銀行が増えています。環境定期預金として集められたお金の一部を地方公共団体や環境保護団体に寄付して環境保全活動にあててもらうものです。

金利の種類

◎単利と複利

「単利」は利息をそのつど受け取る方式で、「複利」は利息を元本に組み入れて再運用する方式です。最初の元本と金利が同じであれば、複利のほうが最終的には利回りはよくなります。

◎変動金利と固定金利

金融商品を運用するときの金利には、「変動金利」と「固定金利」の2種類があります。変動金利では定期的に金利が見直され、そのときの金利が適用されます。固定金利は、満期までの間は当初設定した金利が変わりません。銀行の定期預金はほとんどが固定金利型ですが、中には満期3年で6か月ごとに金利を見直すといった変動金利型の定期預金もあります。

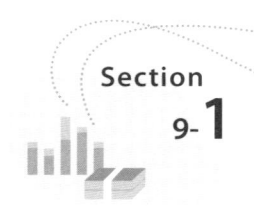

金利はどう決まる?

定期預金の金利は、いくつかの要因によって決められています。ベースになるのは「市場金利」です。資金の需要と供給のバランスで金利が決まる金融市場の動向によって、1か月もの・6か月ものなど各期間の定期預金金利が決まります。金融機関が破綻したときに備えて預金保険機構に支払っている保険料、銀行の儲けである利鞘も金利決定の重要な要因です。

　また、多くの銀行では1000万円以上の大口定期には金利優遇をしていて、店頭に出ている金利よりも高くしています。一律にいくら高くする、というわけではなく、大口定期を預ける個人や会社と銀行との取引全体を考えて決められます。ただし、銀行として「これ以上高くすると儲からない」という上限金利はあります。

　さらに、ボーナスの時期はどの銀行も自行にお金を預けてほしい、とキャンペーンなどで競争するため、新規で契約する定期預金は、通常より高金利になります。

　その他には、退職金を預けたり投資信託を一定額以上購入したりすると、定期預金の金利優遇が受けられるキャンペーンが行なわれていることもあります。窓口で人が対応するよりもコストが低く抑えられるATMやネットバンキングを使って作成される定期預金の金利は高めに設定されています。

　昔は、どこの銀行も同じ金利水準でしたが、最近ではインターネット銀行や他業種から参入してきた銀行が、積極的に高い預金金利を出すようになり、低金利ながらも銀行同士の競争が激しくなっています。

単利と複利のイメージ

期間3年、元本100万円、年1回利払い、
金利年1%の定期預金の場合

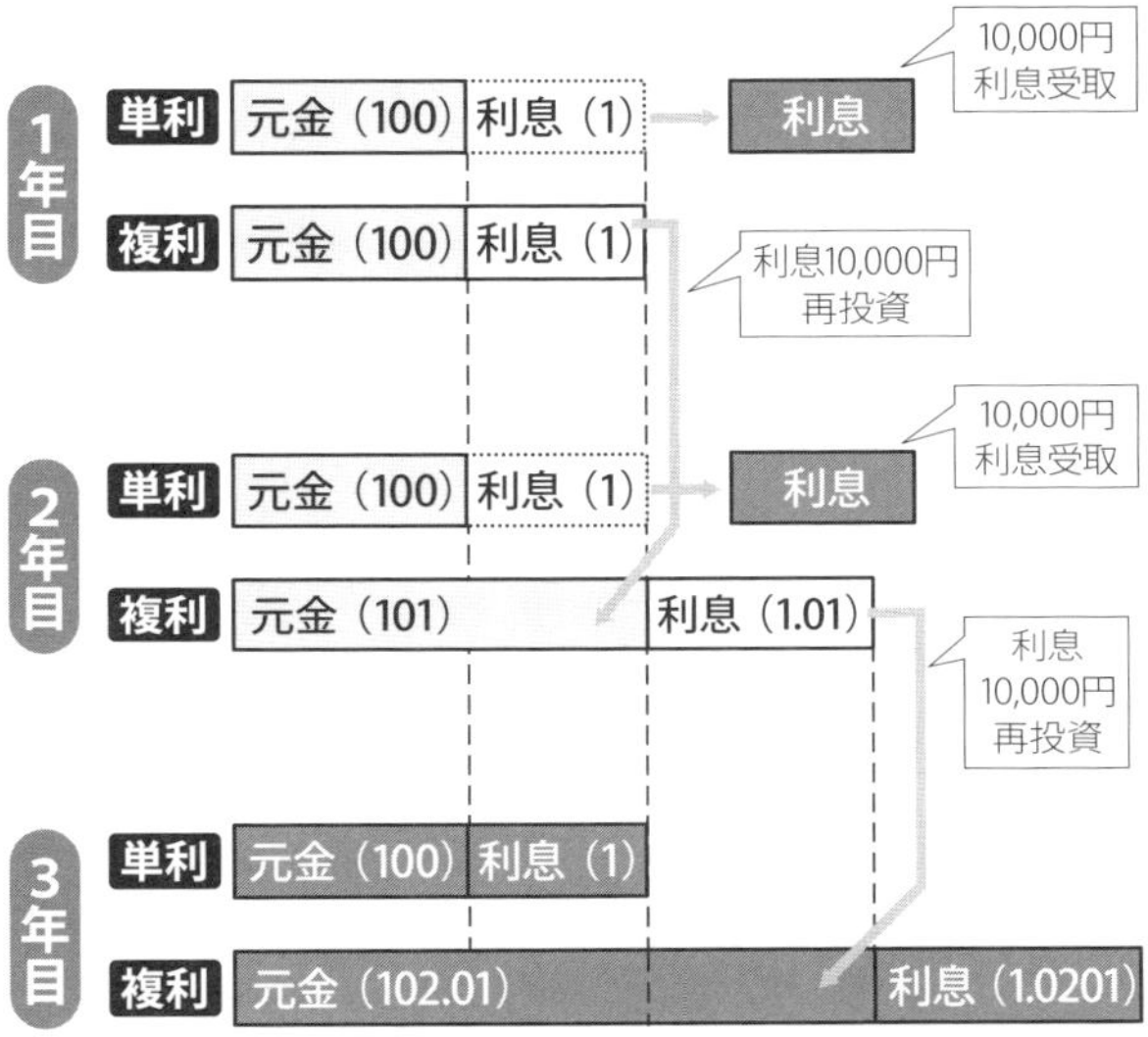

3年間の元利合計は、単利＝1,030,000円、
複利＝1,030,301円。
利息の利息が生まれる分、複利のほうが
301円だけ受取総額が大きい。

Section 9-2

外貨預金のしくみ

日本円ではない海外の通貨（外貨）で預ける預金が外貨預金です。

預金金利は、その国の経済事情や政策に左右されます。バブル崩壊後の日本は超低金利政策をとったので、円定期預金ではほとんど利息が付かなくなりました。そのため、相対的に高金利の外貨の外貨預金が注目を浴びるようになりました。

外貨預金の種類

扱っている通貨の種類は銀行により異なりますが、米ドル・ユーロ・英ポンドなどの主要な通貨の他、シンガポールやオーストラリアなど、日本人が海外旅行でよく行く国の通貨が中心です。日本円と同じように普通預金と定期預金があります。

円預金との最も大きな違いは、一部の銀行を除き、現金での入出金に手数料がかかることです。銀行によって異なりますが、入金・出金それぞれで、米ドルやユーロであれば1ドルあたり1円～2円の手数料をとるところが多いようです。その他の通貨であれば、手数料はさらに高くなります。

したがって、外貨普通預金を、円の総合口座のように現金の出し入れのために使っている人はほとんどいません。

定期預金にすると原則、中途解約ができないので、為替相場の動向をみて、自分の都合がいいときに円に戻したいと思っている人は外貨普通預金を利用したりします。

外貨定期預金の期間も、円と同じように1か月のような短いものから、1年を超える長いものまであります。

為替手数料が銀行の儲けになる

円をもっていって外貨預金をつくるときは、「ＴＴＳ」（電信売相場：銀行が外貨を売る）というレートが適用されます。これは外国為替市場で取引されているレート（仲値）に銀行が手数料を上乗せしたものです。

また、外貨預金を円に戻すときも、手数料が引かれている「ＴＴＢレート」（電信買相場：銀行が外貨を買う）が適用されるため、外貨預金で運用して円に戻すと、米ドルの場合、たとえば往復で合計2円の手数料を銀行は得ていることになります。

外国為替証拠金取引（ＦＸ）では、

この手数料が圧倒的に安いため、投資や運用に慣れた人たちが外貨預金からＦＸへと移り始めていますが、ＦＸは投機的イメージが強いことと、ＦＸを販売している会社が過去にいくつも倒産していて信頼性に疑問をもっている人が多いことなどから、それほど大きな動きにはなっていません。

外貨預金のシミュレーション

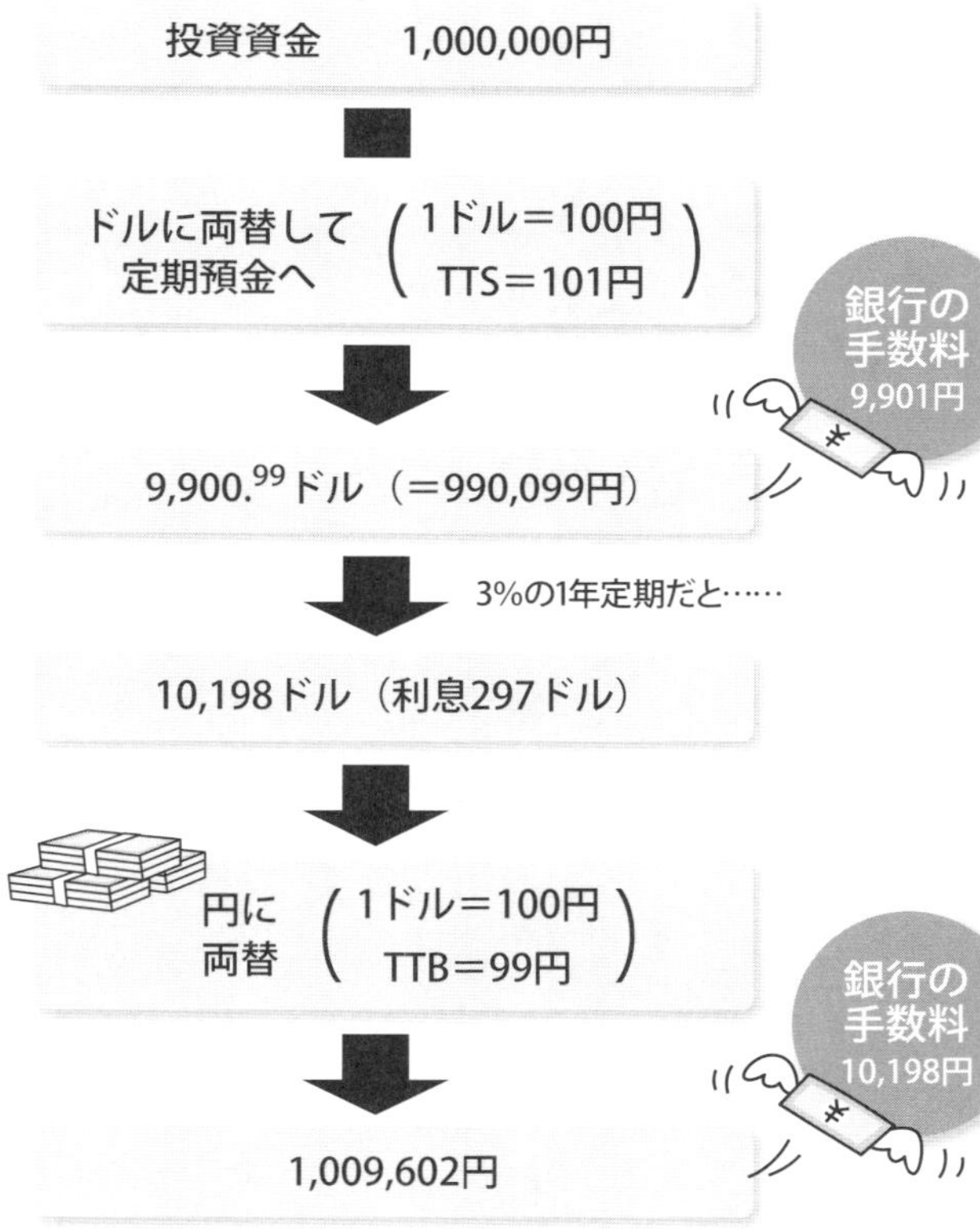

外貨預金のリスク

為替相場は毎日動いています。預けたときよりも引き出すときのほうが円高になっていれば、差損が出ます。逆に、円安に動いた場合は差益が出ます。定期預金は満期になって円に戻して引き出すときまで、どれだけ損（得）をするかがわかりません。それを避けるために、引き出し時のレートを予約する為替予約ができるようにしている銀行もあります。

この予約レートは預金者が勝手に決めることができるのではなく、予約をする日の先物相場に応じて決まるものになります。

また、外貨預金は預金保険の対象にはなっていないため、銀行が潰れたときには、最悪の場合、全額が返ってこない可能性があります。

Section 9-3

デリバティブのしくみ

サブプライム問題以後、世の中を賑わせているデリバティブとはいったい何でしょう？

「デリバティブ」とは、金融取引（借入・預金・外国為替・株式や債券の売買など）や、実物商品（穀物・石油・貴金属など）の価格が変動するリスクを回避するために開発された金融商品の総称です。もともとの取引や商品そのものではなく、そこから派生した金融取引なので、日本語では「派生商品」と呼んでいます。代表的なものに、先物・スワップ・オプションの３つがあります。

先物

先物は、専用の先物取引市場で売買されています。為替・金利のレートや日経225（日経平均株価）のような株価指標などの金融商品以外に、大豆・小豆などの農産物や金・銀・原油などの鉱産物も取引されています。

先物取引は、そういった商品を、将来の決められた期日に、決められた価格で、売買するという契約です。先物を買っていた場合、期日が来たときにその商品の価格が購入価格を上回れば利益が出て、下回れば損をすることになります。といっても、その商品の現物を期日にやりとりするわけではなく、反対売買をすることにより（買っていた人は売り、売っていた人は買うことにより）決済します。もちろん、期日より前に反対売買をして損益を確定させてもかまいません。

商品先物（たとえば小豆相場）で大損したというような話をよく聞きます。これは、先物を売買するときは、もともとの商品の価格をまるまる用意する必要はなく、その5～10％くらいを取引所に証拠金として納めればよいしくみになっているからです。少額の持ち金で大きなリスクをとることができるので、損得のブレも大きくなります。小豆の生産・流通にかかわる人がリスク回避で参加するだけでなく、ただ一攫千金だけを狙っている人たちも投機目的で取引に参加しているのです。

これは、先物以外のデリバティブでも同様です。「〇〇銀行はデリバティブ投資に失敗し多額の損失を抱えている」といわれるようなとき、投資・投機の対象としてデリバティブを利用し、賭けに負けたということを意味してい

CDS（クレジット・デフォルト・スワップ）のしくみ

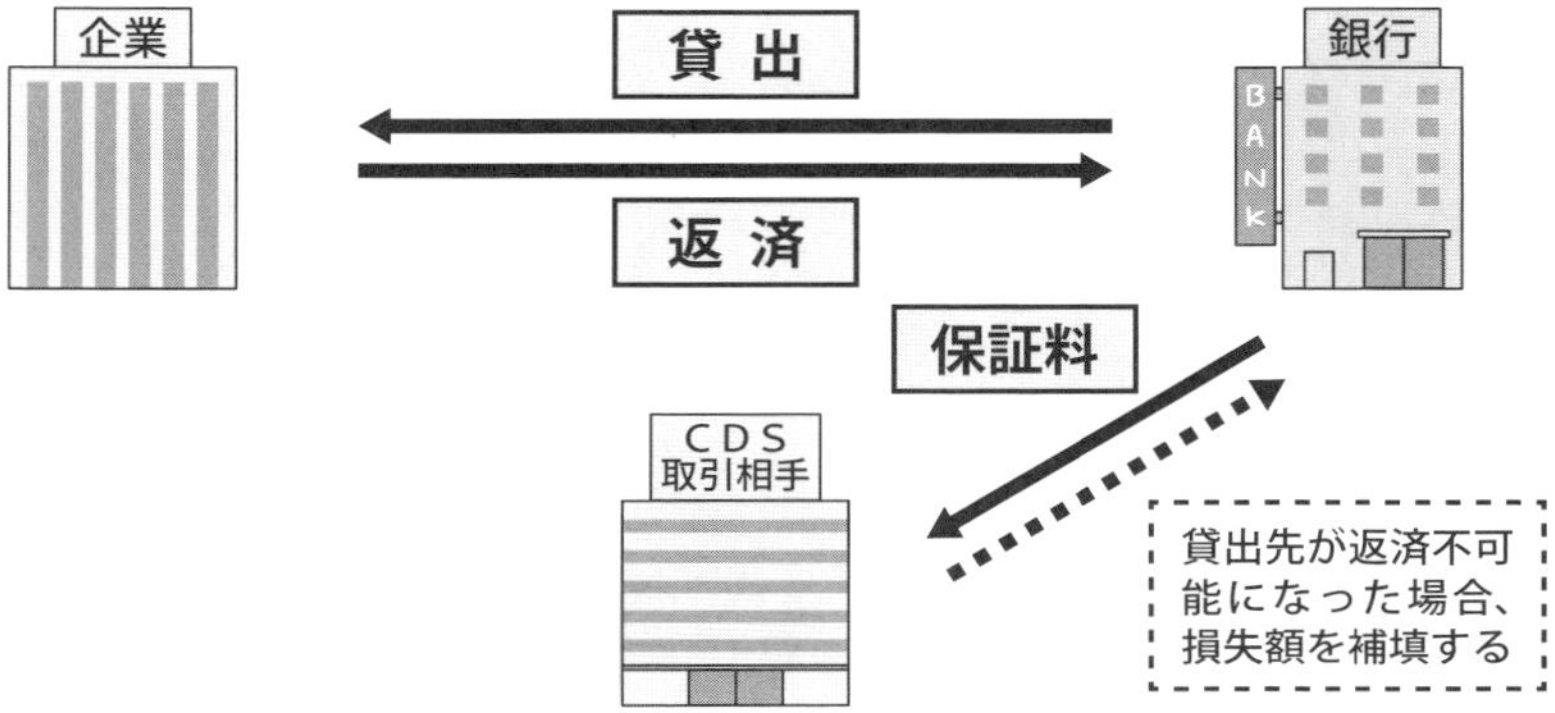

ます。

スワップ

　スワップは、あらかじめ決められた条件に基づいて、将来の一定期間にわたって、キャッシュフローを交換する取引です。たとえば、「金利スワップ」は、片方が固定金利を払い、相手方が変動金利を払う取引ですが、元本のやりとりは起きず、金利だけをやりとりします。金利以外には、円とドルなど異なる通貨間の「通貨スワップ」や、株価や株価の指数に基づく「エクイティスワップ」などがあります。

　2008年秋の金融危機で問題になったCDS（クレジット・デフォルト・スワップ）もスワップの一種です。これは、信用リスク（貸付相手の企業などが倒産するリスク）を回避するために開発された商品です。たとえば、ある銀行がある企業への貸出を行なっていたとします。その企業が倒産した場合、貸出金が返って来ない可能性があります。その銀行は、CDS契約を結び、一定の金額を契約の相手方に払い続ける代わりに、貸出先の企業が返済できなくなった場合、その損失をCDS契約の相手方に補填してもらうというしくみです。

　アメリカ最大の保険会社であるAIGは、CDSの保有額が莫大だった（世界中の信用リスクをとりまくっていた）ため、破綻した場合の影響が大きすぎて、政府が救済策をとらざるを得なかったといわれています。

オプション

　オプションとは、ある資産をあらかじめ決められた将来の一定の日または期間に、一定の価格で取引する「権利」を売買する取引です。たとえば、気象条件が一定の基準（夏の間、最高気温が何度以下の日が何日以上）を満たすと一定額が支払われるというような「天候デリバティブ」はオプションの一種です。

Section 9-4

社債のしくみ

企業は、社債を投資家に買ってもらうことで、銀行を介さずに直接資金を調達することができます。

企業のメリット

社債は一般的に、期間が2年〜7年間、クーポン（金利）が固定され、期間中の返済もないので、発行する企業にとって安定した資金調達になるというメリットがあります。また、複数の資金調達方法を確保しておくことは、資金面の安定・安心につながります。

銀行のメリット

銀行にとっては社債で企業が調達した分、貸出が減るのであまり嬉しくないはずです。それでも銀行は社債発行を手伝っています。それには理由があります。

まず、銀行が保証して社債を発行する場合は保証料として０・６%程度が入ります。他に銀行が受託会社になると社債発行の手数料として、引受手数料、財務代理手数料、登録手数料、償還手数料などが入ります。たとえば5年社債の場合、トータルで発行額の5%程度（２００８年６月時点）が銀行収益になります。

別の理由として、既存取引先企業との関係を維持したいということもあります。企業単独では社債発行はできないので、銀行が手助けをしなければ証券会社や他の銀行などに助けてもらうことになり、取引がどんどん薄くなってしまうからです。

社債の種類

社債の種類には「普通社債」と、「新株予約権付社債」の二つがあります。新株予約権付社債の中に、「転換社債」と「ワラント債」があります。

◎普通社債

一般的に社債と呼ばれるのはこれで、投資家は社債の元本に対し、定期的にクーポン利息を受け取り、最終償還日に元金の払い戻しを受けます。

◎新株予約権付社債（転換社債）

以前は転換社債と呼ばれていたもので、あらかじめ決められた価格（転換価格）で社債を発行企業の株式に転換することができる権利が付いているものです。

権利を行使すると社債は新たなお金を出さずに株に転換され、社債に戻す

◯転換社債のしくみ

株価上昇時の転換社債の取扱い

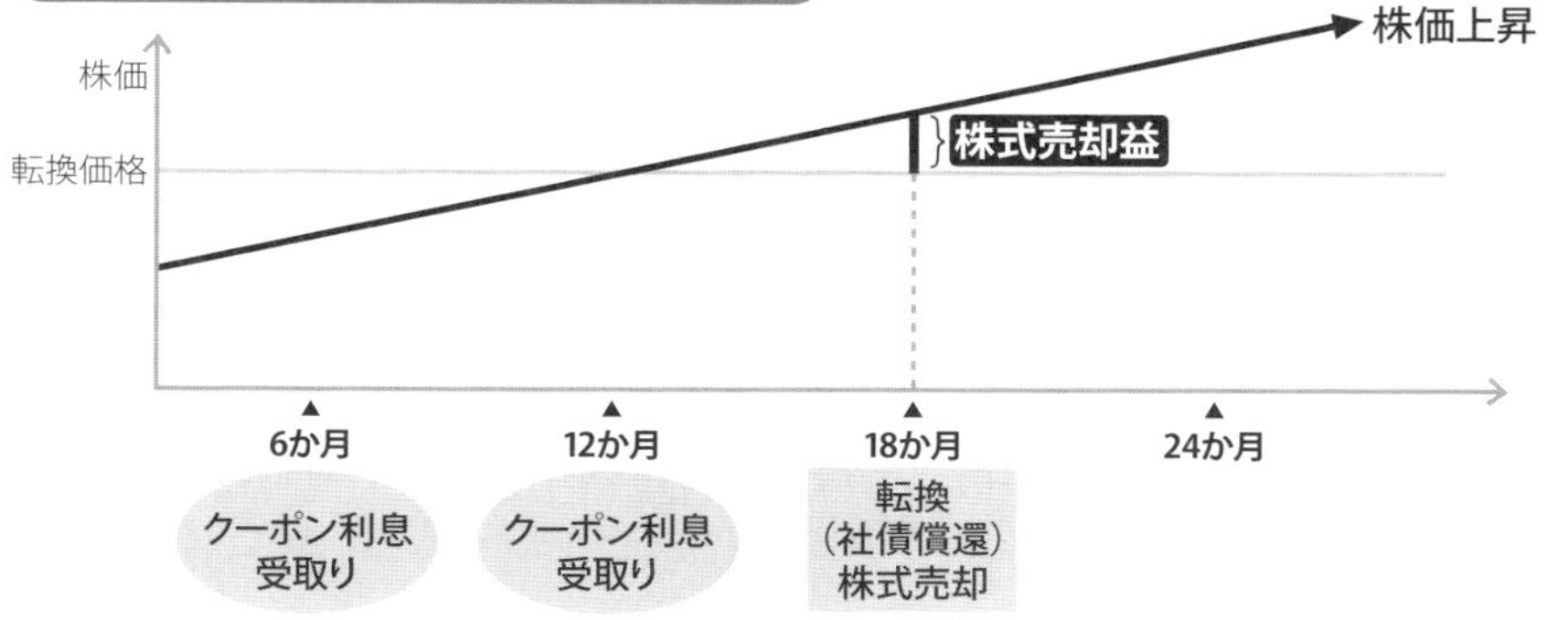

株価下落時の転換社債の取扱い

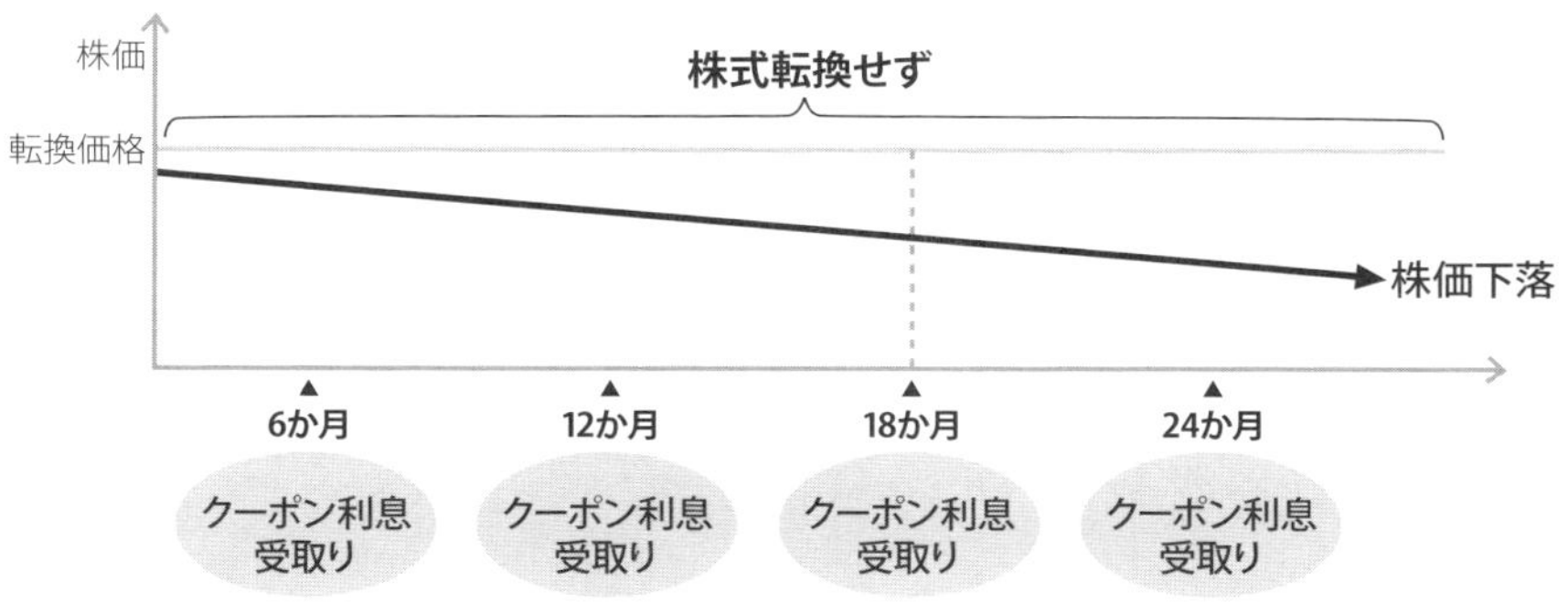

ことはできません。投資家は株価が上がったタイミングで転換し、すぐ株を売却すれば、社債のクーポン利息だけでなく株式の売却益も狙うことができます。そのため、普通社債よりもクーポンは低めに設定されます。

企業にとっても、業績がよくて株価が上がっていれば、投資家が株式に転換してくれるので社債の元金を返済しなくてよくなります。株式増資のように一度に株式が増えないため、配当負担が一度に増加しないのもメリットです。

◎新株予約権付社債（ワラント債）

以前は、ワラント債と呼ばれていたものです。転換社債と違い、あらかじめ決められた価格（行使価格）で新たにお金を出して、その会社の株式を買う権利の付いた社債です。

権利を行使したあとも社債が手元に残るところが転換社債とは異なります。

Section 9-5

アフリカ・アジアの新金融サービス

社会・経済情勢の異なる海外の国々では、ユニークな金融サービスが提供されています。アフリカ・アジアの例をみてみましょう。

アフリカ

アフリカ大陸の人口は13億人。現在その多くが若年層かつ低所得層ですが、世界で唯一といえる高度経済成長中の地域です。アフリカで銀行口座をもつ成人は平均で43%にすぎず、20%未満の国も多数あります（数値は世界銀行２０１７調査）。都市部以外では電気や水といったインフラも十分でない地域も多い中、ＩＴＵの２０１９年調査では携帯電話普及率は80%以上です。そのため、Ｍ-ＰＥＳＡ（エムペサ・ケニア発）などのモバイル送金が急速に成長しました。モバイル口座をもつ人は21%、電子決済利用者は34%います。銀行やカード会社から融資を受けた人は８%にすぎませんが、融資を受けたい人は46%います（世界銀行２０１７調査）。アフリカは金融ニーズの宝庫といってもよい地域です。

日本の起業家によるバイオ燃料を扱う日本植物燃料株式会社や、地方の電化事業を行なうＷＡＳＳＨＡ（デジタルグリッド）株式会社も進出しています。これらの企業は決済だけでなく現地の農民へのマイクロファイナンス（小規模金融）を行なっています。

アジア

中国での電子決済、アリペイ・ＷｅＣｈａｔ（ウィーチャット）ペイのＱＲコード決済の急速な普及はよく知られるところです。欧州がＮＦＣ（Near Field Communication：近距離無線通信技術）決済方式なのとは対照的です。決済履歴から信用力がスコア化されたものが即時に計算され与信が可能なため、買い物と同時に分割払いにすることも可能です。

ＱＲコード決済ではパスワード入力が面倒といわれていましたが、すでに指紋認証・顔認証で自動パスワード入力が使われており、少額決済ならそれさえも不要です。アントフィナンシャルサービスが開発した芝麻信用（個人の信用スコア算出システム）で高い信用スコアをもつと北京空港で専用出国レーンが使えたり、他国のビザの取得がしやすくなるなどの特典があります。

アフリカ同様、銀行口座保有率の低

アフリカ・アジアにおける成人の銀行口座保有率と新しい金融サービス

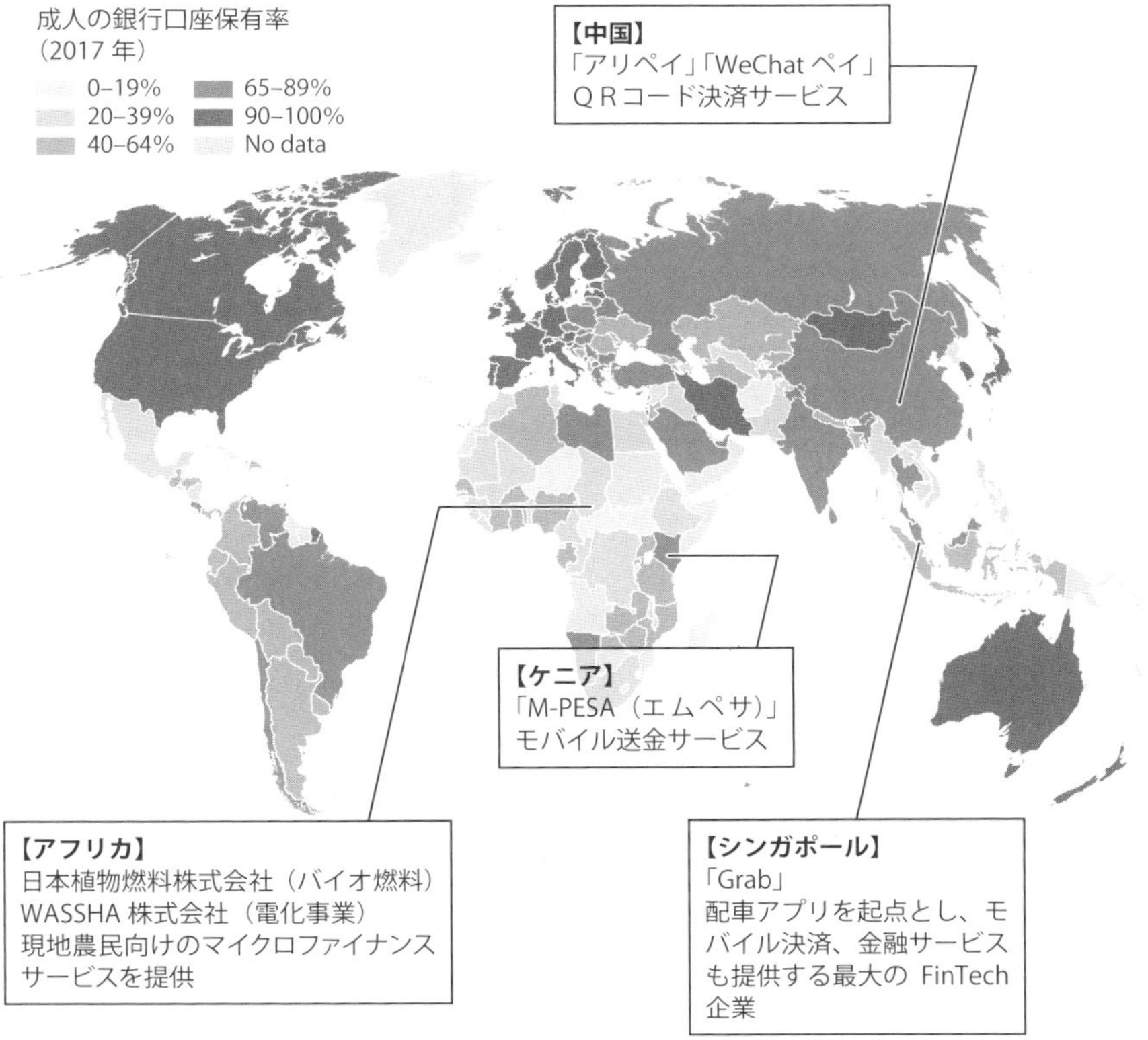

出所：World Bank, Global Findex Database

い東南アジアの電子決済の多くは中国企業の進出、またはその技術を使うかたちで進んでいます。Grab（グラブ・シンガポール発）はもともとUberのような配車アプリからスタートし、東南アジア8か国で1日600万回の乗車を扱う優位性を活かして、東南アジア最大のFinTech企業になっています。GrabBikeの運転手と利用者の保険、GrabPayではモバイル決済にも乗り出しました。

GrabPayでは、Grabの提供するサービスの決済だけでなく、2017年からはユーザー間の送金も可能になっています。オンライン決済、スタートアップへの投資、ショッピング、物流、フードデリバリーなど多数の分野に進出しており、将来の有望性から世界中の名だたる企業から出資を受けています。日本からはソフトバンクやトヨタが出資しています。

Section 9-6

金庫のしくみ

防犯や災害に強いという銀行の特徴を活かして、金庫を利用して身近な安心を提供するサービスがあります。

金庫は銀行のシンボル

銀行はさまざまな財産を保管するため、防盗・防火性能が高く、耐震性も備えた分厚い扉に閉ざされた金庫室をもっています。まさに銀行の「信用」を支えるシンボルです。

しかし、映画やアニメとは違って銀行の金庫には、送金システムが発達した今日、金塊はおろか、それほど多くの現金も置いていません。

金庫内には本棚やキャビネットがあり、主に重要書類の管理・保管場所として使われています。たとえば、契約証書、発効前のキャッシュカードの在庫、入金の際に使った伝票など、保存が一定期間義務付けられている書類もその一つです。

利用頻度の高い書類は可動式のキャビネットに収められ、毎日、始業前にそのキャビネットを自分たちの机の近くまで運び、終業後は書類を戻して施錠したあと、キャビネットごと金庫室の中へ収めます。

貸金庫の役割

一方、顧客が失いたくない財産を保管するために銀行の貸金庫を利用することもあります。社債などの有価証券、不動産権利証、契約書や遺言書、宝石やアルバムなどの大切な思い出の品、これらの財産が火災・地震や盗難のトラブルに巻き込まれないよう、銀行の金庫室と同等またはそれ以上の性能を有する貸金庫室で保管すれば、自宅で保管するより安心できるわけです。洪水などの大きな災害の後、銀行の貸金庫に預けてあったものは無事だったというような話はよくあります。

貸金庫の種類

貸金庫の大きさは高さ約7㎝、幅約25㎝、奥行約45㎝の小型なものから、その4倍ほどの大型のものまであり、用途に合わせた利用ができます。

利用料金は小型のもので年間9000～2万5000円程度です。

貸金庫には大きく分けて「自動型」と「手動型」があります。自動型は、顧客が自分で専用のカードや暗証番号などを組み合わせて貸金庫室へ入室し、

貸金庫のイメージ

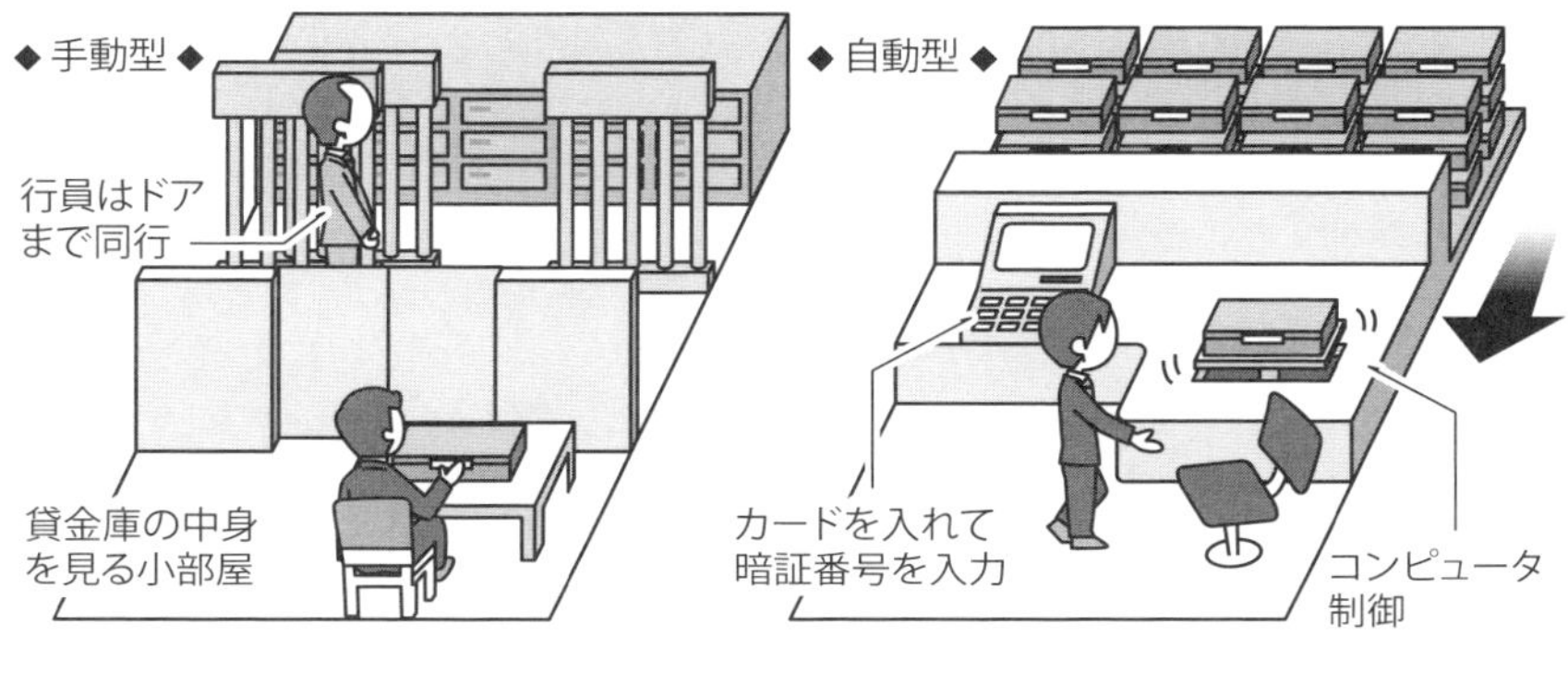

鍵を使って金庫を開け、自分で出し入れできる形態です。手動型は行員が印鑑や筆跡で本人であることを確認後、貸金庫室へ顧客と一緒に入室し、顧客に渡されている鍵と銀行側が管理している鍵の二つを併用して初めて出し入れできる形態です。保管品は専用の個室でみられ、プライバシーにも配慮されています。

利用時間は自動型の場合、ＡＴＭが稼働していれば土日も利用できることもあります。手動型の場合、行員が確認する必要があるため、窓口が開いている時間帯となります。

利用できる人は、その銀行に口座を開設している顧客で審査を通過した申込者本人に限られます。事前に代理人登録した場合は代理人も入室できます。

夜間金庫のしくみ

飲食店や小売業など、多くの商店は銀行の窓口営業時間以外にも営業しています。商店の閉店後に、当日売り上げた現金や小切手などをそのまま店に置いておくのは防犯上望ましくありません。夜間金庫は夜間や早朝、休日でも現金や小切手を銀行へ入金できるしくみです。利用者は専用入金カバンに、売り上げた現金・小切手とともに口座名、金額や金種を記入した入金帳を入れます。銀行の外壁にある夜間金庫投入口を鍵で開け、入金カバンを投入し、入金確認のレシートを受け取ります。銀行は翌営業日に中味を確認し、指定の預金口座へ入金します。

その銀行に口座をもっていれば申込可能です。利用料金は1か月あたり2000～6000円程度で、専用入金帳が1冊50枚綴りで3000～6000円程度です。しかし、最近、夜間金庫へ投入する時間に待ち伏せされて強盗にあう事件が増加しています。銀行によっては夜間金庫を廃止したり、警備会社と協力して集配金サービスを提供したりと新しい動きが起こっています。

column ⑩ 高齢化時代の金融ニーズ

日本は高齢化先進国。高齢化に伴う金融ニーズにちゃんと応えられているでしょうか？

認知症などで預金の管理ができなくなった高齢者の代わりに、財産の管理をする代理人を立てる成年後見制度は2000年に始まりました。家族や弁護士が後見人として家庭裁判所に選任されます。
ところが、後見人による使い込み・横領事件が相次いだため、社会問題となっていました。2011年、2012年の２年間で被害額は80億円を超えていました。

認知症の母を介護施設に入れる一時金を下ろそうと銀行を訪れたＡさんは、母親の預金を下ろすためには「成年後見人」を立てなければいけないことを初めて知ります。

兄弟から疑われるのも面白くないし、この人なら信用できる、という弁護士や司法書士の知り合いもいない。Ａさんはどうしたものかと介護施設に相談したところ、「後見制度支援信託」（以下、支援信託。2012年からスタート）を教えてもらいました。

これは、信託銀行に財産を信託し、その払戻しや解約は家庭裁判所の報告書・指示書を元に行なわれるものです。生活費など日常的な支出についてはあらかじめ決めた一定額が定期的に後見人の管理する口座に振り込まれます。臨時の医療費などは後見人が家庭裁判所に報告をして、裁判所からの指示書で預金を下ろすことが可能になります。

地方に住むＡさんのところから最寄りの信託銀行は電車で２時間の距離、何か手続きが発生するたびに、会社を休まなければならなくなります。信託銀行なんて敷居が高いと躊躇しつつも、裁判所の指示というかたちなら安心だし仕方がないか、と思ったＡさん。ところが、１つ大きな問題に気付きます。信託銀行の支援信託は最低預金額が1,000万円からなので、母の預金では到底無理です。

そこで、地元の信用金庫に勤める友人に相談しました。信用金庫には「後見制度支援預金」（以下、支援預貯金。2017年に一部信金でスタート）という制度があることを教えてくれました。この制度では、最低預入額は１円からです。

家庭裁判所の指示書が必要なのは同じですが、何より家からすぐ近くの信金の支店に行けばよい（窓口のみ、ＡＴＭでの引き出しはできません）ので、信託銀行に比べればはるかに楽です。

というわけでＡさんのケースはなんとか事なきを得ましたが、この制度の導入（または導入予定）金融機関は支援信託・支援預貯金合わせて56%、多くは信用金庫・信用組合です（2020年３月金融庁調べ）。

半数以上の金融機関、特に地銀は７割が導入予定なし、と回答しています。手間がかかって儲からない仕事かもしれませんが、高齢化社会のニーズに応えられない地域金融機関に存在価値はあるのでしょうか。

後見制度支援預金制度

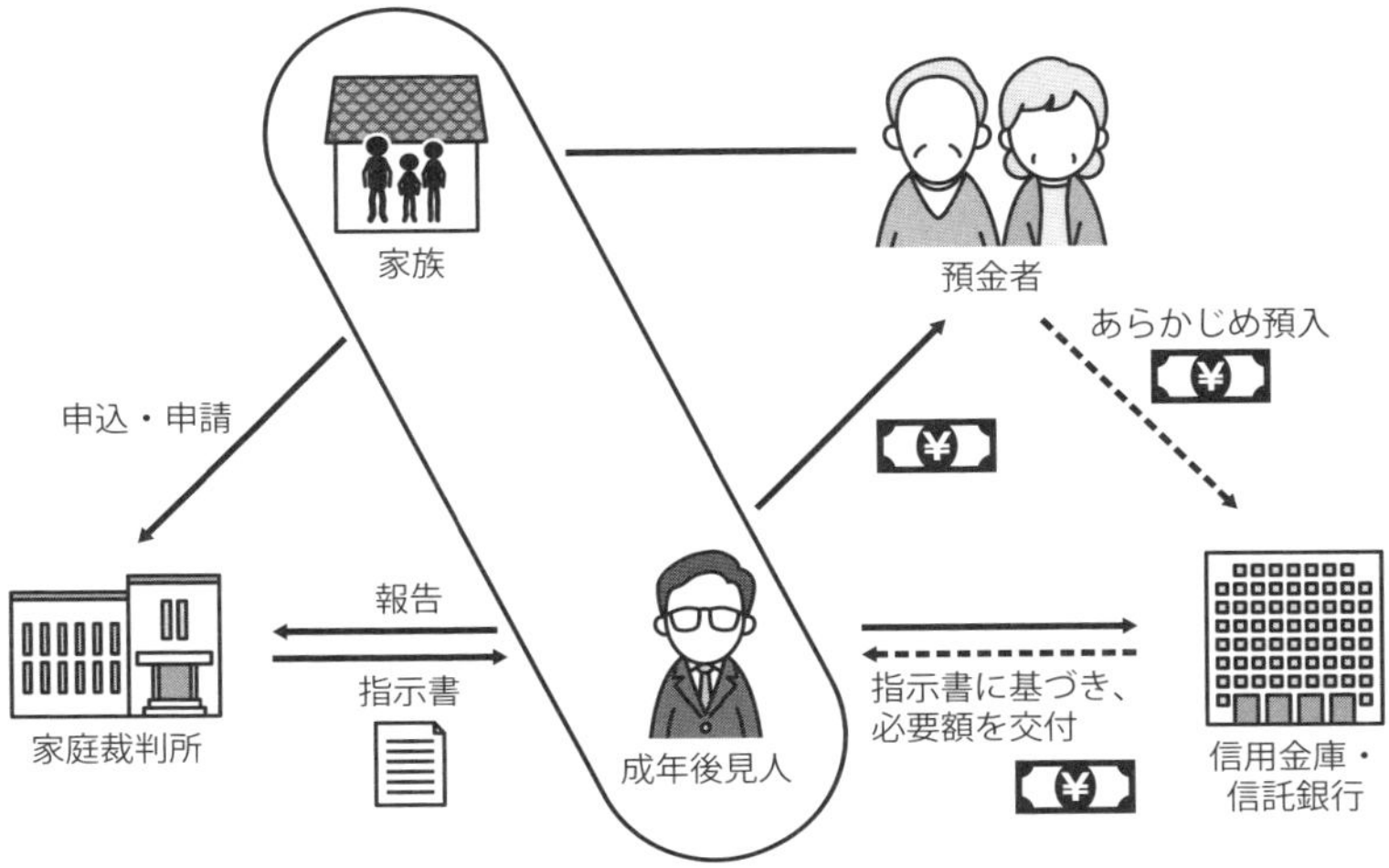

第10章

銀行とビッグデータ

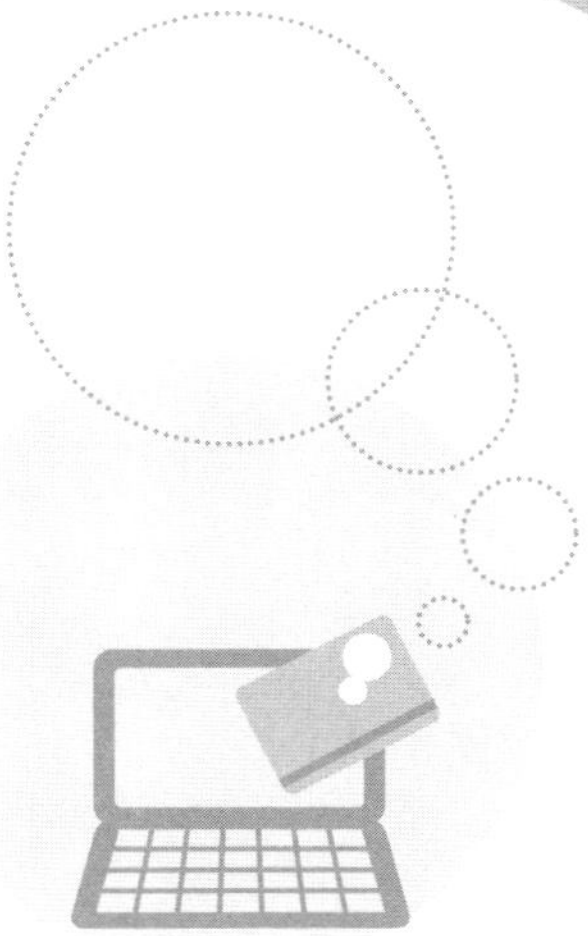

Section 10-1

勘定系システム

銀行のシステムは勘定系と情報系に分かれます。前者は、顧客の口座を動かす総勘定元帳をリアルタイムで処理するものです。

勘定系システムの役割

銀行業界は装置産業だといわれるほど、巨額のコンピュータ投資を行なってきています。

銀行のシステムは、数十万から数千万の口座で毎日行なわれる大量の入出金や振込などを正確・迅速に処理する役割を担います。

通信量や計算量が膨大であること、ATMや為替のネットワークはリアルタイム処理であること、しかも、お金の流れるしくみに不具合が起こると経済に大きなダメージを与えるので、できる限り障害を起こさない安定したシステムが要求されることなどから、投資規模は大きく、かつ複雑なシステムとなっています。

勘定系システムの名称

勘定系システムは銀行内ではさまざまな呼び方をされています。

勘定系が行なう計算は銀行の基幹業務なので、「基幹システム」と呼ばれたり、大型のコンピュータを意味する「メインフレーム」（大型汎用コンピュータ）や、支店などに置かれている端末と対比して「ホスト」と呼ばれることもあります。古くからあるシステムという意味で「レガシー・システム」と呼ぶこともあります。

システム共同化の流れ

チャネルや業務の多様化などから、基幹システムはサブシステムを追加し続けて極度に複雑化しており、その全容を誰も把握できていないほどです。

巨大な勘定系システムの維持・開発を一つの銀行でまかなうことは難しく、コンピュータ・ベンダーが中心となって複数の銀行の勘定系システムを共同開発し、コストの削減を図るプロジェクトが並行して進みました（左の表参照）。

いまでは、共同化グループのどれかに属していない銀行はごくわずかです。これらのプロジェクトでは、ホストの運用センターも共有化するなど、関連業務も含めて開発しています。近年はメインフレームでない、いわゆるオープン系システムでの勘定系も出てきました。

地方銀行システム共同開発・運用プロジェクト一覧

開発・運用	名称	オープン	参加銀行（参加準備中も含む）
NTTデータ	STELLA CUBE		東北、きらぼし、富山、但馬、仙台、きらやか、神奈川、長野、福邦、名古屋
NTTデータ	MEJAR		北海道、七十七、横浜、北陸、東日本
NTTデータ	BeSTACloud（SBK含む）		北都、荘内、あおぞら、福岡中央、佐賀共栄、長崎、豊和、宮崎太陽、南日本、沖縄海邦
NTTデータ	地銀共同センター		青森、秋田、岩手、千葉興業、福井、京都、池田泉州、山陰合同、鳥取、四国、大分、西日本シティ、愛知
NTTデータ	りそな共同		関西みらい（旧 近畿大阪）
IBM	CHANCE（三菱UFJ地銀共同化システム）		常陽、足利、十六、南都、山口、百十四、北九州、もみじ
IBM	Flight21		広島、福岡、十八親和、熊本
IBM	じゅうだん会		山形、筑波、武蔵野、八十二、阿波、宮崎、琉球
IBM	TSUBASA	●	千葉、北洋、第四北越、中国、伊予、東邦
日本ユニシス	BankVision	●	山梨中央、北國、スルガ、大垣共立、百五、紀陽、筑邦、佐賀、鹿児島
日立製作所	NEXTBASE		北日本、大東、栃木、大光、静岡中央、中京、三十三、徳島大正、トマト、香川、高知
日立製作所	Linuxオープン	●	みちのく、肥後
日立製作所	次世代オープン（静岡銀行共同開発）	●	京葉、静岡、滋賀
富士通	Probank		清水、西京
NEC	BankingWeb21		東京スター

Section 10-2

情報系システムとＡＩ活用

顧客の情報を蓄積するシステムは情報系システムと呼ばれ、データの分析にはＡＩ（人工知能）が活用され始めています。

情報系システムとは?

総勘定元帳をリアルタイムで動かす勘定系システムとは違い、情報系システムは勘定系の動きを集約したり、定期的にデータを上書きしたりしています。即時性がないものがほとんどです。情報系にも大型のホストコンピュータがあり、そこからさまざまなサブシステムのサーバにつながっているものが多く、それらのサブシステムも合わせて、情報系と総称します。

近年では情報系に大型ホストコンピュータを使わず、オープン系（勘定系からハブを通して目的別の複数のデータベースにデータを分散してもたせる）を採用する銀行も増えてきました。

ＭＣＩＦが中心

情報系システムの中心は「ＭＣＩＦ」(Marketing Customer Information File）です。「ＣＩＦ」というのは、初めて銀行に普通預金口座を開設するなどの取引開始時に設定されるもので、氏名・性別・年齢・住所・電話番号などを登録した鍵ファイルという意味です。ＣＩＦによって顧客を特定するので、複数の支店に口座をもっていたとしても、基本的にＣＩＦ番号は一つです。

名称に「マーケティング」が入っているのは、支店業績管理や、顧客情報を利用したセールスやプロモーションに使用されるためです。最近では、顧客からの聞き取り情報なども加えて、顧客との関係を総合的に管理するシステムとして、「ＣＲＭ（Customer Relationship Management）システム」と呼ぶことも多くなっています。

ＭＣＩＦは口座開設時の情報に加えて、その後の公共料金などの自動引落しの種類や、定期預金・ローン取引の種類や残高の月次データ、ＡＴＭの入出金回数や金額の明細などのデータを時系列で貯めていきます。ＭＣＩＦに直近で口座の移動があったポイント制の点数や日付、ダイレクトメールの要・不要などの項目が保有されている場合もあります。

ＭＣＩＦをＣＩＦ番号で検索すると、顧客の属性や預金やローンなど複数口座の取引状況がすべてわかります。住所や姓などが変わった場合は属性情報

ホストコンピュータ型情報系システム

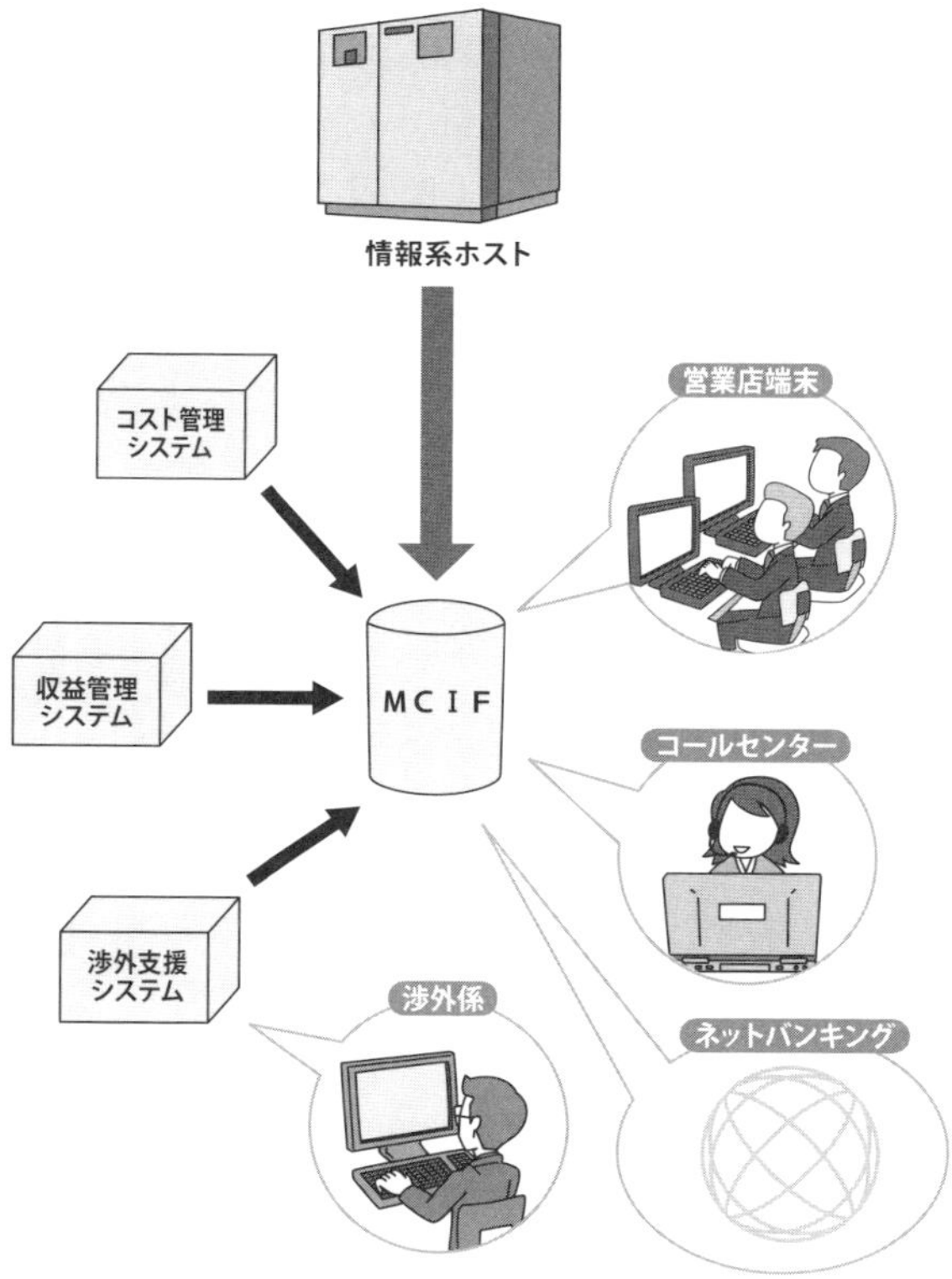

オープン型情報系システム

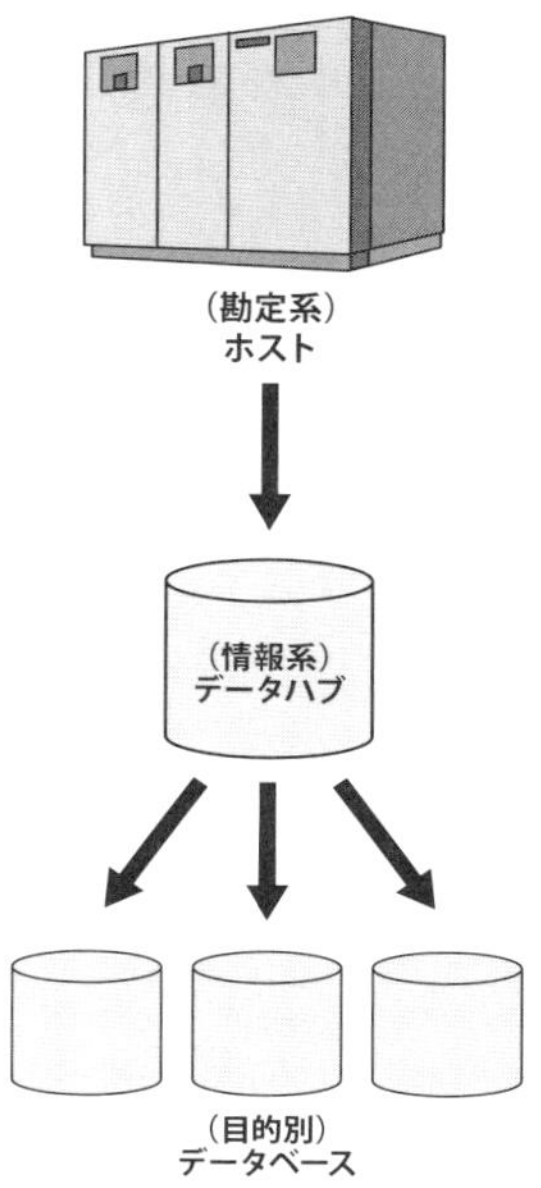

が更新されます。法人顧客の場合、財務情報などのデータが加わるため項目数は個人よりずっと多くなります。MCIFにどの項目をどの程度細かくもつかは、各銀行の戦略によって異なります。

AIの活用

　銀行は、もともと多様なビッグデータをもつ業種です。

　ビッグデータ分析に使用されるAIはどのように銀行業務に貢献するのでしょうか。ごく一例ですが、次のようなことが考えられ、また、一部は実現しています。

◎コールセンター業務の効率化
◎自動応答（チャットボット）
◎店頭での人型ロボットでの個別応対
◎事務規定の検索等、社内業務効率化
◎マーケティング支援
◎顧客投資支援（ロボアドバイザー）
◎信用スコア計算

Section 10-3

銀行APIとFinTech

銀行と外部のサービス業者のデータ連携を可能にしたしくみが銀行API（Application Programming Interface）で、決済サービスを提供するFinTechは銀行APIを使っています。

APIとは?

APIは、あるコンピュータプログラム（アプリケーション）のもつ機能やそのデータを、他のコンピュータプログラムから呼び出して、接続し利用するためのしくみです。自社以外の企業にもこのしくみを公開することをオープンAPIといいます。

意外かもしれませんが、日本の銀行はAPIを世界に先駆けてオープンにしています。2017年5月に銀行法を改正して、法的にも銀行が外部に口座情報や取引機能を提供する枠組みが整備されました。

オープンAPIで何ができるのか?

家計簿サービスや個人の資産管理などのFinTechは、このしくみを使って銀行や証券会社のデータを一か所にまとめています。

預金者は家計簿サービスなどのアプリを使用する際、振込をしたり残高情報をとってきたりする操作に限定した合鍵（のようなもの）を銀行を通して設定します。アプリ業者にIDやパスワードそのものを渡してしまうのではない点で、安心です。

また、振込機能を使うことで外部アプリから銀行振込を直接行なえるようになります。ネットで買い物をするとき、支払に銀行振込を選択すると、これまでは利用者が銀行のサイトに移行してIDやパスワードを入れ直して振込操作をする必要がありました。今後はシームレスにネットでの買い物が可能になります。

FinTechにとっての意味

現実には、こういった法律が整備されていなくても、FinTechと複数の金融機関が個別に契約すれば家計簿サービスや振込サービスは可能でした。

しかし、スタートアップの小さな企業が多いFinTech企業のセキュリティ体制やアプリの信用力を個別に審査して判断を下すのは、銀行にとって負担やリスクが大きく、イノベーティブな金融サービスのビジネスモデルがあっても、採用される可能性が低かったのです。そのため、オープンAPIの制度的・法的整備はFinTechの後押しになっています。

オープンＡＰＩを利用した照会・送金の流れ（イメージ）

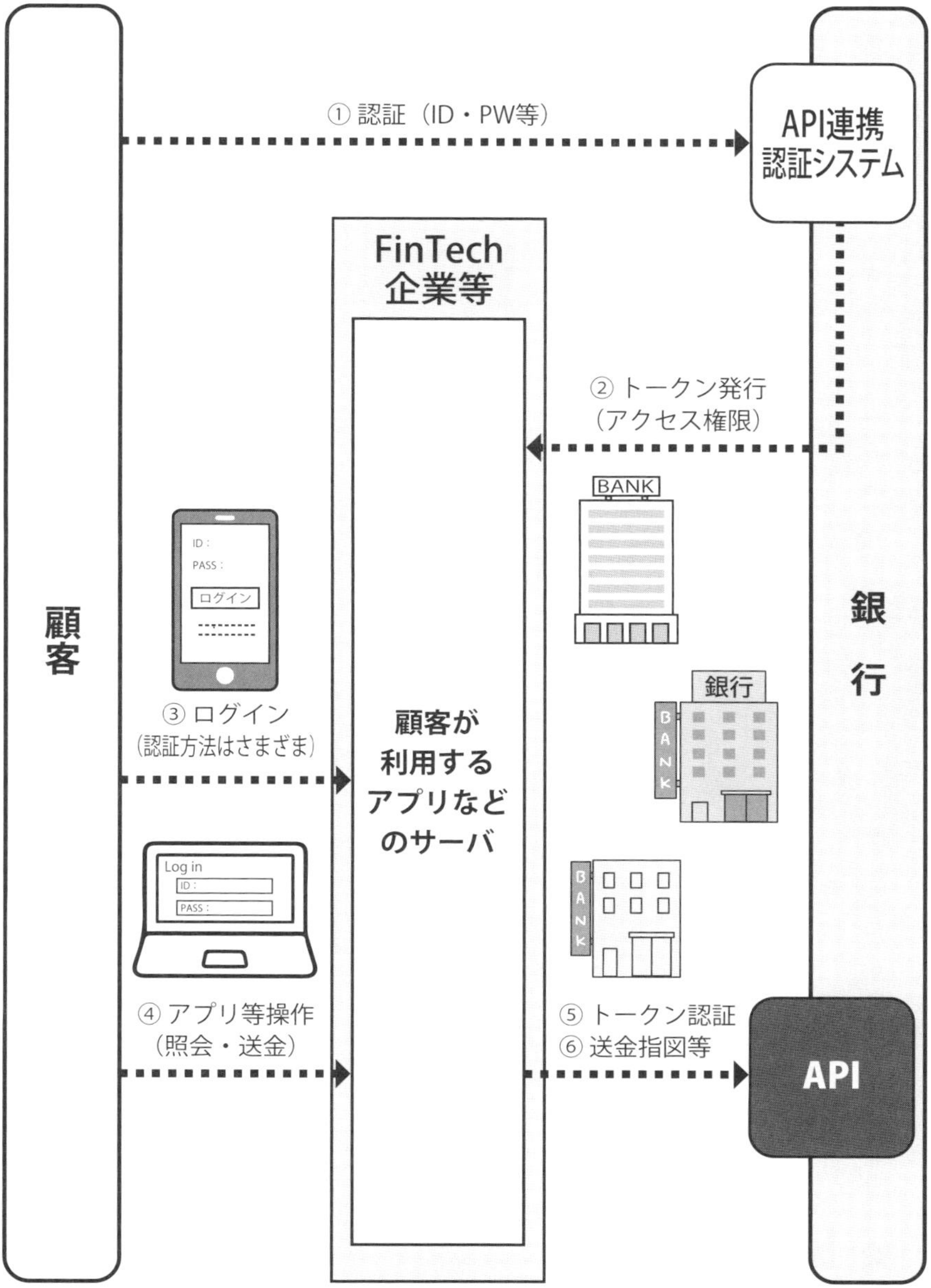

出所：一般社団法人全国銀行協会 HP

Section 10-4

厳格な情報管理体制

銀行のもつデータは個人情報のかたまりです。情報漏えいには非常に気をつけています。

銀行がもっている情報

銀行には顧客データが大量にあります。氏名・住所・電話番号・生年月日や預金残高はもちろんのこと、借入をしていれば借入残高や年収もわかります。端末で顧客データをみることができる行員が悪意でデータを漏えいしないことだけでなく、渉外係がもち歩く携帯端末のセキュリティ対策も重要です。

さまざまな情報管理体制

◎モニタリング

端末で、業務に関係のない情報をみたり印刷したりしていないかどうかが監視されています。監視しているのは、本部の情報管理の部署や副支店長など支店の管理職です。

端末を使うときは、最初にＩＤとパスワードを入れたりＩＤカードを通したりしてからログインするため、誰が何の情報をみたかがわかります。

◎コピー機・プリンター

カードを通さなければコピー機が使えないようにしている銀行もあります。コピー機には誰が何をコピーしたかが電子的に記録されます。

◎ＦＡＸ送信ルール

顧客宛てのＦＡＸを間違って別の人に送ってしまったら大変です。そこで、送信するときは一度テスト送信をして番号が正確であることを確認してから管理職立会いのうえ本番の送信をします。

◎メールの送信ルール

メール本文には個人情報を書かない、添付ファイルにはパスワードをつける、パスワードはファイルを添付したメールとは別メールで送信する、などのルールがあります（情報漏えいに有効かどうかは疑問ですが）。外部に送信するメールも本部で監視しています。

◎情報もち出しルール

顧客を訪問したり新規開拓の営業をしたりするとき、顧客リストなど大量の顧客情報を支店から外にもち出すことがあります。万が一、その書類が入ったカバンを落としたり奪われたりしたとき、どんな情報が流出したかを特定しなければなりません。そのために、もち出す情報の内容や件数を帳簿に書いておきます。

◎情報の出口の管理

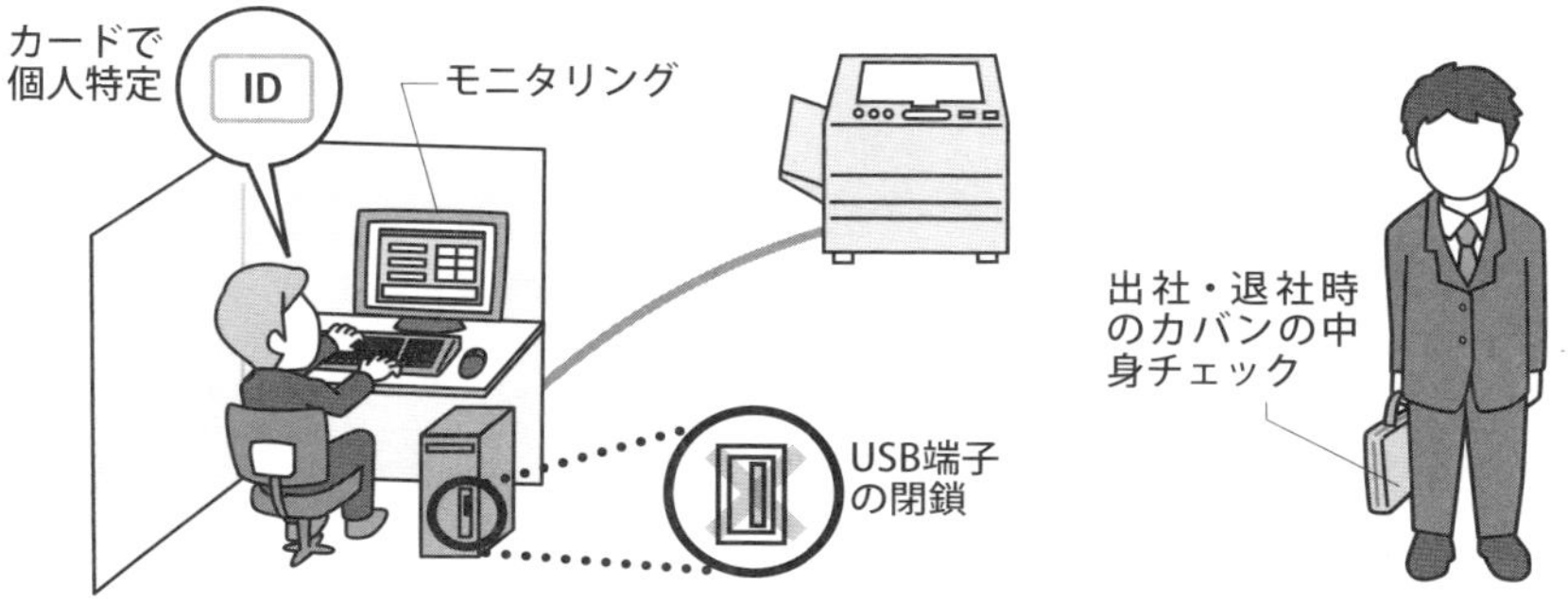

◎**情報端末**

支店内で使う情報端末やパソコンから情報をメディアでもち出すことは基本的にはできません。USB端子はメディアを差し込めないよう閉じてあることが多く、どうしても使う場合は管理職の承認を得るなどの手続きが必要です。渉外係のもつ携帯端末（iPadのようなもの）は、銀行のサーバなど決められたところにしかアクセスできないものがほとんどです。この場合も、インターネットのようにオープンなネットワークではなく、「閉域網」と呼ばれる限定されたネットワークを使います。

◎**抜き打ち検査**

かつては仕事を自宅にもち帰り、夜に家で稟議書を書いたり土日に顧客ファイルを読んだりしていた銀行員たちですが、いまはそんなことはできません。不注意でデータを紛失する事故を防ぐためです。また、サービス残業をなくすため、という意味もあります。

こっそり書類をカバンに入れたりデータを媒体に保存したりしてもち帰っていないかを調べるため、抜き打ち検査が行なわれます。課長や副支店長が出社時間や退社時間に通用口で待ち構えていて、カバンの中身をチェックします。入れる書類もないし疑われるのも嫌だからと、毎日カバンなしで出勤する人もいます。

◎**その他**

新入行員のころから、取引先の情報を飲み会や会社のエレベーター内で話したり、家族に話したりしないように、と口をすっぱくしていわれます。業務上、上場企業の重要な情報をいち早く入手することも多いので、インサイダー取引にも注意が必要です。取引先の株式の購入などは基本的に自粛します。

また、毎日帰るときには、あらゆる机や棚を施錠します。捨てる書類はすべてシュレッダーにかけます。

column ⓫ あなたの口座はのぞかれている

〈ケース１〉宝くじで当たった1,000万円。窓口で入金すると、きっといろいろうるさく聞かれるので、ネットバンキングを使って入金。ところが、入金した翌日、その銀行から自宅に電話が。「すぐに使う予定がないのなら、投資信託はいかがですか？」。私は銀行には何もいってないのに……。

〈ケース２〉ふと気付いたら、ちょっとした不注意で普通預金が残高不足。電話料金が引落し不能。その翌月、銀行から「いざというときのために、普通預金にカードローンをセットしましょう」というダイレクトメールが。

〈ケース３〉住宅ローンの借り換えをしようかと思って、インターネットでローンの金利をチェック。翌日、ある銀行のＡＴＭでお金を下ろしている最中の画面に「住宅ローン金利特別優遇中」の宣伝が出現。

〈ケース４〉ある日突然、銀行から「住所変更の手続きはお早めに」という電話。思い当たるのは、最近、使うＡＴＭが変わったことだけ。

かゆいところまで手が届くような便利なサービスだと思いますか？

それとも、私生活をどこかで見張られているようで抵抗感がありますか？

ふだんから仲良くしている担当者からの電話だったらＯＫですか？

コールセンターで働いている見知らぬパート職員からの電話だったらどう思いますか？

実は、いま、これらのことを、実際にいくつかの銀行がシステム的に実現させようとしています。

顧客の口座の日々の動きをシステムが監視し、ふだんと違う動きがあれば、それをコンピュータが検知し、銀行の担当者に即座に情報提供をするしくみを銀行は以前から開発していました。最近では自行の口座の動きに限らずネット検索や銀行以外の商品サービス購入データも使われるようになってきました。「ビッグデータとＡＩを活用して分析」というものです。情報提供を受けた銀行員は、電話したりダイレクトメールを送ったりして顧客にアクションを起こします。お客様に起きたイベント（行動の変化）をほぼリアルタイムで把握することで、誰よりも早くお客様に「最適なタイミング」で商品の提案ができるので、「これはお客様中心のシステムである」というのが、銀行の言い分です。

みなさん、このしくみはあったほうがいいと思いますか？

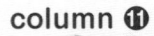

▶参考文献一覧

第１章

（銀行数）

金融庁「銀行免許一覧（都市銀行・信託銀行・その他）」（2021年４月５日現在）

https://www.fsa.go.jp/menkyo/menkyoj/ginkou.pdf

https://www.fsa.go.jp/menkyo/menkyo.html

金融庁「銀行持株会社一覧」（2020年10月１日現在）

https://www.fsa.go.jp/menkyo/menkyoj/ginkoumochikabu.pdf

金融庁「信用金庫免許一覧」（2021年２月３日現在）

https://www.fsa.go.jp/menkyo/menkyoj/sinkin.pdf

金融庁「信用組合認可一覧」（2021年３月18日現在）

https://www.fsa.go.jp/menkyo/menkyoj/sinkumi.pdf

金融庁「労働金庫免許一覧」（2015年７月１日現在）

https://www.fsa.go.jp/menkyo/menkyoj/rokin.pdf

農林中央金庫「データでみるJAバンク」（2020年４月１日現在）

https://www.nochubank.or.jp/about/business/retail.html

水産庁「水産業協同組合統計表」『８章　信用事業』『（1）事業実施状況』2018年度

https://www.e-stat.go.jp/stat-search/files?page＝1&layout＝datalist&toukei＝00502000&tstat＝000001021819&cycle＝8&year＝20191&month＝0&tclass1＝000001034118&tclass2＝000001152426

https://www.e-stat.go.jp/stat-search/file-download?statInfId＝000032070210&fileKind＝0

（行政処分）

金融庁「行政処分事例集」（2021年３月31日時点）

https://www.fsa.go.jp/status/s_jirei/kouhyou.html

（金融庁の組織）

金融庁「金融庁組織図」（2021年７月時点）

https://www.fsa.go.jp/common/about/organization/fsa_org_chart_jp.pdf

（銀行の歴史）

三菱UFJ FG「業績について」（2021年３月期）

https://www.mufg.jp/ir/investors/achievement/index.html

みずほFG「みずほの概要」より『主要データ（連結）』（2021年３月時点）

https://www.mizuho-fg.co.jp/investors/individual/summary/index.html

三井住友FG「業績・財務ハイライト」より『年間・連結貸借対照表』（2021年３月時点）

https://www.smfg.co.jp/investor/highlight/index.html

りそなグループのあゆみ

https://www.resona-gr.co.jp/holdings/about/hd_gaiyou/ayumi.html

第2章

（預金・貸出）

全国銀行協会　統計資料_全国銀行 預金・貸出金速報_2021年３月

https://www.zenginkyo.or.jp/fileadmin/res/abstract/stats/month1_01/yokashi03583.pdf

（普通金利）

みずほ銀行　https://www.mizuhobank.co.jp/rate_fee/rate_deposit.html

三菱UFJ銀行　https://www.bk.mufg.jp/ippan/kinri/yokin_kinri.html

三井住友銀行　https://www.smbc.co.jp/kojin/kinri/yokin.html

（短期プライムレート）

みずほ銀行　https://www.mizuhobank.co.jp/rate_fee/rate_sprime.html

三菱UFJ銀行　https://www.bk.mufg.jp/report/sprime/rate.pdf

三井住友銀行　https://www.smbc.co.jp/kojin/kinri/primerate.html

（送金小切手発行手数料）
みずほ銀行　https://www.mizuhobank.co.jp/rate_fee/fee_sonota.html
三菱UFJ銀行　https://www.bk.mufg.jp/tesuuryou/toritate.html
三井住友銀行　https://www.smbc.co.jp/hojin/fee/other.html

（振込手数料）
三菱UFJ銀行　https://www.bk.mufg.jp/tesuuryou/furikomi.html
ソニー銀行　https://moneykit.net/visitor/fee/
京都中央信用金庫　https://www.chushin.co.jp/fee/transfer/index.html

（為替手数料）
三菱UFJ銀行　https://www.bk.mufg.jp/tameru/gaika/kinri.html
三井住友銀行　https://www.smbc.co.jp/kojin/direct/tesuryo/kawase_fee.html
みずほ銀行　https://www.mizuhobank.co.jp/rate_fee/rate_fee_kaitei.html

（外貨送金手数料）
三菱UFJ銀行　https://www.bk.mufg.jp/tsukau/kaigai/soukin/
三井住友銀行
https://www.smbc.co.jp/kojin/kaigaiservice/gaikokusoukin/index02.html
みずほ銀行　https://www.mizuhobank.co.jp/rate_fee/rate_fee_kaitei.html

（メガバンクのクレジットカード取扱残高）
月刊消費者信用　2021年7月号

（クレジットカード会社の収益構造）
月刊消費者信用　2021年7月号

（不良債権残高）
金融庁　金融再生法開示債権等の推移
https://www.fsa.go.jp/status/npl/20200828/01.pdf

（格付）
Ｒ＆Ｉ　https://www.r-i.co.jp/rating/index.html/
ＪＣＲ　https://www.jcr.co.jp/ratinglist/
Moody's　https://www.moodys.com/pages/default_ja.aspx
Standards & Poor's
https://www.standardandpoors.com/ja_JP/web/guest/home

（投資信託等の販売手数料）
金融庁「投資信託等の販売会社に関する定量データ分析結果（2021年６月30日）」
https://www.fsa.go.jp/news/r2/kokyakuhoni/202106/003.pdf
株式会社保険研究所「インシュアランス　令和２年度版損害保険統計号」

第３章

（さまざまな支店のタイプ）
金融庁　https://www.fsa.go.jp/common/law/guide/city/07.html
ウィキペディア　https://ja.wikipedia.org/wiki/新たな形態の銀行
セブン銀行　https://www.sevenbank.co.jp/ir/digest/digest01_1.html
ZuuOnline「コンビニ銀行が伸びた理由　ローソン参入、好調なコンビニATM」2016年11月26日　https://www.excite.co.jp/news/article/zuuonline_129490/

（コンビニＡＴＭ）
セブン銀行　https://www.sevenbank.co.jp/ir/digest/digest01_2.html
イーネット　https://www.enetcom.co.jp/business/
ローソン銀行（2021年３月期　財務諸表の概要）
https://www.lawsonbank.jp/corporate/pdf/20210514_01_financial.pdf
イオン銀行（2021年2月期 第３四半期 決算補足資料）
https://www.aeonfinancial.co.jp/-/media/AeonGroup/Aeonfinancial/Files/ir/library/hojyo/2021/hojyo210409_2.pdf?la=ja-JP

（銀行の店舗外自行ＡＴＭ）
日本金融通信社「ニッキン資料年報2019」CD・ATM設置概況（2018年３月末）p.689-700

（インターネットを利用している世帯で、ネットバンキングを利用したことがある人の割合）
一般社団法人全国銀行協会「よりよい銀行づくりのためのアンケート」（2019年２月）
https://www.zenginkyo.or.jp/fileadmin/res/news/news310207_1.pdf

（支店の全国分布）
三菱UFJ銀行（店舗検索ページ）
https://map.bk.mufg.jp/b/bk_mufg/?link_id＝p_top_uti_map
みずほ銀行（店舗検索ページ）
https://www.mizuhobank.co.jp/tenpoinfo/index.html
三井住友銀行（店舗検索ページ）　https://www.smbc.co.jp/kojin/tenpo/

（福岡県における地方銀行の店舗数）
福岡銀行　https://www.fukuokabank.co.jp/aboutus/outline/
西日本シティ銀行　https://www2.ncbank.co.jp/atm-top.php
筑邦銀行　https://www.chikugin.co.jp/about/atm/shop/
福岡中央銀行　https://www.fukuokachuo-bank.co.jp/branch/index.html
その他、福岡市内地銀（以下のリストを元に店舗数を確認）
https://bank.geomedian.com/fukuoka_ken/tigin/

第５章

（求人倍率）
https://www.works-i.com/research/works-report/2021/210427_kyujin.html

（メガバンク採用人数）
日本経済新聞　朝刊2021年3月22日付

日経クロステック　https://xtech.nikkei.com/atcl/nxt/column/18/00001/03906/

マイナビ

三菱UFJ銀行　https://job.mynavi.jp/22/pc/search/corp58/outline.html

三井住友銀行　https://job.mynavi.jp/22/pc/search/corp58237/outline.html

みずほフィナンシャルグループ　https://job.mynavi.jp/22/pc/search/corp41/outline.html

第6章

（海外支店）

メガバンク、地方銀行協会所属銀行、第二地方銀行協会所属銀行のＨＰ

第8章

（マル保）

全国信用保証協会連合会　http://www.zenshinhoren.or.jp

（債務者格付）

三井住友銀行　ディスクロージャー

https://www.smfg.co.jp/investor/financial/disclosure/h2307_c_disc_pdf/h2307c_12.pdf

（消費者金融会社の株主比率）

アコム　https://www.acom.co.jp/corp/ir/stock/outline/

SMBCモビット　https://www.mobit.ne.jp/company/about/index.html

SMBCコンシューマーファイナンス　https://www.smbc-cf.com/corporate/outline.html

新生フィナンシャル　http://shinseifinancial.co.jp/company/corporate.asp

新生パーソナルローン　https://noloan.com/corporate/index.php

第9章

（アフリカ・アジアの金融サービス）

世界銀行 “The Global Findex Database 2017”

https://globalfindex.worldbank.org

ITU “Key ICT indicators for developed and developing countries, the world and special regions”

https://www.itu.int/en/ITU-D/Statistics/Pages/stat/default.aspx

https://www.itu.int/en/ITU-D/Statistics/Documents/facts/ITU_regional_global_Key_ICT_indicator_aggregates_Nov_2020.xlsx

（高齢化時代の金融ニーズ）

金融庁「後見制度支援預貯金・後見制度支援信託 導入状況」（2020年10月23日）

https://www.fsa.go.jp/news/r2/ginkou/20201023/01.pdf

第10章

（地方銀行　勘定系システム）

金融情報システムセンター 「令和３年版　金融情報システム白書」

https://tech.nikkeibp.co.jp/atcl/nxt/mag/nc/18/020600014/101900016/

https://www.nttdata.com/jp/ja/news/release/2021/010401/

https://www.nikkei.com/article/DGXMZO49932070Y9A910C1L71000/

http://www.juudankai.jp

https://jp.newsroom.ibm.com/2020-06-16-chance-regional-bank-collaboration-project-digital-service-platform-service-start

https://www.hitachi.co.jp/products/it/finance/solutions/application/banking/nextbase/index.html

https://www.hitachi.co.jp/New/cnews/month/2020/09/0929b.html

執筆協力者プロフィール

栗田康弘（くりた　やすひろ）

株式会社マーケティング・エクセレンス　代表取締役

三和銀行（現、三菱UFJ銀行）出身。1991年から4年間、米国現地法人（加州三和銀行）でリテールバンキングの企画業務を担当。95年に退職後、米国ベンチャー企業の日本担当カントリーマネージャー（たった1人の日本人駐在員）として同社の日本進出を手がけるが、思うように売れずにクビ。97年、システムベンダーに移籍。ALM・収益管理・リスク管理・マーケティングと幅広い分野で銀行を外部からサポート。99年、戸谷とともに株式会社マーケティング・エクセレンスを設立。銀行退職後もずっと金融業界を相手に仕事をし続け現在に至る。東京大学法学部卒、ミシガン大学MBA。

丹野愼太郎（たんの　しんたろう）

株式会社マーケティング・エクセレンス　コンサルタント

日本エア・リキード株式会社に入社後、営業に従事。既存顧客を中心に、サービスを絡めた新規契約を数多く締結。その後、関連会社役員となり新規事業立上げに従事。産業技術総合研究所を経て、現職。

同志社大学工学部卒、同志社大学MBA。

株式会社マーケティング・エクセレンス

「日本の金融業界を顧客中心主義に変革する」ことをビジョンとして掲げているコンサルティング・ファーム。

対象業種を金融サービス業（銀行・証券・保険・クレジットカードなど）、扱うテーマをマーケティングに特化した「ブティック（専門店）型」コンサルとして、日本唯一の存在。理論・経験値ともに、業界をリードしている。

扱うテーマの「マーケティング」は、「顧客理解に基づいて、企業の戦略や戦術を構築する」ことであるので、プロジェクトは、中期経営計画の策定・計画遂行のアドバイザリー、新商品・サービスの開発、広告・宣伝施策の構築、新店舗や代替チャネルの開発など多岐に渡る。

また、最近は企業と顧客の接点であるヒト分野のプロジェクトも増え、顧客調査と従業員調査を統合して実施・分析し、「顧客に好かれる従業員」を育てるしくみの構築なども手掛けている。

http://www.marketingex.com

〈主要著書〉

- **『ゼロからわかる　金融マーケティング』** 戸谷圭子著（金融財政事情研究会）
  金融業界はもとより、あらゆる業界にとって重要度の増す「サービスとは何か？」を、わかりやすく説明した実務者向けのサービス・マーケティング入門書。
- **『カスタマーセントリックの銀行経営　価値共創版』** 戸谷圭子著（金融財政事情研究会）
  2003年に初版刊行、2007年に改訂版が刊行された「カスタマーセントリックの銀行経営」シリーズの最新作。金融サービスをサービス業としてではなく、「サービス」の視点でとらえ、顧客とともに価値を共創する必要性を説いた実務書。
- **『窓口・渉外係のための金融マーケティング入門』** 戸谷圭子・栗田康弘著（近代セールス社）
  お客様にお願いしてセールスする時代は終わった。金融機関の現場で働く人たち向けに書かれた本邦初のマーケティング入門書。
- **『リテール金融マーケティング』** 戸谷圭子著（東洋経済新報社）
  「売れる」金融サービスとは何か。顧客の行動特性やニーズを分析し、儲かるリテール戦略を導き出す。すべて国内の事例を使用したマーケティング担当者向け、実務の手引書。
- **『B2Bのサービス化戦略―製造業のチャレンジ』** C.コワルコウスキー・W. ウラガ・戸谷圭子・持丸正明著（東洋経済新報社）
  ビジネス変革の１つである「サービス」によって、日本の製造業が直面している課題の解決すべき方向を示唆した一冊。欧米・日本企業の調査と事例から、製造業のサービス化戦略と戦術を体系的にまとめた実践書。

戸谷圭子（とや　けいこ）
株式会社マーケティング・エクセレンス　マネージング・ディレクター
明治大学専門職大学院グローバル・ビジネス研究科専任教授
ユアサ商事株式会社社外取締役
株式会社新日本科学社外取締役
あさひ銀行（現りそな銀行）出身。京都大学経済学部卒、筑波大学博士（経営学）。
1999年、マーケティング・エクセレンスを設立。
社会人になってから研究者の世界に戻り、博士号を取得。立教大学、同志社大学などを経て現職。日本学術会議連携会員、人間工学デザインプロセス国際標準検討委員会委員、サービス学会出版委員会マガジン副編集長など、サービス関連の役職を兼務。サービス・マネジメントを専門とし価値共創に関連する多数のプロジェクトに携わる。金融マーケティングの実務家であると同時に、サービス・マネジメントの最先端の研究者でもある。

最新版《さいしんばん》
イラスト図解《ずかい》　銀行《ぎんこう》のしくみ

2008年12月1日　初版発行
2019年10月20日　最新2版発行
2024年10月20日　第3刷発行

著　者　戸谷圭子
発行者　杉本淳一

発行所　株式会社日本実業出版社　東京都新宿区市谷本村町3−29　〒162−0845
編集部　☎03−3268−5651
営業部　☎03−3268−5161　振　替　00170−1−25349
https://www.njg.co.jp/

印刷／壮光舎　　製本／共栄社

ISBN 978-4-534-05729-7　Printed in JAPAN